edition suhrkamp

Redaktion: Günther Busch

Gunnar Heinsohn (geb. 1943, Soziologe), Rolf Knieper (geb. 1941, Jurist) und Otto Steiger (geb. 1938, Nationalökonom) lehren seit 1973 an der Universität Bremen.

Menschen, die zu ihrer Existenzsicherung keinen Nachwuchs benötigen, können kinderlos bleiben, wenn ihnen Verfahren zu seiner Vermeidung zugänglich sind. Die Geheimgeschichte der neuzeitlichen Ökonomien – Merkantilismus, Kapitalismus und »real existierender Sozialismus« – verbirgt sich gerade in der Fähigkeit, für eine nicht mehr familienwirtschaftlich organisierte Ökonomie dennoch Menschen durch Fortpflanzung in der Familie als Arbeitskräfte bereitzustellen. Diese Fähigkeit erweist sich als die gewaltsame, ›polizey‹-staatliche »Menschenproduktion«. Ihr Erfolg beruht auf der Auslöschung des Nachwuchsverhütungswissens durch millionenfache Tötung seiner Trägerinnen, die als »Hebammen-Hexen« zwischen dem 15. und dem Ende des 17. Jahrhunderts vernichtet wurden. Nach Abschluß dieser Massaker wurde der Glaube an einen »natürlichen Kindeswunsch« allgemein. Er beherrscht seitdem die wissenschaftliche Analyse ungleich stärker als die einzelnen Frauen und Männer. Von nun an konnte eine hinreichende Erklärung für die Gattungsreproduktion und damit die gesellschaftliche Reproduktion insgesamt nicht mehr gegeben werden. Das vorliegende Buch schreibt deshalb die Geschichte der Moderne insofern neu und unterzieht die hierbei bedeutsamen Gesellschaftstheorien – merkantilistische und klassische Nationalökonomie, Marxismus sowie die verschiedenen Konzepte der modernen Bevölkerungswissenschaft – der Kritik.

Gunnar Heinsohn,
Rolf Knieper,
Otto Steiger
Menschenproduktion

Allgemeine Bevölkerungstheorie der Neuzeit

Suhrkamp Verlag

Gewidmet den Opfern der gewalttätigen Menschenproduktion

3. Auflage 2015

Erste Auflage 1979
edition suhrkamp 914
© Suhrkamp Verlag Frankfurt am Main 1979
Suhrkamp Taschenbuch Verlag
Printed in Germany
Umschlag gestaltet nach einem Konzept
von Willy Fleckhaus: Rolf Staudt
ISBN 978-3-518-10914-4

Inhalt

Vorwort

Der hier vorgelegten Theorie ging eine Veranstaltung über »Ersatzbeschaffung für die lebendige Arbeit unter dem technischen Fortschritt (Ökonomie der Mütterlichkeit)« voraus, die wir 1976 und 1977 an der Universität Bremen durchgeführt haben. Die Erklärung der Menschenproduktion erforderte ein Zusammengehen der von uns vertretenen soziologischen, juristischen und nationalökonomischen Fachdisziplinen, wobei über die jeweiligen Vorarbeiten und die Verantwortung die Eingangsfußnoten der einzelnen Kapitel informieren.

Der Untertitel *Allgemeine Bevölkerungstheorie der Neuzeit* kennzeichnet eine historische Eingrenzung des Stoffes auf die abendländische Geschichte. Eine Untersuchung der Menschenproduktion von den Anfängen bis zum Einsetzen der griechisch-römischen Patriarchate – gewissermaßen also den Band I zu dieser Arbeit – wird Gunnar Heinsohn gesondert vorlegen.

Im Untertitel unserer Arbeit betonen wir besonders das Wort *allgemein*. Es kennzeichnet unsere Zurückweisung der vorliegenden Bevölkerungstheorien, denen es durchweg mißlungen ist, die tatsächliche Bevölkerungsreproduktion in der europäischen Neuzeit als *einheitliches* Geschehen zu erklären.

Wir danken Jens Beiderwieden, Helmut Höge, Barbara M. C. Knieper, Stephan Leibfried, Uta Römmermann und Gerd Winter für die kritische Durchsicht des Manuskripts, das am 31. Dezember 1978 abgeschlossen wurde.

Gunnar Heinsohn, Rolf Knieper, Otto Steiger

A. Vorrede

Menschen, die zu ihrer Existenzsicherung keinen Nachwuchs benötigen, können kinderlos bleiben, wenn ihnen Verfahren zur Nachwuchsvermeidung zur Verfügung stehen. Sind ihnen diese Möglichkeiten verstellt, so birgt die ungewollte Fortpflanzung die Gefahr der Kindesvernachlässigung. Selbst wenn Rentabilitätserwägungen hinter der Sehnsucht nach Kindern zurückstehen, diese also jenseits ökonomischer Zwecke gewünscht und zuwendungsreich erzogen werden, können die Eltern ihnen keine Zukunft versprechen, sondern müssen sie in die ungewisse Konkurrenz der Arbeitsmärkte stoßen.

Kindesvernachlässigung und rascher Geburtenrückgang in den gegenwärtigen Industriegesellschaften bildeten den unmittelbaren Anlaß für ausführliche Analysen[1], deren Resultat in den oben formulierten Sätzen zusammengefaßt werden kann. Versuche, sie zu relativieren, d. h. sie nur für den industriellen Kapitalismus anzuerkennen oder sie gar grundsätzlich in Zweifel zu ziehen, haben uns zu einer historischen und theoriegeschichtlichen Untersuchung bewogen, in deren Ergebnis sie als zentraler Bestandteil allgemeingültiger Aussagen über das generative Verhalten des *homo sapiens* ihre Tauglichkeit unter Beweis stellen: Alle Maßnahmen und Überlegungen gegen Kindesverwahrlosung und sinkende Geburtenzahlen blieben bisher hilflos, wenn ein existentieller Zusammenhang zwischen den Generationen fehlte.

Wir wollen zeigen, daß Fortpflanzung und Aufzucht stets von wirtschaftlichem Kalkül getragen sind. Wo sich der Einzelne über persönliches oder genossenschaftliches Eigentum und dessen Vererbbarkeit erhält, stellt das individuelle Kalkül Fortpflanzung und Aufzucht sicher. Wo dieser Zusammenhang zerbricht und der Einzelne entweder als fremder Gewalt Unterworfener oder

---

1 G. Heinsohn / R. Knieper, *Theorie des Familienrechts: Geschlechtsrollenaufhebung, Kindesvernachlässigung, Geburtenrückgang*, Frankfurt/M., 1. Aufl. 1974; G. Heinsohn/B. M. C. Knieper, *Theorie des Kindergartens und der Spielpädagogik*, 1. Auflage Frankfurt/M., 1975. Für eine Übersicht des in diesen Arbeiten vorgelegten ökonomischen Erklärungsansatzes vgl. O. Steiger, *Till kritiken av den reformistiska modellen för samhällelig småbarnsappfostran – En ekonomisk-strukturell analys (Zur Kritik des reformistischen Modells der gesellschaftlichen Kleinkindererziehung – Eine ökonomisch-strukturelle Analyse)*, in: *ord & bild*, 85. Jg., 1976, No. 1, S. 24 ff.

als freier Lohnarbeiter seine Existenz findet, tritt an die Stelle der individuellen Fortpflanzungsüberlegung in der Menschheitsgeschichte mehrfach die Anwendung von Bevölkerungspolitik. Wo Fortpflanzung und Aufzucht nicht im individuellen Interesse liegen, wird versucht, mit sanktionsbewehrten Gesetzen diese Interessen zu brechen, d. h. zur Fortpflanzung und Aufzucht zu nötigen. Wenn Strafen unterlaufen werden können oder die Qualität des unfreiwillig erzeugten Nachwuchses leidet, werden finanzielle Anreize für die Fortpflanzung gesetzt, also wiederum die individuellen Einkommensinteressen in deren Dienst gestellt.

Im modernen Industriekapitalismus hat durchweg der Staat Maßnahmen ergriffen, um das Nachwachsen eigentumsloser Arbeitskräfte zu gewährleisten. Er hat dadurch eine nicht zu Unrecht als Bevölkerungsexplosion bezeichnete Menschenvermehrung bewirkt. Dennoch zeigen die Verlangsamung dieses Wachstums und seine schließliche Umkehrung – zuerst in den deutschsprachigen Ländern Europas –, daß diese Mittel stumpf geworden sind.

Unsere These von der Herrschaft des wirtschaftlichen Kalküls bei der Fortpflanzung besagt, daß die Aufzucht von Kindern nicht einem natürlichen Drang folgt, sondern immer eine soziale Entscheidung erfordert, gleichgültig, ob sie dem Interesse des Einzelnen entspricht oder ob sie ihm durch das jeweils in der Gesellschaft dominierende Interesse aufgeherrscht wird. Damit bestreiten wir das Auftreten eines Wunsches nach Kindern nicht, wohl aber, daß er naturgegeben sei. Wir wenden uns gegen das Bewußtsein von der »natürlichen Vermehrung«, das überall in der Welt zentraler Bestandteil bevölkerungswissenschaftlicher Gewißheit geworden ist: Es gibt keine natürliche Vermehrung des Menschen.

Nun bleibt die Intensität eines Wunsches nach Kindern davon unberührt, ob er angeboren ist oder erworben wurde. Für die Annahme seiner überhistorischen Dauerhaftigkeit kommt es jedoch gerade auf diesen Unterschied an. Untersuchungen zum Schwangerschafts- und Gebärverhalten belegen, daß es die Ablehnung von Kindern ebenso gibt wie den Wunsch nach ihnen und daß beide Haltungen an soziale Konstellationen gebunden sind, deren ›Ewigkeit‹ niemand behauptet.[2]

2 Über die entsprechende reichhaltige Forschung zur Entstehung solcher Wün-

Ebensowenig läßt sich die Existenz eines Aufzuchtstriebes, gemeinhin als natürliche Kindesliebe bezeichnet, biologisch beweisen. Als belegt gelten kann dagegen, daß die Frau nach der Geburt keine hormonal ausgelöste Phase der Hemmung des Sexualtriebes durchläuft. Bei anderen Säugetieren garantiert diese Phase die Pflege der Jungen, welche nach Wiedereinsetzen des Sexualtriebes in die Selbsterhaltung gestoßen werden.[3] Was hier hormonell geregelt wird, erfordert in menschlichen Gesellschaften allemal bewußte Entscheidungen zwischen Aufzucht oder Vermeidung von Nachwuchs. Solche Entscheidungen werden problematisch, wenn Menschen sich fortpflanzen sollen, deren individuelles wirtschaftliches Interesse gegen das Aufziehen eigener Kinder gerichtet ist, wenn also Fortpflanzung und ökonomisches Kalkül auseinandertreten. Wir werden zeigen, daß in diesem Falle über denjenigen, die ein Erbe nicht zu vergeben haben, ein moralisch-juristischer Apparat errichtet wird, der ihnen Geburt und Erziehung von Nachwuchs für die Reproduktion einer in Besitzende und Nicht-Besitzende unterteilten Gesellschaft abnötigt.

Dies geschieht in großem Maßstab erstmals in der europäischen Neuzeit. Die Entvölkerung und Verarmung während der spätmittelalterlichen Agrarkrise stellt sich ihren Analytikern als Wiederholung von Entwicklungen in der Spätantike dar. Damals hatten Sklavenlatifundien die bäuerliche Familienwirtschaft weitgehend verdrängt; familienlose Sklaven und *proletarii* stellten die Produzentenmehrheit. Diese Entwicklung hatte bevölkerungspolitische Maßnahmen der römischen Kaiser sowie moralische Bewegungen gegen Ehelosigkeit, Nachwuchsbeseitigung und regellose Geschlechtsbeziehungen hervorgerufen. Die strikten Prinzipien der Monogamie, des Abtreibungs- und Kindestötungsverbotes sowie des beidgeschlechtlichen Ehescheidungsverbotes hatten unter diesen Bewegungen das Christentum zur bevölkerungspolitisch attraktivsten Gruppierung gemacht: Es wurde zur herrschenden Religion, seine Gebote wurden staatliches Familienrecht. Die christliche Familienmoral hatte jedoch den Arbeitskräftemangel für die Sklavenwirtschaft nicht mehr beheben kön-

sche in der frühen Kindheit vgl. S. Freud, *Analyse der Phobie eines fünfjährigen Knaben, Ges. Werke* VII, insbesondere S. 22-334, und – für das Mädchen – S. Freud, *Über Triebumsetzungen, insbesondere der Analerotik, GW* X, S. 401 ff.

3 Vgl. dazu M. J. Sherfey, *Die Potenz der Frau* (1966), Köln 1974.

nen. Ihre Ideale verallgemeinerten sich erst nach Errichtung der von neuem familial organisierten feudalen Bauernwirtschaft.

Der Ausweg aus der spätmittelalterlichen Krise als Krise eben dieser Bauernwirtschaft eröffnete sich wiederum in einer nicht familienwirtschaftlich organisierten Form der Reichtumsgewinnung, wie sie zuletzt im Imperium Romanum gegeben war. Die Sachverständigen dieser – merkantilistischen – neuen Ökonomie, vorzüglich repräsentiert durch Jean Bodin (1530-1596), wußten aus ihrem Studium der Antike[4] von dem Problem des Arbeitskräftenachwuchses in einer solchen Ökonomie und formulierten deshalb das nur oberflächlich banal wirkende Credo von der Menschenvermehrung zur Voraussetzung der Reichtumsgewinnung als Handlungsanweisung an den politischen Souverän.[5] Das entschiedene Beharren auf der Vordringlichkeit der Menschenproduktion für den Erfolg einer neuen Produktionsweise gründete sich auf die Einsicht, daß es bis dahin niemals gelungen war, eine nicht-familiale Ökonomie dauerhaft aus der jeweiligen Gesellschaft heraus mit Arbeitskräften zu versorgen. Es war bekannt, daß Sklavenimporte den Untergang solcher Kulturen stets nur verzögert hatten. Der Bevölkerungsrückgang in der Spätantike hatte zur Herausbildung der christlichen Fortpflanzungsreligion geführt, ohne das individualwirtschaftliche Fortpflanzungskalkül bereits brechen zu können. Den Theoretikern der frühen Neuzeit erlaubte diese Religion erstmals, eine jenseits persönlicher wirtschaftlicher Vorteilsgewinnung angesiedelte Familie zu denken. Die Realisierung dieses bis dahin unvorstellbaren Gedankens erfolgte durch eine ebenfalls bis dahin nicht gekannte mörderische Grausamkeit: Als das ungeheuerlichste Ereignis der Neuzeit vor Auschwitz muß das Foltern und Töten von Millionen Frauen zwischen dem 15. und 18. Jahrhundert – im christlichen Weltbild als Hexenverfolgung legitimiert – gelten. Diese Ausrottung scheint so sehr im Gegensatz zum Humanismus der frühen Neuzeit zu stehen, daß sie im herrschenden Bewußtsein immer wieder als Untat des ›finsteren‹ Mittelalters gedeutet wird.

4 Vgl. J. Bodin, *Methodus ad facilem historiarum cognitionem* (1566), englische Fassung durch B. Reynolds, *Method for the Easy Comprehension of History* (1945), New York 1969.

5 Vgl. J. Bodin, *Les six livres de la république* (1576), beste verfügbare Fassung, die das lateinische und das französische Original zusammenzieht: J. Bodin, *The Six Bookes of a Commonweale*, hrsg. v. K. D. Mc Rae, Cambridge/Mass., 1962.

Wo sie als der Moderne zugehörig erforscht wird, gerät sie wiederum zur Legitimation der Neuzeit, wenn sie als Sieg der wissenschaftlichen Rationalität dieses Zeitalters über die naturhafte Irrationalität der Frau interpretiert wird. Das Gegenteil ist richtig: In den Hexen sollte eine Blüte der mittelalterlichen Naturwissenschaft, das physikalische und chemische Instrumentarium für die Geburtsheilkunde und vorrangig für die Schwangerschaftsverhütung und Fruchtabtreibung, zerstört werden.

Nach der Verallgemeinerung des Kindestötungsverbotes im 4. Jahrhundert unserer Zeitrechnung hatten insbesonders die Hebammen diese hochentwickelte Gynäkologie als zentrales Mittel der Geburtenkontrolle geschaffen und so der mittelalterlichen Bauernwirtschaft zweckrationales Fortpflanzungsverhalten ermöglicht. Nicht das Fortwirken dumpfer Mittelalterlichkeit oder die Bekämpfung weiblicher Unwissenschaftlichkeit diktierten der frühen Neuzeit Folterung und Mord von Hekatomben von Frauen. Vielmehr ist die Gewaltsamkeit die nicht wegdenkbare – wohl aber verdrängbare – Grundlage der europäischen Neuzeit und der in ihr sich vollziehenden Weltherrschaft der christlichen Nationen. Wenn also Jean Bodin nicht nur das Hauptwerk zur Begründung territorialstaatlicher Souveränität, sondern auch dasjenige zur Legitimation der Hexenverfolgungen[6] schreibt, so zeigt sich hier nicht eine dunkle Seite des lichtvollen ›Universalgenies der Neuzeit‹, sondern Bodin bestimmt die beiden unverzichtbaren Bedingungen zur Durchsetzung einer nicht mehr familienwirtschaftlich beschränkten Produktion in Manufakturen und kapitalistischen Unternehmen: Wie die Menschenproduktion, so gehört auch der Kapitalismus mit freier Lohnarbeit genuin in die Neuzeit. Die Menschenproduktion existiert allerdings neben ihm und ist aus ihm heraus nicht erklärbar. Zwar dient sie auch dem Kapitalismus mit der Bereitstellung sich selbst fortzeugender Lohnarbeiter. Dieser wird aber am ehesten fähig, durch technische Ersetzung der lebendigen Arbeit die auf Fortpflanzung zielende staatliche Gewalt zu verringern, während Systeme wie Merkantilismus und der moderne Sozialismus mit

---

6 Vgl. J. Bodin, *De la démonomanie des sorciers* (1580), deutsche Fassung von J. H. Fischart, *Vom ausgelassnen wütigen Teuffelsheer*, Straßburg 1591, Nachdruck Graz 1973. Zur Biographie und Bibliographie Bodins vgl. die einschlägigen Aufsätze in H. Denzer (Hg.), *Jean Bodin*, München 1973, und G. Treffer, *Jean Bodin*, München 1977, S. 31-50.

ihrem inhärenten Dauermangel an Arbeitskräften auf Menschenproduktion bisher nicht verzichten. Diese Systeme sind zwar in der Menschenproduktion praktisch erfolgreich, scheitern jedoch bei der Herstellung einer dem Kapitalismus vergleichbaren oder gar überlegenen Produktivität der Güterproduktion. Alle drei Formen der Güterproduktion können historisch aber nur durch staatliche Menschenproduktion auf Dauer gestellt werden. Diese ergibt also die *Geheimgeschichte der Neuzeit.* Ihren welthistorischen Ausnahmecharakter dokumentiert gut die langfristige Bevölkerungsstatistik (Graphik A1).

Die Neuzeit baut nicht allein auf Gewalt bei der Durchsetzung ihrer umwälzenden sozialen Zielvorstellung. Gilt es bis dahin in der Geschichte immer als Verantwortungslosigkeit, Kinder zu haben, denen ein Erbe (und damit eine Zukunft) nicht versprochen werden kann, so kehren die christlichen Kirchen diesen Wert nunmehr um und predigen die traditionelle Verantwortungslosigkeit in der Kindererzeugung gerade als die neuzeitliche Verantwortung gegenüber Gott. Martin Luther[7] prägt mit seiner Bestimmung, das eigentlich Christliche der Familie bestehe darin, daß auch der arme Mann sie schließe, die neue Formel, der die katholische Kirche sogleich folgt.

Nach Jahrhunderten des Folterns, Mordens und Predigens ist schließlich die Frau ›geschaffen‹, die von den Fortpflanzungsdingen nichts weiß, deren Sexualtrieb nur noch als Krankheit erscheint und als deren wirkliche ›Natur‹ Kindesliebe und Gattentreue gelten. Angesichts der ›Natur‹ dieser Frauen können die Männer der Aufklärung die Naturrechte auf Leben und auf Familie als Ideale vor die gesamte Menschheit stellen.

Tatsächlich ist die gegenwärtige Welt-Zivilisation, soweit sie die allgemeine Erklärung der Menschenrechte vom 10. 12. 1948 für sich akzeptiert hat, davon überzeugt, daß der Ausschluß eines Menschen von Heirat und Vermehrung (Art. 16) seine ›natürliche‹ Würde verletzt. Wie umfassend einerseits der Sieg dieser Moral ist und wie langwierig sich andererseits ihre Durchsetzung vollzogen hat, belegt noch die menschenreichste außerchristliche Hochkultur – China –, die erst im 20. Jahrhundert, vermittelt über den europäischen Marxismus, das jüdisch-christliche Kin-

---

7 Vgl. M. Luther, *Vom ehelichen Stande,* 1522, *Weimarer Ausgabe,* 10, 2, S. 267 ff., in: *Luther Deutsch,* Bd. 7, 1967.

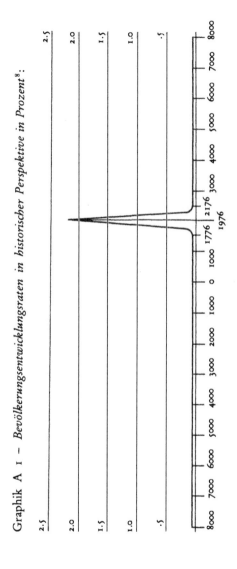

Graphik A 1 – Bevölkerungsentwicklungsraten in historischer Perspektive in Prozent[8]:

8 Vgl. zu der Graphik H. Kahn u. a. *The Next 200 Years*, New York, 1976, S. 29.

destötungsverbot durch das Familiengesetz von 1950 endgültig befestigt hat.[9]

In der Dritten Welt wiederholt sich inzwischen die Bevölkerungsexplosion, welche Europa nach dem Ende der Hexenverfolgungen im 18. und 19. Jahrhundert erlebte. Hier hatte sie die Arbeitsmärkte mit billigen Arbeitskräften überflutet und zugleich bewirkt, daß Europäer zwei weitere Kontinente besiedelten, die beiden übrigen beherrschten und auch dort die neuzeitliche Familienmoral zur verbindlichen werden ließen.

Und dennoch – das ›Wunder der Neuzeit‹ währte in Europa nicht einmal anderthalb Jahrhunderte. Nachdem offenkundig geworden ist, daß Menschen wohl dazu gezwungen werden können, Leben zu setzen, nicht aber, dieses vor Verwahrlosung zu schützen, nachdem also die Bevölkerungsexplosion massenhaft Arbeitsunfähigkeit zur Folge hat, entsteht die Unausweichlichkeit des Kinderschutzes durch Arbeitsverbote und Schulpflicht. Die Unterhaltskosten steigen rapide. Sie treiben die Eltern in eine solche Notlage, daß sie selbst gegen Gesetz und Moral von neuem nach Verhütungsmitteln suchen müssen. Diese Entwicklung setzt sich im letzten Drittel des 19. Jahrhunderts durch. Zu dieser Zeit besteht kein Menschenmangel, so daß die neuerliche Ausbreitung des Verhütungswissens keine Wiederholung der Hexenverfolgung nach sich zieht, sondern nach harten Kämpfen schließlich weniger grausam bestraft und in einzelnen Ausnahmen sogar straffrei wird. Sobald die Verhütungsfähigkeit sich ausbreitet, bestätigt sich unsere These von der prinzipiellen Familienlosigkeit des Lohnarbeiters. Umgehend reduziert sich nicht nur die Kinderzahl pro Paar, sondern es entsteht zunehmend Kinderlosigkeit, die sich für die entwickeltsten Nationen der Gegenwart der 30-Prozent-Schwelle aller Erwachsenen nähert.

9 So heißt es in Artikel 13 des *Familien*gesetzes der Volksrepublik China von 1950: »Kindestötung durch Ertränken und ähnliche kriminelle Handlungen sind strengstens verboten.«

B. Wie die römische Sklavenwirtschaft durch Zerstörung der Familienwirtschaft groß wird und an der dadurch versiegenden Menschenproduktion zerbricht[1]

1. Warum die patriarchalische Familie eine territoriale Expansionsdynamik entwickelt

In den griechisch-römischen Patriarchaten gilt der Existenzgrund des freien Mannes als ausschließliches Kriterium für die Organisation seiner Familie. Diesem Zweck sind Frauen und Kinder dienend zugeordnet. Der Zusammenhang stellt sich nicht über ein im modernen Verständnis für ›normal‹ gehaltenes Liebesverhältnis her, sondern als in Gesetzen und Sitten zementierte Macht der Patriarchen. Sie haben die Gewalt über Leben und Tod.

Der Forschung[2] über die Bevölkerungsentwicklung in der griechisch-römischen Welt ist häufig bewußt, daß die entscheidenden Mittel zur Steuerung der Bevölkerungsmenge Kindestötungen in den verschiedenen Formen des Erdrosselns, Zerschmetterns, Ertränkens, Erstechens oder – scheinbar humaner – des Aussetzens[3] waren. In allen griechischen Stadtstaaten »hatte der freie Mann immer das Recht, sich des ehelichen Kindes zu entledigen [. . .]; er konnte die Kinder, deren Eintritt ins Leben er nicht wollte, ins Nichts zurückstoßen«.[4] Beschränkungen dieses Rechts erlegten

---

1 Zum Kapitel B vgl. ausführlich das dritte Kapitel in G. Heinsohn, *Theorie des Tötungsverbotes und des Monotheismus bei den Israeliten sowie der Genese, der Durchsetzung und der welthistorischen Rolle der christlichen Familien- und Fortpflanzungsmoral* (1977), in: *L'invitation au voyage zu Alfred Sohn-Rethel, Festschrift zum 80. Geburtstag*, Bremen 1979.

2 Wir verweisen hier exemplarisch nur auf die bis heute Standard gebliebene Arbeit von J. Beloch, *Die Bevölkerung der Griechisch-Römischen Welt*, Leipzig 1886 / Nachdruck Rom 1968, insbesondere S. 42. Die Einschränkung auf ein bloß »häufiges« Wissen von der Kindestötung rührt daher, daß christliche Historiker den Tatbestand später unterdrückt haben. Vgl. dazu Th. Mommsen, *Römisches Strafrecht* (1898), Darmstadt 1955.

3 Glotz, Stichwort ›Infanticidium‹ (Grèce) in: *Dictionnaire des Antiquités Grècques et Romaines*, III. 1, Paris 1900, S. 488 ff. (490).

4 Glotz, S. 489 m. w. N; vgl. auch M. Wurm, *Apokeryxis, Abdicatio und*

sich die Väter selbst durch die feierliche Aufnahme auch des nichterbenden Neugeborenen in den Familienverband auf, die wesentlich ein Aufzuchtsversprechen für militärische und kolonisatorische staatliche Zwecke bedeutete. Nach dieser Aufnahme gab es die Möglichkeit der Aussetzung nur noch nach einem förmlichen gerichtsartigen Verfahren.[5]

Die Macht des römischen Patriarchen – »potestas vitae necisque« – steht seit der Gründung der Stadt hinter derjenigen des freien Griechen nicht zurück.[6] Wo sie sich in Form einer sakralen Selbstverpflichtung – also nicht gehindert durch ein Gesetz – darüber verständigen, einzig die schwächlichen, mißgebildeten neugeborenen Söhne zu töten, die übrigen jedoch im militärischen Interesse aufzuziehen, behalten sie sich das Recht auf den Verkauf der erwachsenen Söhne vor. Ebenso kommen sie durch sakrale Selbstverpflichtung zu der Übereinkunft, die erstgeborenen Töchter nicht zu töten, sondern als zukünftige Gattinnen der erbenden Söhne aufzuziehen.[7]

Die Ehefrauen selbst können vom ›pater familias‹ getötet werden[8], wenn sie ihre vorrangige Aufgabe, legitime Kinder zu gebären, nicht erfüllen, indem sie sexuell untreu werden, d. h. die für die Legitimation des Patriarchats erforderliche eindeutige Vaterschaft in Zweifel ziehen oder wenn sie selbst Kinder töten. Im – bisher nicht vollständig verstandenen – Unterschied zu den Gepflogenheiten altorientalischer Hochkulturen, die Witwe eines verstorbenen freien Mannes zu töten und mit ihm zu begraben, ist in den griechisch-römischen Patriarchaten das Leben der Frauen im übrigen geschützt. Ihre Unterordnung unter den Lebenszweck des Mannes ist wohl am prägnantesten verbürgt in einer Rede des Demosthenes, in der es heißt: »Wir haben Dirnen zu unserem Vergnügen, Konkubinen für den täglichen Gebrauch,

Exheredatio, München 1972, S. 3; Harrison, *The Law of Athens – The Family and Property*, Oxford, 1968, S. 70 ff.; T. R. Malthus, *Bevölkerungsgesetz* (6. Aufl. 1826), Jena 1924, S. 217 ff.

5 Glotz, S. 489; M. Wurm, S. 3 ff.

6 Th. Mommsen, *Römisches Strafrecht*, S. 617 ff.; H. Kaser, *Das Römische Privatrecht*, Erster Abschnitt, München 1955, S. 51 f.

7 Th. Mommsen, *Römische Geschichte*, Band 1, Erstes Buch (1902⁹) München 1976, S. 58 ff.; E. Cug, Stichwort ›*Infanticidium*‹ (Rome) in: *Dictionnaire des Antiquités Grècques et Romaines*, III. 1, Paris 1900, S. 490 ff.

8 Vgl. E. Henriot, *Moeurs juridiques et judicaires de l'ancienne Rome*, Paris 1865, Bd. 2, S. 214 ff.

Eheweiber, um uns legitime Kinder zu geben und den Haushalt zu führen.«[9]

Die ungewöhnliche kolonisatorische Dynamik der griechischen und römischen Patriarchate wird erst aus dem hier geschilderten generativen Muster zureichend erklärbar. Da sie selbst jeweils Eroberer und Unterwerfer sind, stehen sie von Beginn an vor militärischen Aufgaben, für welche sie mehr junge Männer benötigen, als es für die Fortführung der jeweils individuellen Bauernwirtschaften erforderlich ist. Die nicht erbenden Söhne, die sich mit der Perspektive des freien Mannes über ihre Väter ebenfalls identifiziert haben, verfallen in Knechtschaft, sofern es ihnen nicht gelingt, selbst eigenes Land zu gewinnen. Hier liegt die Wurzel für den enormen expansionistischen Drang aller patriarchalisch strukturierten Gemeinwesen des Mittelmeerraumes. Die der Knechtschaft ausweichenden nichterbenden Söhne treiben die patriarchalische Struktur um den Erdkreis und stoßen dabei auf aus gleichem Grunde expansive Gegner anderer Herkunft. Die militärische Notwendigkeit, mehr als nur die Erbsöhne aufzuziehen, kommt dementsprechend erst an ihr Ende, als eines der beteiligten Völker – historisch also Rom – den gesamten besiedelbaren Raum durch Siege über die anderen unter seine Kontrolle gebracht hat. Diese Siege befrieden die Region und ziehen gleichzeitig der weiteren Expansion eine räumliche Grenze.

Überall dort, wo die siegenden Römer größere Territorien erobern, als sie selbst mit einzelwirtschaftlichen Bauernstellen besiedeln, lassen sie große Teile der eroberten Bevölkerungen am Leben und setzen sie als Sklaven auf großflächigen Latifundien ein, die im Eigentum freier römischer Bürger stehen. Diese auf Sklavenarbeit beruhende Produktion für die Märkte des Imperiums entfesselt eine neue wirtschaftliche Dynamik. Bei vielen der wichtigsten Produkte (etwa Ziegel, Wolle, Fleisch, Öl, Wein und Bodenschätze) produziert die Latifundie billiger als der Einzelbauer. Ihre Überlegenheit bewirkt einen ununterbrochenen Bankrott kleiner Betriebe zugunsten großer Sklavenunternehmen. Dieser ökonomische Prozeß erzeugt die Jahrhunderte während politischen Kämpfe zwischen Kleineigentümern (Plebejern) und Großgrundbesitzern, die nach der Ermordung des

---

9 Demosthenes, *Gegen Neera*, zit. n. L. Gernet, *Démosthène – Plaidoyers civils*, Band IV, Paris 1960, S. 70 ff. / 108 – Übersetzung dieser und sämtlicher folgenden fremdsprachigen Stellen – soweit nicht angegeben – von den Verfassern.

Gaius Gracchus im Jahre 121 vor unserer Zeitrechnung zum endgültigen Sieg der letzteren führen:

»Eine Concurrenz mit der billigen Sklavenarbeit war für den freien Arbeiter unmöglich. Er mochte froh sein, wenn es ihm gelang, sein eigenes Leben zu fristen; wie hätte er daran denken können, eine Familie zu begründen und Kinder aufzuziehen? Und die beständig zunehmende Concentrierung des Besitzes in wenigen Händen sorgte dafür, daß immer mehr Bürger zu Proletariern herabsanken. [. . .]
Gegenüber dem Vordringen der Sklavenwirtschaft hat alles andere [was zum Bevölkerungsrückgang beiträgt – d. V.] nur secundäre Bedeutung.«[10]

Zwei Probleme ragen aus dieser Entwicklung hervor und werden schließlich zu Anknüpfungspunkten für politische bzw. moralische Gegenbewegungen: Mit der Zerstörung der Familienbetriebe wird zugleich die Menschenquelle beseitigt. Nichterbende Kinder von Kleineigentümern sind ja wesentliches Reservoir für die Sklavenmärkte. Es ist also der Sieg des »Kaufsklavenkapitalismus« (Max Weber) selbst, der ihn seiner wichtigsten Basis beraubt: der Sklaven. Sklavenzuchtversuche scheitern an der beträchtlichen Risikobelastung dieses Geschäfts: Die weiblichen Sklaven vernachlässigen die nicht in ihrem Interesse aufgezogenen Kinder, die Sterblichkeitsrate ist hoch, und die Preiserwartungen über den langen Aufzuchtszeitraum hinweg sind ungewiß.
Im Ergebnis ist ein Rückgang der Bevölkerung vom Beginn der Kaiserzeit bis zum dritten nachchristlichen Jahrhundert um fast 50 Prozent zu verzeichnen.[11] Menschenmangel erscheint dem Bewußtsein der Zeitgenossen als die zentrale Ursache der Reichskrise. Eine Betrachtung dieser Bevölkerungsschrumpfung als Vorteil, wie sie für die Gegenwart häufig anzutreffen ist und dann

---

10 J. Beloch, S. 504 und 505; Max Weber – *Die sozialen Gründe des Untergangs der antiken Kultur*, in: *Die Wahrheit*, 6. Band, 1896, S. 57-77 – hat dieser Position zur allgemeinen Verbreitung verholfen; sie bestimmt auch die jüngste, in Weber-Tradition geschriebene historisch-materialistische Darstellung des Wechsels vom Kaufsklavenkapitalismus zum Feudalismus von P. Anderson, *Passages from Antiquity to Feudalism*, London 1974, insb. S. 76 f. u. 83 f.
11 Zum jüngsten Stand der Berechnungen für die kaufsklaveninduzierte Bevölkerungsabnahme im Imperium romanum vgl. A. E. R. Boak, *Manpower Shortage and the Fall of the Roman Empire in the West*, Westport 1955; F. W. Walbank, *The Awful Revolution*, Liverpool 1969, insb. S. 59 ff. / S. 107 ff.; P. A. Brunt, *Italian Manpower 225 B. C. – AD 14*, 1971.

meist zur Vermeidung einer zureichenden Erklärung des Geburtenrückgangs dient, kann sich den Politikberatern der Antike nicht aufdrängen. Die Ersetzung der lebendigen Arbeit durch Maschinerie, wie sie im England des späten 18. Jahrhunderts im großen Stil stattfindet, bietet sich für die römische Kaufsklavenökonomie als Ausweg nicht an. Der freie Lohnarbeiter, ein freier Bürger ohne Bodeneigentum und vor der Notwendigkeit des eigenen Unterhalts stehend, tritt erstmals im England der frühen Neuzeit auf. In Rom kann ein freier Lohnarbeiter, dessen relativ hohe Lohnkosten zu seiner maschinellen Ersetzung nötigen, nicht entstehen. Die wenigen Lohnarbeiter sind »proletarii« und damit römische Bürger. Sie werden deshalb vom Staat alimentiert und bilden ein parasitäres Proletariat. Ihr Existenzminimum und auch ihr Alter sind also gesichert, was sie nicht hindert, bei Gelegenheit etwas dazuzuverdienen. Sie sind meist familienlos aus eigenem Interesse, d. h. sie kommen noch aus Kleineigentümerfamilien, gründen aber selber keine mehr. Da sie das Aussetzungs- und Abtreibungsrecht des freien Mannes sowie Zugang zu nichtehelicher Sexualität haben, geht ihre Zahl aufgrund der Kinderlosigkeit immer mehr zurück.[12]

Der Sklave hingegen wird zum Mittel ökonomischer Expansion nur, solange er immer billiger zu haben ist, solange die römischen Armeen also mächtiger werden und größere Ländereien sowie Menschenmengen zu rauben imstande sind. Die Kosten der Bodenbearbeitung sinken, d. h. die Gewinne steigen, solange die Sklaven zahlreicher werden. Einzig ihre große Zahl ermöglicht die Realisierung eines organisatorischen Produktivitätszuwachses, der aus der Vergrößerung der ökonomischen Einheiten hervorgeht. Der Arbeitsprozeß in dieser neuen Einheit bleibt allerdings statisch, weil die Sklavenarbeit reine Zwangsarbeit ist. Ihre Produktivität bleibt gefesselt wie die Sklaven selbst, wenn sie auf die Felder geführt werden. Die Dynamik des modernen Unter-

---

12 Wir stimmen hier also Max Weber nicht zu, der die relative Abnahme dieser Gattung freier Lohnarbeiter psychologisch erklärt, »weil ihre Haltung neben den massenhaften Sklaven gefährlich schien« (*Agrarverhältnisse im Altertum*, in: *Hdwb. der Staatswissenschaften*, Bd. 1, Jena 1909³, S. 166). Weber, der den modernen Proletarier als eigentlichen Produzenten immer mit dem antiken Sklaven vergleicht, projiziert hier die Familienhaftigkeit des modernen freien Lohnarbeiters auch auf die freien ›proletarii‹ Roms und zeigt damit exemplarisch jenes zentrale Vorurteil der neuzeitlichen Sozialwissenschaften, mit dem wir uns in diesem Buch noch häufig befassen werden.

nehmens, das nicht durch Beschäftigung immer größerer Beleg-schaften expandiert, sondern die Produktivkraft der Arbeit durch technischen Fortschritt entwickeln muß, um die Kosten zu sen-ken und so im Markt zu bleiben, kommt in Rom nicht zustande. Als dort durch Versiegen der Menschenquelle nach Inbesitznah-me aller erreichbarer Territorien die Arbeitskollektive für die großflächige Landwirtschaft nicht mehr voll besetzt werden kön-nen, sinken die Erträge. Den Unternehmern werden die noch verbleibenden Sklaven tendenziell zu totem Kapital. Dieses könnten sie nun entkommen lassen, verlören dadurch freilich endgültig ihre Investitionen. Sie könnten ihnen auch formal die Freiheit geben; die auf diese Weise »proletarii« werdenden Skla-ven mit Alimentationsanspruch und ohne Nachkommenschaft stünden für die ehemaligen Eigentümer dann allerdings ebenfalls nicht mehr zur Verfügung. Sie könnten sie zu freien Bauern machen, woraus den Eigentümern aber wiederum kein Einkom-men erwüchse. Sie beschreiten deshalb den einzig nützlichen Ausweg, indem sie die Sklaven zwar zu Bauern machen, ihnen aber die Freiheit vorenthalten. Als Preis für die leibeigene Bau-ernexistenz pressen sie ihnen Frondienste und Güter ab. Damit ist in nuce die Wirtschaftsstruktur des Feudalismus bzw. des europäischen Mittelalters gefunden.

2. Warum die Bevölkerungspolitik der römischen Kaiser scheitert

Die ökonomische Zerstörung der Familienbetriebe durch die römischen Sklavenbetriebe geht einher mit dem Zerfall der patri-archalischen Moral. Sie bringt eine weitgehende Gleichberechti-gung der Frau und eine bis dahin in Rom nicht gekannte sexuelle Freizügigkeit, deren ungewollte Folgen auf der Grundlage des patriarchalischen Rechts auf Abtreibung und Kindesaussetzung beseitigt werden. Der Verfall der Familienmoral bezieht auch die verbliebenen Klein- und Großeigentümer mit ein, da diese sich ihre Erbsöhne zunehmend nicht mehr über die eigene Familien-bildung besorgen, sondern durch Adoption aus der Masse fami-lienloser Plebejerkinder, freier Proletarier und sogar Sklaven. Die Auflösung der herkömmlichen sexuellen Sitten sowie individuelle Fortpflanzungs- und Familienfeindlichkeit werden ein weiterer

Anknüpfungspunkt für Klagen über den Verfall des Reiches. Sie geht einher mit dem Autoritätsverfall der für das Familienleben zuständigen Götter bzw. ihrer Priester, was allenthalben als Ruin der Religion beklagt wird.

Die Versuche der Kaiser seit Augustus – also bereits in vorchristlicher Zeit –, Verehelichung und familiale Fortpflanzung durch Gesetze zu erzwingen, treffen gerade die führenden Klassen des Reiches und laufen letztlich leer, da sie die sklavenkapitalistische Ursache des Problems unangetastet lassen: Der nicht mehr agrarisch-handwerklich, sondern mit Kapital operierende Römer benötigt ja keinen ›treuen‹ und persönlich angelernten Sohn mehr, sondern eine kaufmännisch tüchtige Kraft, die sich um die Geldrente zu kümmern hat und eine Beziehung zum Kapitaleigner konstituiert, die nichts mehr mit der zwischen Sohn und Vater, die Seite an Seite arbeiten, zu tun hat. Eine solche Kraft muß die Geldmittel beschaffen, mit denen der Vermögende für Zeiten der eigenen Arbeitsunfähigkeit, Arbeitsunwilligkeit und der Genußsucht Dienste kaufen kann, da er diese nicht mehr – wie in der noch umfassend naturalwirtschaftlichen Bauernwirtschaft – über verwandtschaftliche Unterhaltspflichten erhält. Nun ist eine solche kaufmännische Person allerdings nicht schon deshalb für den Haushalt des Vermögenden geeignet, weil es sich bei ihr um einen selbstgezeugten Sohn handelt. Um diesen Sohn zu gewinnen, müssen häufig in der Regel mehrere Kinder aufgezogen werden, von denen dann das tüchtigste ausgewählt wird. Das vaterrechtlich unverzichtbare Institut der Adoption – das allein den unfruchtbaren Mann und das patriarchalische System insgesamt vor dem Untergang schützt – ebnet den Weg, den vermögensverwaltenden Erben nicht mehr mühsam, risikoreich und kostspielig in der eigenen Familie heranzuziehen, sondern – wie bereits gesagt – aus der Masse der Erbschaft suchenden Bewohner der Städte oder dem weiteren Familienkreis auszusuchen.[13] Wenn also die Adoptionen im Rom der Kaiserzeit in die

13 Die u. E. unübertroffene Darstellung des ökonomischen Kalküls dieser Zeit finden wir in Plautus' Komödie *Der Bramarbas*, wo er den Greis Periplectomenes im 2. Akt, 1. Auftritt sagen läßt:
»Hab' ich Verwandte genug, Was hab' ich Kinder nötig? Jetzo leb' ich gut Und glücklich, ganz nach meinem Sinn, wie mir's beliebt. Mit meinem Tode fällt den Anverwandten mein Vermögen zu; ich gebe jedem seinen Teil. Sie essen bei mir, pflegen mich, sehn, was ich mach' Und was ich will. Noch eh' es Tag wird, stehn sie

Hunderttausende gehen, so hat das nichts – wie populär spekuliert wird – mit Impotenz oder gar mit einer von den Bleiwandungen der Luxusgefäße verursachten Unfruchtbarkeit zu tun, sondern ist der ökonomisch optimalen Variante der Vermögenserhaltung und Vermögensübertragung geschuldet.

Das Adoptionswesen wird nicht aus rein quantitativen Erwägungen zum Anknüpfungspunkt für die Familien- und Fortpflanzungsgesetze, da Sklaven vorerst noch immer über Kriege gewonnen werden können. Es birgt freilich für die Kaiser einen anderen Nachteil, entzieht es ihnen doch die politische Manövriermasse von Fachleuten für ihre Weltpolitik. Die Söhne der über Produktiveigentum verfügenden und daher mit dem Reich identifizierten Römer bleiben aus. Es mangelt an Offizieren, Verwaltern, Spezialisten und Kolonisten für den Zusammenhalt des Reiches. Ihrer Gewinnung sollen die kaiserlichen Gesetze[14] vorrangig dienen. Sie operieren mit einer zentralen Waffe: Wer seinen ökonomischen Vorteil darin sucht, daß er Familienleben und Kinderaufzucht vermeidet, soll selber in seinem Erbe beschnitten werden. Alle anderen Bestimmungen ergänzen diese Maßnahme lediglich; dazu gehören die Verhinderung von Scheinehen, besondere Ehrenkleider für kinderreiche Mütter, Nachteile der Kinderlosen bei der Erlangung öffentlicher Ämter und, zunächst noch vorsichtig, Sperren gegen das, was bei den Christen später Unzucht heißen und im Zentrum ihrer Angriffe stehen wird. Erst unter Septimus Severus – also zwei Jahrhunderte nach der augu-

da Und fragen nach, wie ich die Nacht geschlafen. Das Sind meine Kinder; ja, sie schicken mir sogar Geschenke. Kommt ein Opfer vor, so geben sie Mir einen größern Teil, als auf sie selber kommt. Sie holen mich zum Opferschmause, laden mich Zum Frühstück und zum Abendtisch. Unglücklich schätzt Sich der am meisten, der das wenigste mir geschickt. Recht um die Wette machen sie Präsente mir. Beim Pollux! Hätt' ich Kinder, diese brächten mir Des Jammers genug; ich wär' in steter Todesangst, Ob eins im Rausche, ob es wo vom Pferde fiel' Und nicht allein die Beine bräche, nein, den Hals. Dann auch, ob meine Frau nicht ein gezeichnet' Kind Zur Welt mir bringe: eins mit einem Muttermal, Ein Krummmaul, einen Grätschler, Schieler, Hinkebein.«

Übersetzt v. W. Binder in *Langenscheidtsche Bibliothek sämtlicher griechischen und römischen Klassiker*, 70. Band, Berlin-Stuttgart, 1855-1907.

14 Zu der Ehegesetzgebung des Augustus vgl. die ausführlichen Darstellungen von P. Jörs, *Die Ehegesetze des Augustus*, Marburg, 1896; M. Kaser, S. 271 ff.; Astolfi, *La Lex Julia et Papia*, Padova 1970. E. Seidl, Stichwort *Lex Papia Poppea*, in: *Paulys Realencyclopädie*, Supplementband VI, Stuttgart 1935, Sp. 227 ff. Als ausführlichste und aktuellste Arbeit verweisen wir auf P. Csillag, *The Augustean Laws on Family Relations*, Budapest 1976.

steischen Gesetzgebung – gelingt es, ein speziell gegen Unzucht gerichtetes kaiserliches Gesetz durchzusetzen.[15] Septimus Severus ist zugleich derjenige Kaiser, der erstmals Christen in hohe Staatsämter beruft[16] und biblische Münzsymbole gestattet.[17]

Die Unzuchtsverfolgung soll diejenigen treffen, die Erben und Unterhaltspersonen wohl benötigen, diese jedoch durch Adoption oder Mietvertrag gewinnen und trotz dieser Verfahren – also der Ehe- und Familienlosigkeit – jederzeit Geschlechtsbefriedigung finden können. Die Unzuchtsverfolgung soll den Geschlechtstrieb in die Zeugung ehelicher Kinder kanalisieren und damit die Zahl des Nachwuchses des freien Bürgers über lediglich einen Adoptiverben hinaustreiben. Sie ist historisch etwas Neues, setzt Sklaven und freies Proletariat voraus, die für nichteheliches Geschlechtsleben und Adoptionen zur Verfügung stehen. Der Eingriff der Kaiser in das Privatleben der Römer ruft deshalb erheblichen Widerstand hervor und wird als schwerster Anschlag auf die persönliche Freiheit erfahren, der jemals in der römischen Geschichte gegen die eigenen Bürger versucht worden war, eine Freiheit übrigens, die in vergleichbarem Ausmaß erst in hochentwickelten Gesellschaften des 20. Jahrhunderts wieder erreicht und – wie noch zu zeigen sein wird – auch hier nicht selten bald wieder eingeschränkt wird. Neben den staatlichen Gegensteuerungsversuchen der Kaiser kommt es auch zu privaten Reaktionen auf Krisenerscheinungen wie Familienzerfall, Menschenmangel, ›Sittenlosigkeit‹, Kindesaussetzungen und Abtreibungen lange vor der christlichen Epoche.

3. Warum neben der staatlichen Politik auch religiöse Bewegungen gegen den Familienzerfall auftreten

Die Zerstörung der wirtschaftlichen Familienbasis zieht Sinnlosigkeitsängste bei den betroffenen Menschen nach sich. Sie verweisen auf das Bedürfnis nach einer neuen Lebensperspektive. Die Krisenzeit bereitet also ein Klima für ganz unterschiedliche

15 Vgl. dazu L. Friedländer, *Darstellungen aus der Sittengeschichte Roms*, Bd. I, Leipzig 1922, S. 285.
16 Vgl. dazu Friedländer, S. 306.
17 Vgl. dazu Renan, *Paulus – sein Leben und seine Mission*, deutsch 1935, S. 266.

Bewältigungsformen der in ihr wachsenden Ängste. Deren jeweilige Angriffspunkte zeigen die verschiedenen Reichweiten der damals aufkommenden Analysen des gesellschaftlichen Zustandes. Wo dieser mit Magie, Astrologie oder schlicht Kriminalität verändert werden soll, liegt ein Analyseniveau vor, das wiederum von weiterdenkenden Gruppen, aus denen später auch Anhänger des Christentums hervorgehen, in Frage gestellt wird. Unter ihnen finden sich solche, die lediglich auf eine moralisch induzierte Wiederaufrichtung der Familie setzen. Diese bezeichnen jedoch nicht den fortgeschrittensten Stand der Analyse. Es gibt nicht-homosexuelle Männergruppen (z. B. in Qumran), welche die individuelle Rückkehr zu Familie und Fortpflanzung offensichtlich ohne die entsprechende ökonomische Basis für nicht aussichtsreich halten und ihr Heil nicht im Familienleben suchen. Und es gibt – mit den letzteren teilweise identisch – Gruppen, die eine neue Gesellschaft predigen, in der gerade das verwirklicht werden soll, was die alte Struktur während ihrer materiellen Blütezeit erfolgreich unterdrücken konnte, aber nach ihrer jetzigen Schwäche als machbar erscheinen läßt. Diese Gruppen kämpfen für die Gleichberechtigung, ja materielle Gleichstellung von Freien und Unfreien, Männern und Frauen. Sie finden Gehör nicht nur bei den Unterdrückten und Benachteiligten, sondern auch bei einigen Mitgliedern der oberen Schichten, die erkannt haben, daß ihre Positionen im Zerfall begriffen oder die bereits selber auf den Status der Proletarier herabgesunken sind. In dieser Richtung operiert z. B. eine Gruppe im ersten vorchristlichen Jahrhundert in Lydien – einem Gebiet mit frühzeitig eklatantem Bevölkerungsrückgang.[18] Zu ihrem Heiligtum in Philadelpheia zugelassen sind

»Männer und Frauen [. . .], sowohl Freie wie Sklaven beiderlei Geschlechts. Die Wiederkehr dieser bestimmten Formulierung [über Frauen und Sklaven – d. V.] an drei Stellen beweist, welches Gewicht der Stifter auf diese allgemeine Zugänglichkeit gelegt hat. [. . .] [Die] Mysterien und die damit verbundenen Segnungen sollen allen zuteil werden, die die Bedingungen kultischer und moralischer Reinheit erfüllen. Das ist bemerkenswert im Hinblick auf die sonst so oft ausgesprochene Ausschließung entweder von Frauen oder von Sklaven.«[19]

18 Vgl. dazu J. Beloch, S. 506 f.
19 O. Weinreich, *Stiftung und Kultsatzungen eines Privatheiligtums in Philadel-*

Die Ethik dieses Privatheiligtums wendet sich gegen Magie und Zauberei sowie gegen kriminelle Ausbrüche aus der sozialen Krisenlage – Raub und Diebstahl insbesondere. In ihrem Zentrum stehen indes Vorschriften zur Bekämpfung von Mitteln, welche »die Vernichtung der Leibesfrucht bzw. Verhinderung der Konzeption bewirken [. . .]. Daß es solche massenhaft gab, sehen wir aus diesbezüglichen Angaben bei Soran, der sie ablehnt, und [bei] Aetios«.[20] Der Kommentator hebt hervor, daß es sich hierbei keinesfalls um gängige Reinheitsvorschriften für die Betretung eines Tempels handelt, sondern »alles Gewicht auf die ethische Frage selbst [gelegt wird]. Die Handlung wird verboten, das Verbrechen gegen die Nachkommenschaft«.[21] Er prüft sodann die Versuche anderer Kommentatoren, eine traditionelle Wurzel für das »Verbot dieses Verbrechens gegen das keimende Leben« ausfindig zu machen, und kommt zu dem Schluß:

»Weder orphisch noch jüdisch verfängt; stoisch wäre gerade so gut möglich. Wenn wir die [. . .] Didache der 12 Apostel mit dem schon früher bekannten Material und unserer Philadelpheischen Inschrift vergleichen [. . .], dann erkennen wir, daß im Osten und vom Osten her in den verschiedensten Schichten und Konfessionen gewisse gemeinsame ethische Forderungen und Verbote sich durchsetzen, die zu allgemein menschlich sind, als daß man sie aus einer Quelle, einem Kulturkreis oder Kultkreis herzuleiten vermöchte.«[22]

Obschon wir der These, daß diese Gebote ›allgemein menschliche‹ seien, nicht folgen – das sind sie offensichtlich gerade nicht, wenn sie allenthalben erst gefordert werden müssen –, so halten wir doch die Zurückweisung der bloß philologischen bzw. aus der Tradition begründeten Herleitung solcher Gebote für richtig. Das schließt keineswegs aus, daß die Formulierung solcher Gebote leichter fällt, wenn auf Traditionen zurückgegriffen werden kann. Wir halten sie für die verständliche, wiewohl hilflose Reaktion auf Zerfallsmerkmale des Imperium Romanum – hilflos, weil sie der kaufsklavenkapitalistisch verursachten Auflösung des Familienlebens nicht beikommen können.

Das umfangreiche Material einer neuen Familien- und Sexual-

pheia, in: *Sitzungsberichte der Heidelberger Akademie der Wissenschaften, Philosophisch-Historische Klasse,* Jahrgang 1919, 16. Abhandlung, S. 7.

20 O. Weinreich, S. 56.

21 Ebenda.

22 O. Weinreich, S. 57.

ethik, welches in der einschlägigen Literatur überwiegend als »hellenistische Wurzel« des Christentums bezeichnet wird, ist also selbst nicht Wurzel, sondern nur ein – schließlich welkender – Trieb aus jenem Boden, der auch die christliche Ethik hervortreibt.[23]

Warum scheitern nun langfristig die hellenistischen und anderen nichtchristlichen Formulierungen einer Fortpflanzung und Familienleben fordernden Moral, während sich das Christentum schließlich durchsetzt? In den Formulierungen der jungen Christengemeinden findet sich kein allzu großer Unterschied zu den hellenistischen Neuerungsversuchen. Der gesamte Paulus-Teil des *Neuen Testaments* ist vorrangig durch Unzuchts- und Ehebruchsächtung gekennzeichnet. Die frühesten, nicht im *Neuen Testament* enthaltenen christlichen Dokumente präzisieren da nur. Die älteste überlieferte Ordnung (Didache = Lehre der zwölf Apostel), die ins letzte Drittel des 1. Jahrhunderts unserer Zeitrechnung datiert wird, fordert – und läßt dabei schon die Todesmelodie der späteren Hexenverfolgungen anklingen –:

»Du sollst nicht töten, du sollst nicht ehebrechen, du sollst nicht Knaben schänden, du sollst nicht Unzucht treiben, du sollst nicht stehlen, du sollst nicht Zauberei treiben, du sollst nicht Gift mischen, du sollst nicht das Kind durch Abtreibung umbringen und das Neugeborene nicht töten.«[24]

Im 5. Kapitel der Didache über den – zu vermeidenden – ›Weg des Todes‹ werden diese Gebote teilweise wiederholt, und es werden noch einmal ausführlich jene Menschen beschrieben, welche den verderblichen Weg wandeln. Es sind u. a. Leute, »die ihre Kinder töten, das Gebilde Gottes [im Mutterleibe] umbringen«.[25] Einem Gottsucher des frühen zweiten Jahrhunderts wird auf die Frage: »Herr, welcher Art ist das Böse, dessen man sich zu enthalten« hat?, als erste Antwort zuteil: »Ehebruch und Unzucht!«[26]

Wenngleich die Formulierungen – bei aller Zugespitztheit, die

23 Eine gute Übersicht zur vorchristlichen Reformmoral für Familie und Fortpflanzung gibt F. J. Doelger, *Antike und Christentum,* 4 Bände, 1929-1934, insbesondere Bd. 3, S. 132-148 u. S. 231 sowie Bd. 4, S. 1-61, 147-149, 188-228, 280 ff.

24 Zit. n. *Die Apostolischen Väter,* aus dem Griechischen übersetzt von F. Zeller, Kempten-München, 1918, S. 7.

25 *Die Apostolischen Väter,* S. 10.

26 Zit. n. M. Dibelius, *Der Hirt des Hermas,* Tübingen 1923, S. 526.

dem fortgeschritteneren Zustand der Reichskrise geschuldet sein mag – von der gynäkologischen, d. h. der Fortpflanzungs-Moral hellenistischer Gruppen nicht prinzipiell unterschieden sind, so gehen die Gruppen, welche für sie einstehen, doch einen erheblichen Schritt weiter: Sie leugnen die griechisch-römischen Götter und ziehen dadurch Verfolgung auf sich. Obschon das römische System der Sklavenökonomie im ersten Jahrhundert unserer Zeitrechnung und in einigen (griechischen) Gebieten bereits früher deutliche Krisenerscheinungen aufweist, so verfügt es – im ganzen betrachtet – doch noch immer über Dynamik, treibt die produktivere Sklavenökonomie voran und ist deshalb auch noch fähig und willens, sich zu verteidigen. Alle Versuche politischer Bewegungen, schon in der Zeit noch virulenter Dynamik des Systems ein ideales anderes zu errichten oder auch nur zu predigen und dabei etwa unterdrückte Klassen – von deren Arbeit das System ja lebt – oder Frauen als gleichberechtigt zu verstehen, ziehen Verfolgung, Entziehung der Existenzgrundlage, Einkerkerung und Tötung nach sich. Diese Maßnahmen werden vom noch herrschenden System mit der Verletzung der Religion durch diese Gruppen gerechtfertigt.

Etliche der frühen Reformbewegungen halten deshalb formal an den alten Göttern fest, um sich auf diese Weise unauffällig zu machen und dennoch etwas Neues vertreten zu können. Das oben genannte Privatheiligtum von Philadelpheia ist beispielsweise noch reich mit überkommenen Gottheiten bestückt. Unserer Meinung nach liegt hier das entscheidende Hindernis für die Ausbreitung seiner Moral. Die alten Götter sind mit dem Kaufsklavenkapitalismus, der patriarchalischen Familie oder der Frauenunterdrückung, mit der Verfolgung und Tötung von Rebellen wider diese Ordnung unlöslich verbunden.[27] Ihre Überzeugungskraft muß deshalb gering bleiben.

Wir meinen nun allerdings nicht, daß die Christen sehr viel mutiger oder radikaler als die hellenistischen Gruppen vorgingen und bewußt einen anderen Gott proklamierten. Im Gegenteil, sie halten ebenfalls am respektierten Gott ihrer Heimat Israel fest. Allerdings werden sie gezwungen, diese zu verlassen, und befinden sich – beim vorerst ebenfalls noch ganz naheliegenden Ver-

---

27 Vgl. zur mythologischen Rechtfertigung der Kindestötung durch entsprechende Taten der Götter selbst Glotz, S. 489.

such, Juden außerhalb Palästinas zu gewinnen – ganz ungewollt mit ihrem alten Gott und einer neuen Moral in griechisch-römischer Gesellschaft, wo sie freilich als Anhänger eines neuen Gottes und einer neuen Moral erscheinen.

Diese Situation erhöht nicht nur das Risiko ihrer Anhänger, die sich Anforderungen gegenübersehen, welche die stärksten unter ihnen zur Formulierung der später so bemerkenswerten Moral der Selbstopferung vieler Christen für ihren Glauben veranlassen. Die Verfolgung steigert auch die Attraktivität der Lehre. Der Christengott ist gleichsam im Zustande der Unschuld und nicht mit den Taten des römischen Systems assoziiert. Ihn kann man ›anhören‹, ohne sich zu kompromittieren. Er ist zugleich – und hierin liegt wohl die große Stärke – ein Gott mit höchstem Respekt vor dem menschlichen Leben und deshalb besonders anziehend für jene Klassen und Gruppen der römischen Gesellschaft, deren Leben am wenigsten gilt: Sklaven, Frauen und – vertreten durch ihre Beschützer – Kinder. Insofern ist der Aufstieg des jüdischen Gottes aus der Vielzahl anderer Götter des Imperiums, die in seinem griechisch-lateinischen Zentrum ebenfalls unkompromittiert sind, keineswegs zufällig. Unter ihnen befindet sich keiner, der seinem Volk eine vergleichbare Antitötungsmoral[28] vorschriebe: »Während alle alten Völker ein unwürdiges Spiel mit dem Leben des Neugeborenen trieben, sahen es die Juden allein beständig mit Ehrfurcht an.«[29] Tacitus, der zum Zeitpunkt der offenen Krise des Imperiums nach moralischen Vorbildern für die Römer Ausschau hielt, vermerkte: »Die Juden begünstigen die Bevölkerung und es ist für einen Vater ein Verbrechen, eines seiner Kinder zu töten.«[30]

Neben dem Kindstötungsrecht des römischen Bürgers wird sein Recht auf jederzeitige Scheidung im fortgeschrittenen, wirtschaftlich verursachten Familienzerfall zu einem weiteren Anknüpfungspunkt für Überlegungen zur Wiederherstellung einer neuverfaßten, stabilen Familie. Da der alte »Familienkollektivis-

28 Vgl. zu einer Erklärung der Entstehung des Tötungsverbotes bei den Israeliten G. Heinsohn, *Theorie des Tötungsverbotes* . . ., Kapitel 1 und 2.

29 J. Gaume, *Geschichte der häuslichen Gesellschaft*, Regensburg 1945, 2. Band, S. 18.

30 Tacitus, (55-117 n. u. Z.) *Historien*, lateinisch-deutsch, hrsg. v. Joseph Borst, München 1959, V. Buch, 5. Kap.; vgl. auch Flavius Josephus, *Gegen Appion*, 2. Buch, S. 179 ff.; Philo v. Alexandria, *Über die Einzelgesetze*, III. Buch, S. 216 ff.

mus« mit der Auflösung der »altbäuerlichen Lebens- und Wirtschaftsform«[31] seine Grundlage verloren hat, setzen sich gegen den anhaltenden politischen Widerstand des »Traditionalismus«[32] langsam Ehebeziehungen durch, deren kurzfristige Verbindlichkeit einzig über bloß äußerliche Attraktivität zustande kommt. Juvenals (47-130 [?] n. u. Z.) Satiren kennzeichnen treffend dieses nun vorherrschende Moment:

> »Warum ist Satorius für Bibula entflammt? Gib acht, nicht die Ehefrau wird hier geliebt, sondern das Gesicht. Zeigen sich drei Falten und vertrocknet die Haut, werden die Zähne dunkel und die Augen kleiner, dann sagt gleich ein Freigelassener: Geh, Dein Anblick ist uns widerlich, Du schnäuzest Dich so oft, geh sag ich Dir, ohne Verzug; wir wollen eine Nase, die weniger feucht ist als die Deinige.«[33]

Während die traditionelle römische Familie ungeachtet der sexuellen Freizügigkeit des Mannes stabil war, wird jetzt der Familienzusammenhalt selbst abhängig von der sexuellen Attraktivität, die beide Partner füreinander empfinden: Denn auch die Ehefrau hatte mit dem Zerfall der Familie eine immer größere Freiheit von der zerbröckelnden ›patria potestas‹ erlangt.[34]

Diese Freiheit findet ihren auffälligsten Ausdruck darin, daß die Angst der Frauen, als Hure bezeichnet zu werden und so der zentralen Ächtungsformel stabiler Patriarchate ausgeliefert zu sein, geschwunden ist: Um Steuern zu sparen, von denen lediglich Prostituierte ausgenommen sind, ließen sich sogar Aristokratinnen in die polizeilichen Hurenregister eintragen und davon auch durch Sondergesetze nicht abbringen, die ihnen gerade diesen Weg verschließen sollten.[35]

Der ökonomisch begründeten sexuellen Freizügigkeit setzt die junge Christengemeinde eine Gleichberechtigung in Keuschheit entgegen und verweist damit auf die noch schwärmerische Ausgestaltung ihrer Reaktion auf die wirtschaftliche Krise des Imperiums. Die Weltuntergangs-Erwartung der frühen Christen mindert jedoch vorerst Überlegungen zu einer Neubestimmung der

---

31 M. Kaser, S. 232.
32 Ebenda.
33 Juvenal, *Satiren* VI, 142; vgl. für die wissenschaftliche Darstellung z. B. M. Voigt, *Römische Rechtsgeschichte,* Band 2 (1899), Aalen 1963, S. 45 ff.
34 M. Kaser, S. 232 ff.; M. Voigt, S. 56 ff; L. Friedländer, S. 267 ff, insb. S. 285 f.
35 Vgl. H. Dufour, *Geschichte der Prostitution,* Berlin ca. 1905³, Band 2, S. 19, Band 1, S. 201, und M. Voigt, a.a.O., Bd. 2, S. 46 FN 24.

Ehe, trotz der Konzeption gleichberechtigter Eheführung bei Jesus[36], so daß selbst Paulus die Ehe lediglich als Unzuchtskorrektiv, nicht aber als oberstes Ideal der Bewegung aufgefaßt wissen will.[37] Oberstes Ideal bleibt die unverbrüchliche Liebe zum Herrn und Retter, das die Verdrängung materieller und sexueller Interessen einschließt. Wir haben hier in Keimform jene Liebesvorstellung jenseits allen Kalküls vor uns, welche dann in der Neuzeit als ›natürliche Kindes- und Gattenliebe‹ zum menschlichen Prinzip par excellence verallgemeinert wird. Dieses demographisch ungemein folgenreiche Prinzip wird allerdings nicht mittels liebevoller Predigt, sondern – wie wir noch sehen werden – durch ein bis dahin nicht gekanntes Ausmaß an Folter und Tötung ins Werk gesetzt.

Die Aushöhlung der patriarchalischen Familienstruktur im latifundisierten Imperium hat nicht nur bei den Christen Vorstellungen von einer neuen Eheform befördert. Die Suche nach Alternativen wird vielmehr allgemein. Ein klar formuliertes politisches Programm haben unseres Wissens zuerst die Essener vom Toten Meer aufgestellt. Sie betreiben die Abschaffung des männlichen Scheidungsprivilegs und verlangen sogar, daß das polygame Königtum der Israeliten in einem neuen, von Rom unabhängigen Israel von diesem Privileg gereinigt werde.[38]

Wir halten fest, daß die Attraktivität des Christentums in seinem Angebot liegt, durch eine neue Qualität menschlicher Bindungen der ökonomischen, sozialen und kulturellen Krise entgegenzuwirken. Die zeitweilige grausame Verfolgung schützt die Christen davor, ihre Ideale in praktischer Machtausübung vorschnell zu verraten und Anhänger zu enttäuschen oder Suchende abzustoßen. Die Suchenden werden zahlreicher, da die fortschreitende Krise des Kaufsklavenkapitalismus immer mehr Menschen auf alternative Lebenswege verweist. Die moralische Autorität des Christentums breitet sich also in dem Maße aus, wie die wirtschaftliche Basis der alten Götterhierarchie schwindet. In diesem Prozeß wird schließlich der Verfolgung der Christen der Boden entzogen.

---

36 *Matthäus* 5, 27/28; 19, 49/19; *Marcus* 10, 6-11; *Lucas* 16, 18.
37 Paulus, *1. Korinther* 7, 1/2.
38 Vgl. dazu Yigael Yadin, *The Temple Scroll*, London 1978.

4. Wie die christliche Moral staatliches Familiengesetz wird

Die Kaiser begnügen sich bei ihren Versuchen, der Krise Herr zu werden, keineswegs mit Verfolgungen der christlichen Opposition und mit Gesetzen[39], die Fortpflanzung befördern sollen. Sie schaffen vielmehr – von den eingangs geschilderten wirtschaftlichen Zuständen dazu gezwungen – die gesetzlichen Grundlagen für die Aufrichtung der feudalen Gesellschaft: Die verbliebenen Proletarier und Sklaven werden seit dem Ende des zweiten Jahrhunderts unserer Zeitrechnung (Edikt des Pertinax) zunehmend in Landeigentümer, Kleinbauern also, verwandelt. So kann ein erheblicher Teil des Bodens verwaister ehemaliger Sklavenlatifundien als Kulturland und Steuerquelle wiederhergestellt werden. Die neuen Bauern sind – wie gezeigt – nicht frei:

>»Es entstand also ein neuer Stand, wirtschaftlich ein Mittelding zwischen Pächtern und Sklaven, zwischen Staatsbauern und Leibeigenen, dessen Lage rechtlich fixiert werden mußte, da er etwas Neues, bis dahin Unerhörtes war.«[40]

Die freie Verkaufbarkeit von Land und Arbeitskräften – zentrale Strukturmomente der römischen Ökonomie, die das Reich zuerst aufblühen und dann zerfallen lassen – wird weitgehend unterbunden. Immerhin jedoch benötigen die ›Kolonen‹ zur Erhaltung und Fortführung ihrer Existenz die Familie, verfügen also über die ökonomische Basis für eine Familienmoral. Sie sind an die Scholle gefesselt, dürfen ihr Land nicht verlassen und müssen ihren Herren Naturalrenten entrichten oder Frondienste leisten. Diese Herren – Nachfahren der alten Städtegründer – haben die Städte verlassen müssen, als sich ihre Latifundien entvölkerten, und nun die Gutshäuser aus der Stadt mitten in die Ländereien verlegt, die sich allmählich wieder zum *Oikos*, zum Ganzen Haus, wandeln und alle lebenswichtigen Güter selbst produzieren. Ohne die Konkurrenz einer preisdrückenden Sklavenökonomie dehnt sich die schollenfeste bäuerliche Landwirtschaft in feudaler Abhängigkeit, eher friedlich denn kriegerisch kolonisierend in Europa aus und treibt gleichzeitig einen neuen

39 M. Voigt, S. 48 ff., zählt ca. 40 solcher Gesetze.
40 M. Rostowzew, Stichwort *Kolonat* in: *Handwörterbuch der Staatswissenschaften*, 5. Band, 1910³, S. 913/919.

Stadttypus hervor: den mittelalterlichen. Dieser ist nicht mehr die antike Ansammlung stadtsässiger Grundeigentümer, sondern Handwerker- und Kaufmannsstadt. Ihr Grund wird zwar vom feudalen Eigentümer gestellt und, um Geldmittel zu gewinnen, auch mit Marktsteuern belegt; aber ihre Aufgabe ist nicht Herrschaft, sondern Produktion.

Das seit Augustus bestehende Interesse der Kaiser an einer Wiederbevölkerung des Reiches und die durch Antitötungsmoral und Fortpflanzungsforderung ausgezeichnete christliche Ethik gehen am Beginn dieser Entwicklung eine Verbindung ein. Sie stellt sich im frühen vierten Jahrhundert unserer Zeitrechnung unter Konstantin dem Großen her – gerade zu dem Zeitpunkt also, da sein Vorgänger Diokletian den Übergang[41] zur Feudalstruktur juristisch im wesentlichen abgeschlossen hatte.

Trotz allen verwendbaren Elementen erweist sich das Christentum nicht leichthin als passender religiöser Überbau für die neue feudale Gesellschaftsstruktur. Es verwandelt sich vielmehr aus einer Hoffnung auf Gleichheit aller Menschen im wesentlichen in ein Legitimationsinstrument, in die Ideologie der neuen Gesellschaft, ohne ihre Struktur wirklich zu prägen. Die Christen hatten nicht mit solcher Ideologie ihre Anhänger gewonnen. Sie bleiben bis zur Errichtung der neuen Gesellschaftsstruktur relativ unkompromittiert, gehen gewissermaßen unschuldig in sie ein. Allerdings ist auch für sie mit dem Abschluß der Reformen unter Diokletian eine Periode zu Ende, in der die soziale Struktur der Zukunft noch offen scheint. Solange das Reich zerfällt und neue Strukturen noch nicht endgültig ausgebildet oder zumindest noch nicht allgemein sichtbar sind, können Gleichheitsideale vorerst unwiderlegbar vertreten und geglaubt werden. Die moralische Absegnung der feudalen Struktur führt denn auch konsequent zur Spaltung der Christenheit: in einen Teil, der zur politisch legitimierenden Kirche der Kaiser wird und von den alten Idealen hauptsächlich nur die – mit strengem Tötungsverbot gekoppelte – Fortpflanzungsforderung und Unzuchtverfolgung, die Familienmoral also, festhält, dafür aber Gleichheitsforderungen aufgibt, und in einen anderen Teil, der diese Gleichheitsforderungen nicht

41 Zu den Einzelheiten des Übergangs und zu den dabei immer noch für offen gehaltenen Fragen vgl. statt vieler anderer P. Anderson, S. 76 ff., 107 ff., 147 ff. m. w. N.; F. W. Walbank, insbes. S. 55 ff.; und als Gesamtdarstellung A. H. M. Jones, *The Later Roman Empire*, Band 2, Oxford 1964.

preiszugeben gewillt ist.

Ungeachtet des innerchristlichen Schismas nutzt Konstantin die Familienmoral. Er bereitet ihre politische Übernahme vor, indem er bereits im Jahre 318 unserer Zeitrechnung – seit 313 läßt er der Kirche Staatsmittel zukommen – ein Gesetz gegen Kindestötungen erläßt, das als revolutionär zu bezeichnen ist. Er zerbricht mit diesem Gesetz endgültig die ›potestas vitae necisque‹ des römischen Bürgers, der nun zum ersten Mal in der Geschichte Roms für die Tötung seiner Kinder strafrechtlich voll verantwortlich gemacht und von dieser rechtlichen Neuerung mit einer besonders schweren Strafe bedroht wird: einer qualifizierten Hinrichtung nämlich, die nicht in der einfachen Enthauptung, sondern im Ertränken zusammen mit einer Schlange oder anderen Tieren in einem verschlossenen Sack besteht.[42] Bekräftigungen des Verbotes aller Formen der Kindestötung[43] in den nachfolgenden Jahrhunderten belegen, wie wenig selbstverständlich die Neuerungen gewesen sind, wieviel Widerstand sich ihnen entgegenstellte.

Aus unserer bisherigen Argumentation geht hervor, daß Konstantin die Bestrafung der Kindestötung noch nicht im breiten Konsens eines verinnerlichten Respekts vor dem kindlichen Leben verankern kann. Seine Maßnahmen stellen erste wichtige Instrumente für die »Heiligung« des Lebens bereit. Sie sind gerade nicht der bloß juristische Abschluß einer ohnehin durch die Christen allgemein gemachten Moral, stehen also noch in der römischen Tradition, welche Kinder als ökonomische Disponiermasse ihrem Erzeuger zuordnet. Deshalb ist es nur folgerichtig, vor den Beginn der Repression Maßnahmen zu setzen, die den wirtschaftlichen Interessen der Eltern Rechnung tragen. Bereits drei Jahre vor dem Strafgesetz gegen Kindestötung, also 315 unserer Zeitrechnung, wird für ganz Italien für arme Eltern ein Kindergeld bewilligt:

»Wenn ein Vater oder eine Mutter Euch ihr Kind bringen, das sie wegen äußerster Not nicht erziehen können, so ist es Eure Pflicht, rasch für die Nahrung und Kleidung desselben zu sorgen, weil die Bedürfnisse eines neugeborenen Kindes nicht verzögert werden können. Der Schatz des Reiches und der meinige werden Euch dafür entschädigen.«[44]

42 *Codex Theod.*, Lib. IX, Tit. XVII.
43 Vgl. etwa das Gesetz von 529: *Cod. Just.*, Lib. VIII, Tit. XLII.
44 *Codex Theod.*, Lib. XI, Tit. XXVII, 1; im Jahre 322 wird diese Regelung auf Afrika ausgedehnt: Lib. XI, Tit. XXVII 2.

Daß die Kindergeld-Bestimmungen weitgehend bloßes Programm bleiben und in dem vorrangig auf Naturalwirtschaft zurückgeworfenen Reich nur schwer zu verwirklichen sind, zeigt sich daran, daß sie begleitet werden von der ebenfalls auf Bevölkerungserhaltung zielenden Erlaubnis, Kinder zu verkaufen.[45] Um dennoch ausgesetzte Kinder am Leben zu erhalten, entstehen Findelhäuser. Hier begegnet uns die Keimform eines öffentlichen Erziehungssystems als unvermeidliche Folge einer bevölkerungspolitisch induzierten Rechtsentwicklung, die selbst denjenigen zur Lebenserhaltung seiner Kinder zwingt, dessen Wirtschaftsinteressen sie entgegensteht.

Ebenso revolutionär wie das Verbot der Kindestötung wird sich in der Neuzeit die während der Regierungszeit Konstantins unter Berufung auf die christliche Lehre eingeführte Eheverfassung auswirken. Zum ersten Mal in der Geschichte der patriarchalischen Hochkulturen fällt das Scheidungsprivileg des Mannes. Die Ehefrau erlangt eine Rechtsstellung, die sie einzig durch Ehebruch gefährden kann[46]: Das bis in die jüngste Zeit in Geltung gebliebene Verbot des ›Mätressentestaments‹[47] schließlich kennzeichnet die christliche Zuspitzung der Monogamie, die über die erstmals in der Geschichte des Patriarchats eingeführten staatlichen Strafen für den Ehebruch des Mannes[48] zu der abendländischen Konzeption von Gattenliebe führt, in welcher der Mann gehalten ist, legitime Erben *und* sinnliche Befriedigung von ein und derselben Frau zu erwarten.

Unserer These, daß die Einsetzung des Christentums als anerkannte Religion (325) und später als Staatsreligion (391) des Imperiums einem bevölkerungspolitischen Kalkül gehorcht und dafür christliche Familiengesetzgebung wird, scheinen die hohen christlichen Ideale von Keuschheit und Jungfräulichkeit entgegenzustehen, an denen sehr viel später zwar der Protestantismus gerüttelt, aber die katholische Kirche stets festgehalten hat. Zweifellos beherrscht das Askeseideal die Wertordnung der Christen vor dem Übergang zur Staatsreligion, dessen nicht-asketische, auf familiale Vermehrung zugeschnittene Gestalt den entschiedensten

45 Vgl. E. Cug, S. 492.
46 *Cod. Just*, Lib V, Tit. XVII.
47 *Cod. Just*, Lib V, Tit. XXVI.
48 M. Kaser, a.a.O., 2. Abschnitt, S. 118; zu weiteren gesetzlichen Maßnahmen seit Konstantin vgl. M. Voigt, a.a.O., Band 3, S. 222 ff.

Bekennern denn auch als Verrat an den Idealen der Bewegung erscheint. Daraus wird verständlich, daß unmittelbar nach der staatlichen Anerkennung des Christentums klösterlich-kommunistische Wirtschaftsformen unter dem Askeseideal entstehen, die sich in Auseinandersetzungen mit der Kirchenbürokratie verwikkeln. Doch bereits das Konzil von Gangra (341 unserer Zeitrechnung) sieht die asketische Fraktion in der Minderheit und verurteilt die Ehelosigkeit.[49] Schwäche, doch mehr noch die aus – unter Diokletian[50] – selbst erlittenen Massakern erwachsene Toleranz hindern die junge Staatskirche daran, diese radikale Verwirklichung der ehemals gemeinsamen Ideale sogleich zu zerstören. Es gelingt ihr, die Gegenkultur als ihr eigenes höheres Gewissen zu integrieren. Indem sie den Klöstern die Verwaltung ihres höchsten religiösen Ideals – der Keuschheit – überläßt, nimmt sie teil an seiner Autorität über die weltlichen Gläubigen, die sich mit belastetem Gewissen gegenüber der idealistisch-kämpferischen Vergangenheit im Feudalismus eingerichtet haben.

49 J. Gaudemet, Stichwort *Familie I (Familienrecht)*, in: *Reallexikon für Antike und Christentum*, Stuttgart 1969, Sp. 344. Für Wiederaufkommen und Vernichtung asketischer und/oder fortpflanzungsfeindlicher Fraktionen (besonders die Manichäer im 5. Jhdt., und die Katharer im 12. und 13. Jhdt.) vgl. J. T. Noonan, *Empfängnisverhütung. Geschichte ihrer Beurteilung in der katholischen Theologie und im kanonischen Recht* (1965, 1967), Mainz 1969³, S. 127 ff. bzw. S. 217 ff.

50 Unter Diokletians Regentschaft kommt es zu den letzten und grausamsten Christenverfolgungen: die Wiedergewinnung einer wirtschaftlichen Stabilität schien nur noch erreichbar zu sein, wenn auch die Gottheiten aus Roms großer Vergangenheit wieder aufgerichtet würden. Dabei blieb unbegriffen, daß sich die neue antikapitalistische Feudal-Struktur von derjenigen des freien Sklavenunternehmertums extrem unterschied, die vielfach kompromittierte Autorität der alten Götter auch mit Gewalt einer ihnen äußerlichen Sozialstruktur nicht aufzupressen war. Die Situation für die Christen verschärfte sich dadurch, daß sie – aus ähnlichen Motiven wie der Kaiser und seine Mitregenten – den Zeitpunkt für einen religiösen Neubeginn auf der Ebene des gesamten Reiches für gekommen sahen. Sie versuchten eine Art von religiösem Putsch (vgl. dazu Jacob Burckhardt, *Die Zeit Konstantins des Großen* (1852), 5. Auflage 1924, Leipzig, S. 319 ff.).

C. Wie der Feudalismus durch Wiederherstellung der Familienwirtschaft problemlos Menschen produziert, in seiner Krise jedoch wieder Menschenmangel entsteht.[1]

Einen Überblick über die Bevölkerungsentwicklung der letzten 2500 Jahre gibt für Europa in groben Umrissen die folgende Übersicht:

Tabelle C 1 – *Europäische Bevölkerung (400 v. u. Z. – 1950)*[1a]

Jahr	Bevölkerung in Millionen	Jahr	Bevölkerung in Millionen
400 v. u. Z.	23	1400	45
1 u. Z.	37	1450	60
200	67	1500	69
700	27	1550	78
1000	42	1600	90
1050	46	1650	103
1100	48	1700	115
1150	50	1750	125
1200	61	1800	187
1250	69	1850	274
1300	73	1900	423
1350	51	1950	594

Die oben dargestellte Entvölkerung des Römischen Reiches schlägt sich in den Zahlen nieder. Der extreme Rückgang bis zum Jahre 700 u. Z. hat eine zusätzliche Ursache in regelmäßigen Pestepidemien[2] zwischen 542 bis 700, die auch diejenigen Gebiete

---

1 Vgl. Fußnote 1 zu Kapitel D.

1a Siehe S. B. Clough, R. T. Rapp, *European Economic History*, New York etc., 1975, S. 52.

2 Vgl. dazu J. C. Russell, *Population in Europe 550-1500* (1969), in: C. M. Cipolla (Hrsg.), *The Fontana Economic History of Europe*, Bd. 1, The Middle Ages, Glasgow 1972, S. 25.

Europas, welche nicht zum Imperium Romanum gehörten, in Mitleidenschaft ziehen. Die Umwandlung der Sozialstruktur vom Kaufsklavenkapitalismus in eine feudal abhängige Bauernökonomie vollzieht sich mithin in einem langwierigen Prozeß, der erst im 8. Jahrhundert seine expansive Dynamik voll entfalten kann. Diese findet offensichtlich durch die Klimaveränderung, welche seit dem Ende der letzten Eiszeit Nordeuropa das wärmste und fruchtbarste Wetter bescherte[3], ihre entscheidende Kraft.

Wichtige Neuerungen – neben der wiederhergestellten Bauernfamilie – auf technischem Gebiet werden bereits vor dieser Zeit eingeführt:

»Das Herausragende in der europäischen Geschichte des frühen Mittelalters war zwischen dem 6. und späten 8. Jahrhundert die Entwicklung einer neuen landwirtschaftlichen Methode, die den geographischen Bedingungen Nordeuropas angepaßt war. Im Zuge ihrer Ausprägung zu einem neuen, sich stetig ausbreitenden Kulturmuster erwies sie sich als die – pro Arbeitskraft – reichste landwirtschaftliche Methode, welche jemals auf der Welt existiert hatte. Zur Zeit Karls des Großen hatte sie das Zentrum der europäischen Kultur von den Küsten des Mittelmeers in die nordeuropäischen Ebenen verschoben, wo es seitdem auch geblieben ist.«[4]

Die tragenden technischen Innovationen der landwirtschaftlichen Umwälzung sind der schwere Wendepflug auf Rädern, die Dreifelder-Wirtschaft und die erstmalige Verwendung des Pferdes als Zugtier mit Hilfe von neuartigem Zaumzeug und Hufeisen. Zu Beginn des 12. Jahrhunderts hat die wirtschaftliche Entwicklung dieser feudalen, abhängigen Bauerngesellschaft ihre Blüte, die demographisch dadurch gekennzeichnet ist, daß die land- und ehelose Gesindeschaft weniger als ein Bevölkerungsdrittel bleibt.[5] Sie vermag dieses Niveau noch während einer langen Zeitspanne zu halten, bis sie zu Anfang des 14. Jahrhunderts ihren Höhepunkt endgültig überschritten hat.

3 Vgl. dazu den Kölner Klimatologen und Geologen M. Schwarzbach, zit. in: D. Hentrup, *Die letzte »kleine Eiszeit« endete vor 100 Jahren*, in: *Frankfurter Rundschau* Nr. 264 v. 25. 11. 1978, S. 13; und G. Duby, *Krieger und Bauern – die Entwicklung von Wirtschaft und Gesellschaft im frühen Mittelalter* (VII.-XII. Jh.) (1973), Frankfurt/M. 1977, S. 16 und S. 185.

4 L. White Jr., *The Expansion of Technology 500-1500* (1969) in C. M. Cipolla, a.a.O., Bd. 1, S. 146.

5 Vgl. zum Anteil des Gesindes an der mittelalterlichen Bevölkerung J. C. Russell, S. 59.

Die lang anhaltende Stabilität folgt aus der Beständigkeit, mit welcher die nicht sehr zahlreichen nicht-erbenden Söhne der wohlhabenden Bauernschaft für die Besiedlung und Urbarmachung selbst zweitklassiger oder abseits gelegener Böden ausgerüstet werden können. Die Nettoreproduktionsrate liegt über 1, so daß die europäische Bevölkerung zwischen 1000 und 1340 allmählich von ca. 38,5 auf 73,5 Millionen Menschen zunimmt.[6] Doch nicht allein die hohe Geburtenzahl selbst, sondern insbesondere die faktische Erleichterung der Eheschließung[7] für nicht-erbende Söhne drückt die Zuversicht aus, welche aus der langwährenden Prosperität gewachsen ist und welche zugleich die Bauernschaft so sicher und selbstbewußt werden läßt, daß Knechtschaft kaum noch ertragen wird. Erst die offensichtliche Erschöpfung der Böden bringt diese Entwicklung zum Stillstand. Wiederum spielt dabei das Klima, welches ab 800 der Landwirtschaft überaus günstig war, eine wesentliche Rolle: eine »kleine Eiszeit«, deren Beginn auf 1303[8] datiert wird und die bis 1880 währt, hat erhebliche Auswirkungen auf die Bodenerträge. Neue Verfahren der Düngung und Saatsetzung[9] belegen die Suche nach Auswegen. Sie vermögen jedoch den Rückgang der Ernteerträge nicht zu verhindern.

Die seit 1348 mit der schlechten Ernährungslage sich schnell über ganz Europa ausbreitende Pest dramatisiert die große Krise, die erst zu Beginn des 16. Jahrhunderts überwunden wird. In England entsteht hierbei die historisch neue soziale Organisationsform, die als kapitalistische Gesellschaft mit freier Lohnarbeit bis heute bestimmend geblieben ist.

Die Krise des 14. und 15. Jahrhunderts bedeutet den Bruch mit einer Entwicklung, die nicht nur den Feudalherren Reichtum brachte, sondern auch den Bauern einen Lebensstandard oberhalb des Existenzminimums sicherte.[10] Die Krise erfaßt auch die Feudalherren, ruiniert also neben den Bauern häufig gerade die

---

6 Vgl. J. C. Russell, S. 36.

7 Siehe für die englische Entwicklung J. D. Chambers, *Population, Economy and Society in Pre-Industrial England*, London etc. 1972, S. 42.

8 Vgl. dazu J. C. Russell, S. 51 f., und D. Hentrup. Eine ausführliche Schilderung der landwirtschaftlichen Erschöpfung gibt M. M. Postan, *The Medieval Economy and Society*, (Penguin Books) 1975, Kapitel 2 und 4.

9 Vgl. M. Postan, Kapitel 4 – *Land Use and Technology*, bes. S. 63 f.

. 10 Zum Charakter dieses bäuerlichen Wohlstandes vgl. Ch. Hill, *Reformation to Industrial Revolution*, (Penguin Books) 1969, S. 20 und S. 260 ff.

Adligen. Mangelnder Bodenertrag beeinträchtigt ihre Existenz fast ebensosehr wie die hohen Menschenverluste, welche viele Ländereien verwaisen lassen. Zwischen 1340 und 1450 sinkt die europäische Bevölkerung von 73,5 auf 50 Millionen Menschen, also um fast ein Drittel.[11] Die folgende Graphik zeigt die langfristige Entwicklung der englischen Bevölkerung zwischen 1086 und 1525 in den Grenzen der möglichen Schätzwerte. Die Bevölkerung Englands hat sich besonders dramatisch – um wenigstens 60% – zwischen 1350 und 1450 vermindert.

Graphik C 1 – *Bevölkerung in England 1086-1525*[12]

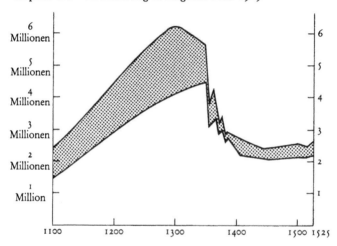

Bis zur Krise war das Bevölkerungswachstum des Mittelalters in Übereinstimmung mit der seit dem 4. Jahrhundert geltenden christlichen Ehe- und Fortpflanzungsmoral verlaufen. Die Intention der Kirche, den Prozentsatz eheloser Knechte und Mägde ohne eigenen Boden nicht wieder auf römische Verhältnisse der Sklaverei anwachsen zu lassen, ließ sich, da die Bevölkerung ohne Schwierigkeiten ernährt werden konnte, relativ leicht verwirkli-

11 Vgl. J. C. Russell, S. 36; s. a. F. W. Henning, *Das vorindustrielle Deutschland 1200-1800*, Paderborn, 1977, S. 126.
12 Quelle: J. Hatcher, *Plague, Population and the English Economy 1348-1530*, London 1977, S. 71.

chen. Das formal strenge Kindestötungsverbot bedurfte keiner besonders scharfen Beaufsichtigung[13], d. h. die Vermeidung oder Beseitigung nicht benötigten Nachwuchses wurde geduldet, solange sie nicht als offene Kindestötung betrieben, sondern durch Verhütung und Abtreibung besorgt oder als natürliche Sterblichkeit getarnt, der Moral mithin Reverenz erwiesen wurde. Es erhalten sich also in der Blütezeit des Mittelalters ziemlich ungehindert das Wissen und die Kunst der – nun moralgerechten – Verhütung und Beseitigung von Nachwuchs, die es im antiken Rom ebenso wirksam gegeben hatte und die in allen Kulturen – seien sie primitiv oder zivilisiert – außerhalb der europäischen Neuzeit vorkommen.[14] Dieses hochentwickelte Expertentum lag vorrangig in weiblichen Händen. Seine Anwendung blieb möglich durch einen stillen Pakt mit der Kirche, der sich erst später in einen gnadenlosen Kampf verwandeln sollte, an dessen Ende die Vernichtung dieser wissenden Frauen als Hexen und der Abstieg fast aller Frauen (und Männer) in weitgehende Unwissenheit über die Vorgänge der Zeugung und Geburt standen. Der Pakt umfaßt die Sexualität insgesamt. Haben wir am Ausgang der Antike die scharfe Verurteilung jedes nicht-ehelichen Geschlechtsverkehrs als Unzucht (Konzil von Elvira), so tritt während der stabilen Zeit der feudalabhängigen Bauernökonomie die harte Unzuchtsdefinition in den Hintergrund. Auf den Konzilien, an denen Frauen selbst zahlreich teilnehmen[15], wird vorehelicher Geschlechtsverkehr nur noch als einfache Unmäßigkeit deklariert

13 Vgl. zur laxen Behandlung von Kindesbeseitigungen während dieser Epoche durch die Kirche: J. D. Chambers, S. 60 f. Ausführlich dazu siehe: E. Coleman, *Infanticide in the Early Middle Ages*, in: S. M. Stuard (Hg.), *Women in Medieval Society*, Philadelphia Pa. 1976, S. 47-70.

14 Für Rom vgl. etwa P. Dufour, Bd. 2, Kapitel 21. Vgl. J. T. Noonan, Kap. VII-IX. Als allgemeiner Überblick ist wichtig: N. E. Himes, *Medical History of Contraception* (1936), New York 1970. Jüngere Forschungen belegen auch für steinzeitliche Gesellschaften differenzierte Verhütungs- und Nachwuchsbeseitigungs-Verfahren. Vgl. dazu etwa J. E. Pfeiffer, *The Emergence of Man*, New York et. al. 1978, Kap. 15.

15 Zum angesehenen Leben der Frau im öffentlichen Leben im Mittelalter – besonders als Hebamme, weise Frau, Ärztin, aber auch als Prostituierte und Konkubine – vgl. G. Becker u. a., *Zum kulturellen Bild und zur realen Situation der Frau im Mittelalter und der frühen Neuzeit*, in G. Becker, u. a. *Aus der Zeit der Verzweiflung*, Frankfurt/M. 1977, S. 11 ff., insbesondere S. 52 ff. und 75 ff. S. auch D. Herlihy, *Land, Family and Women in Continental Europe, 701-1200*, in: S. M. Stuard (Hg.), S. 13-46.

(so Konzil von Toledo im Jahre 750 u. Z.). Im Zentrum der kirchlichen Macht gibt es also eine Anpassung an die für diese Macht real nicht bedrohlichen Verhältnisse. Gleiches gilt für die ›Hurerei‹. Kasuistische Debatten drehen sich z. B. darum, ob eine Frau als Hure gebrandmarkt werden darf, wenn sie nachweislich mit 40 bis 60 Männern verkehrt hat, oder erst dann, wenn sie dieses mit 23 000 verschiedenen Männern[16] getan hat. Unter dem Blickwinkel der Neuzeit, welche als Hure jede Frau bezeichnen wird, die Sexualität außerhalb ihrer Ehezeit pflegt, wird die ungeheure Umwälzung, die sie gewaltsam vollbringt, deutlich.

Unsere These von der Dominanz des ökonomischen Kalküls bei der Fortpflanzung wird von der mittelalterlichen Entwicklung bestätigt. Landlosigkeit bedeutet Ehelosigkeit.[17] Nicht ansiedelbarer Kinderüberschuß der Landbesitzer sowie des ehelosen, aber keineswegs zur Enthaltsamkeit verpflichteten Gesindes wird vermieden. Dabei bleiben das Ideal der Askese für die Ehelosen als moralisches Gebot und das Verbot des Kindesmordes als staatliches Gesetz in Kraft. Sie werden jedoch nicht zu inquisitorisch-terroristischen Instrumenten geschliffen, solange Kirche und Adel von der prosperierenden Bauernwirtschaft profitieren, also zwar durch Unterdrückung der Produzenten, aber ohne deren gewaltsame Vermehrung ihren Unterhalt bestreiten können.

16 Zur liberalen Behandlung der sog. Unzucht durch die mittelalterliche Kirche vgl. etwa P. Dufour, Bd. 3, S. 49-57.

17 Eine Untersuchung zur Ehelosigkeit im Mittelalter gibt D. Herlihy, *Population, Plague and Social Change in Rural Pistoia, 1201-1430*, in: *Economic History Review*, Ser. 2, Vol. 18, 1965, S. 225 ff. Vgl. ebenfalls P. Dufour, Bd. 3, S. 83, 85 und 186, der ebenfalls Quoten von 30% Ehelosigkeit vermerkt.

D. Wie die Krise des Feudalismus zur staatlichen Menschenproduktion führt[1]

War die Krise nach dem Untergang des Imperium Romanum dadurch überwunden worden, daß einem von neuem in die individuelle Interessenverfolgung gesetzten landwirtschaftlichen Produzenten, d. h. dem familial organisierten Bauern, mit Hilfe einer effektiveren Technologie als je zuvor die Erschließung und Verwertung eines riesigen Territoriums vom Atlantik bis zum Dnjepr unter besten klimatischen Bedingungen zugänglich wurde[1a], so brach sich nun die Dynamik dieser bis dahin reichsten Bauerngesellschaft[2] und war nicht auf gleiche Weise überall wiederherstellbar. Die lange Phase der Krise – zwischen ca. 1305 und 1480 – läßt sich deshalb als Suche nach einer neuen Form der Reichtumsgewinnung, insbesondere auf seiten der Grundherrenklasse, kennzeichnen. Diese steht vor dem Problem, auf das Eigeninteresse der Bauern, die von der Agrarkrise häufig auf die knappe Subsistenz zurückgeworfen wurden, nicht mehr rechnen zu können:

»Der Versuch, die Kontrolle über die Bauerngesellschaft zu behaupten oder gar zu erweitern, [wird] zur Antwort der Grundherren auf die Krise des europäischen Feudalismus deshalb, weil Arbeitskräfte *überall* knapp geworden waren. Seine Ergebnisse fielen außerordentlich unterschiedlich aus. In Osteuropa wird die Kontrolle über die Bauern verschärft.[3] In großen Teilen Westeuropas[4] gewinnt ein bedeutender Teil der Bauern nicht nur Freiheit, sondern erwirbt auch dauerhaft Eigentumstitel an einem erheblichen Teil des Bodens [. . .]. In England brach das System der

1 Zu Kapitel D, Abschnitt 1-4, (und Kapitel C) vgl. G. Heinsohn und O. Steiger, *Jean Bodin, das ›Universalgenie der Neuzeit‹ oder: Der wahre Meisterdenker. Neun bevölkerungstheoretische Thesen*, in: *European Demographic Information Bulletin*, Vol. X, No. 3, 1979, S. 97 ff.

1a Vgl. zu dieser Dynamik neben den o. a. Quellen G. Duby, S. 187-189.

2 Vgl. dazu L. White Jr., S. 153.

3 Vgl. zum Charakter der ostelbischen Gutsherrschaft H. Mottek, *Wirtschaftsgeschichte Deutschlands – ein Grundriß*, Bd. 1 (1957), Berlin 1968², S. 333 ff., bes. S. 352 f.

4 Für die westelbischen Gebiete Deutschlands vgl. H. Mottek, Bd. 1, S. 315 ff., bes. S. 332 f.

Leibeigenschaft zusammen; dennoch behaupteten die Grundherren die Kontrolle über Grund und Boden.«[5,6]

In der englischen Entwicklung haben wir also eine Aristokratie, die ihr Land behält, die ihr bis dahin sicheren Arbeitskräfte jedoch großenteils verliert. Sie ist daher im eigentlich feudalen Sinne keine Aristokratie mehr, sondern bloß noch eine Bodenbürgerschaft mit adligem Namen, die sich überlegen muß, wie sie Arbeitskräfte auf ihr Land bringt, ohne diese zum Dienst noch zwingen zu können. Andererseits werfen die Bauern in der Krise die Knechtschaft zwar nicht legal, aber praktisch für immer ab, bekommen jedoch nicht genügend Boden unter ihre Kontrolle, obwohl er keineswegs knapp ist. So entsteht in England die Konstellation, daß Bodeneigentümer um Arbeitskräfte konkurrieren, die gerade aufgrund dieser Konkurrenz mehr Lohn verlangen können, als der traditionell unfreie Bauer von seinem Arbeitsertrag für sich behalten darf. In dieser Spannung gründet der Zwang verschärfter Ausnutzung der Arbeiter, welche freilich nicht in deren Verschleiß münden darf, da sie sonst wegbleiben. Die Arbeitskraft muß durch Rationalisierung überflüssig gemacht werden: Der Kapitalismus mit freier Lohnarbeit ist in der Welt.

Das neue Produktionsverhältnis, das durch Bodeneigentümer und freie Lohnarbeiter gekennzeichnet ist, entsteht auf dem Lande als Agrarkapitalismus. Bevor diese Entwicklung jedoch anheben kann, unternimmt die englische Aristokratie alles, um den unfreien Bauern auf der Scholle zu halten. Trotz anfänglicher Erfolge – wie nach dem großen Bauernaufstand von 1381 – geht für sie der Kampf um die ihr bis dahin unterworfenen Arbeits-

5 Vgl. R. Brenner, *Dobb on the Transition from Feudalism to Capitalism*, in: *Cambridge Journal of Economics*, Vol. 2, 1978, No. 2, S. 121 ff., insbes. S. 129. Wir verwenden Brenners Arbeit als den letzten Stand einer Diskussion, welche M. Dobb mit *Die Entwicklung des Kapitalismus* (1946), Köln-Berlin 1970, eingeleitet hat und die bis in die siebziger Jahre fortgeführt wurde. Einen Überblick gibt der Sammelband R. H. Hilton (Hg.), *Der Übergang vom Feudalismus zum Kapitalismus* (1976), Frankfurt/M. 1978.
6 Die Zeit der spätmittelalterlichen Krise findet auch kommunistische Bewältigungsversuche, in denen verarmte Grundherren ebenfalls die führende Rolle spielen. Im 16. Jh. jedoch gehen die Versuche einer neuen Wirtschaftsordnung zugrunde – meist nicht an innerer Schwäche, sondern ausgerottet durch den Teil des Grundadels, welcher in Merkantilismus, Agrarkapitalismus oder restauriertem Feudalismus eine neue Stabilität erlangt. Vgl. dazu K. Kautsky, *Vorläufer des modernen Sozialismus*, Stuttgart 1909².

kräfte schließlich militärisch verloren. Zwar wird die Leibeigenschaft formal erst um die Mitte des 17. Jahrhunderts aufgehoben, aber bereits Mitte des 16. Jahrhunderts ist die Niederlage des englischen Adels besiegelt. Seitdem stehen unfreie Arbeitskräfte praktisch nicht mehr zur Verfügung. Die Vorfahren der freien Lohnarbeiter haben damit einen definitiven Sieg errungen, der zwar nicht ihrem Ziel, freie Bauern zu werden, entsprach, historisch aber erhebliche Konsequenzen hatte:

»Die Frage [. . .] einer Wiedereinführung der Leibeigenschaft war damit ein für allemal erledigt, was nicht dem Zartgefühl der Herrschenden geschuldet war.«[7]

Zwischen Bodeneigentümern und den kämpfenden unfreien Bauern entsteht also eine Pattsituation, deren Auflösung ihre Anerkennung als *freie* Lohnarbeiter bringt und die ehemaligen Aristokraten zu kapitalistischer Wirtschaft zwingt.

Nicht vertriebene freie Bauern werden – wie K. Marx annimmt[8] – zu den ersten freien Arbeitern der »Lohnsklaverei« (Marx) geknechtet, vielmehr entfliehen unfreie Bauern der Knechtschaft der zerfallenen Gutsherrlichkeit und landen in der freien Lohnarbeit, die ihnen zunächst mehr Unabhängigkeit und höhere Einkommen als zuvor gewährt. Sie müssen also nicht verjagt, sondern sie können nicht mehr gehalten werden.

Aus der Graphik D 1 geht der Zusammenhang zwischen Bevölkerungsschwund nach der mittelalterlichen Agrarkrise um 1300 sowie der Konkurrenz um die verbleibenden Arbeitskräfte und den damit steigenden Löhnen hervor.

Nicht also der schlecht behandelte freie Bauer wird zum freien Lohnarbeiter des modernen Kapitalismus. Vielmehr setzt diese Behandlung den Agrarkapitalismus mit freier Lohnarbeit bereits voraus – aus der Graphik ist ihr hoher Preis bis ins 16. Jahrhundert hinein ersichtlich. Erst dann gelingt es der Aristokratie, durch allmähliche organisatorische Veränderung der Produktion – die Umwandlung von Ackerland in Weideland – die Reallöhne auf breiter Ebene zu drücken. Diese erste echte Rationalisierung in der bekannten Menschheitsgeschichte findet statt, weil die Ar-

---

7 Vgl. R. H. Hilton, *The Decline of Serfdom in Medieval England*, London 1969, S. 58.

8 Vgl. K. Marx, *Das Kapital* I (1867, 1890⁴), in: Marx-Engels, *Werke*, Bd. 23, Berlin 1962, Kapitel 24 *Die sogenannte ursprüngliche Akkumulation*, bes. S. 744 ff.

Graphik D 1 – *Englische Bevölkerung und reale Lohnsätze der Handwerker (sowie Landarbeiter) zwischen 1250 und 1750*[9]

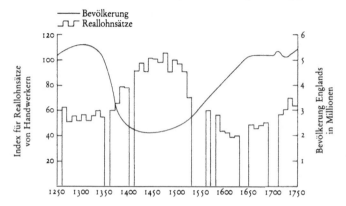

beitskosten aufgrund der Freiheit der Arbeiter anders nicht verringert werden können. Das Sprichwort »Schafe fressen Menschen« entsteht. In einem Prozeß, der auch als sogenannte erste Einhegungsbewegung[10] bekannt ist, mittels der die Grundbesitzer ihre 200 Jahre hindurch stark gesunkenen Einkommen wieder erhöhen[11], werden nun auch freie Bauern ruiniert oder vertrieben und tatsächlich gewaltsam in die Lohnarbeit gestoßen. Ihre Böden werden zur arbeitsparenden Produktion der reißfesten Wolle genutzt, die – als ein leicht lagerbares und transportables agrarisches Handelsgut – die Märkte Europas erobert und später zu einer technischen Voraussetzung der Fabrik in der Textilerzeugung wird.

Frankreich als wichtigstes Beispiel des Merkantilismus und Absolutismus unterscheidet sich von England nicht durch den zentralistischen Staat, der nach der Agrarkrise des Mittelalters dort ebenfalls entsteht, sondern durch die Kontrolle der aus der

9 Den Nachweis für die gleichartige Entwicklung der Landarbeiterlöhne zwischen 1301 und 1540 liefert J. Hatcher, S. 42. Die Graphik selbst findet sich auf S. 71. R. H. Hilton, 1969, S. 39, zeigt ebenfalls die Parallelität von Handwerker- und Landarbeiterlöhnen zwischen 1300 und 1479.

10 Vgl. A. De Maddalena, *Rural Europe 1500-1700* (1970), in: C. M. Cipolla (Hg.), *The Fontana Economic History of Europe*, Bd. 2 – *The 16th and 17th Centuries*, Glasgow 1974, S. 300 f.

11 Zur Einkommenssenkung der Grundbesitzer vgl. R. H. Hilton, S. 43.

Leibeigenschaft entkommenen Bauern über einen großen Teil des Bodens. Er sichert ihnen ihre Subsistenz und über Zwangsabgaben (Steuern) auch die Existenz von Aristokratie und Monarchie. Als entscheidendes Hindernis der ›ursprünglichen Akkumulation‹ bei den französischen Bauern wirkt hier nicht die Ablieferung des Überschusses an den absolutistischen Staat. Vielmehr bleiben aufgrund der immer noch feudal verfaßten Sozialbeziehungen die Beschränkungen der Verkäuflichkeit des Bodens und der Beweglichkeit von Arbeitskraft erhalten, so daß die Produktionsinteressen der Bauern über Subsistenz- und Steuererfordernisse nicht hinausgetrieben werden:

»Was also das englische Wirtschaftssystem in der frühen Neuzeit von demjenigen des Kontinents unterschieden hat, ist die wachsende Verknüpfung der besten agrarischen Maßnahmen mit kapitalistischen sozialen Beziehungen. In England [...] konnte der Adel nicht von einer neuerlichen Verknechtung der Bauern, wie das in Osteuropa geschah, profitieren. Andererseits konnten weder die englischen Grundherren noch die freien Pächter die Rentenabpressung so einträglich organisieren, wie das zur gleichen Zeit in Frankreich gegenüber Pächtern und Lohnarbeitern der Fall war. [...] In Frankreich führte der relative Erfolg der Bauern bei der Landübernahme [...] zu einer Umverteilung des Landbesitzes als Folge des Bevölkerungswachstums, wodurch ein Großteil der Landbevölkerung in der Neuzeit unter das Subsistenzniveau gedrückt wurde. Angesichts der großen Nachfrage nach Boden und nach Lohnarbeit aus dieser verarmten Bauernschaft heraus fanden es die französischen Grundherren und kapitalistischen Pächter natürlich einträglich, ihr Land zu hohen Zinsen zu verpachten oder billige Arbeit auf der Basis arbeitsintensiver Techniken zu kaufen. [...] Im Gegensatz dazu wurden die englischen Grundherren und freien Pächter (einschließlich der freien Bauern) dazu getrieben, durch rationellere Ausnutzung von Lohnarbeitern ihren Gewinn zu finden – in einem großen Ausmaß waren sie dabei erfolgreich.«[12]

Diese moderne Erläuterung zum Aufstieg Englands resümiert im Grunde nur, was beispielsweise Mandeville bereits 1705 als Ratschlag formuliert hat: »In einer freien Nation, die Sklaverei verbietet, besteht die sicherste Grundlage für die Erlangung des Wohlstandes in einer Großzahl arbeitsamer armer Leute.«[13]

12 Vgl. R. Brenner, S. 138.
13 B. D. Mandeville, *The Fable of the Bees or Private Vice, Public Benefits* (1714, 1723), Pelican Books 1970, S. 294.

1. Wie durch »Hebammen-Hexen«-Verfolgung die Menschenproduktion der Neuzeit beginnt

Der reduzierte Zugriff der Grundherren auf die Arbeitskraft und der starke Bevölkerungsrückgang, d. h. der Arbeitskräftemangel, führen nach der Krise des Spätmittelalters vordringlich zu Überlegungen, wie die Bereitstellung von Arbeitskräften gewährleistet werden kann, deren potentielle Eltern nicht mehr unter direkter Aufsicht stehen und – wie in England – auch zunehmend keiner individuellen bäuerlichen Fortpflanzungsnotwendigkeit mehr ausgesetzt sind. Diese Überlegungen und die daraus hervorgehenden Maßnahmen werden zum hauptsächlichen Aktionsbereich der wachsenden absolutistischen Verwaltungen und Denkschulen. Die politischen Theoretiker dieser Verwaltungen können Anstrengungen, für den stetigen Zufluß neuer Arbeitskräfte zu sorgen, nur noch vom Inhaber der politischen Gewalt fordern und formulieren zu diesem Zweck das merkantilistische Dogma von der Bevölkerungsvermehrung als Voraussetzung des nationalen Reichtums. Sie deuten den Niedergang der mittelalterlichen Bauernökonomie als Parallelphänomen zum Untergang des Imperium Romanum[14], befinden sich im Verhältnis zu diesem Untergang freilich bereits in der Rolle der Schlüsse ziehenden Politiker und nicht – wie die römischen Kaiser – in der des tastend nach einer Lösung Suchenden.

Die Durchsetzung des jüdisch-christlichen Kindestötungsverbotes und des Schutzes der Frauen vor Scheidung konnte, wie gezeigt, im beginnenden Feudalismus auf staatlichen Terror deshalb verzichten, weil die neue halbfreie Bauernschaft ohnehin wieder Interesse an erbenden und/oder mitarbeitenden Kindern ausbildete und zugleich in der aus der wirtschaftlichen Krise resultierenden Sinnkrise der Spätantike in großer Zahl freiwillig die christliche Moral angenommen hatte. Die schnelle Expansion der nordeuropäischen Landwirtschaft wiederum verlangte keine direkte polizeiliche Überwachung der Fortpflanzung. Kunstreiche Verfahren der Frucht- und Kindesbeseitigung wurden entwickelt und gingen einher mit einer reichen sexuellen Kultur[15],

14 Vgl. H. Bengtson, *Einführung in die alte Geschichte* (1949), München 1962⁴, S. 7 ff.
15 Vgl. G. Becker u. a., S. 11-128.

welche das Mittelalter von der Neuzeit deutlich unterscheidet. Sowohl auf die sexuellen Geschicklichkeiten und die Geburtenkontroll-Künste der Frauen und Hebammen als auch auf die stillschweigende Duldung der Kirche war es zurückzuführen, daß noch im Augsburger Achtbuch zwischen 1338 und 1400 unter 3000 Verbrechern nur eine Kindsmörderin – also 0,033% – genannt wurde.[16] Nürnberg verzeichnete bis 1499 keine einzige zum Tode verurteilte Kindsmörderin. Im 17. und 18. Jahrhundert erreichten sie jedoch bereits Anteile von 12% bzw. ca. 22% an den Todesstrafen.[17]

Zwischen 1450 und 1700 stieg die europäische Bevölkerung von 50 auf 115 Millionen an. In England und Frankreich wurden die mittelalterlichen Bevölkerungszahlen jedoch nicht vor 1750 wieder erreicht.[18] Dieser Anstieg kann nicht nach dem alten Muster einer expansiven, dynamischen und familienorientierten Bauerngesellschaft erklärt werden und ist deshalb das große Rätsel für die Bevölkerungswissenschaft: In England hat zwischen ca. 1475 und 1485 der »Bevölkerungsrückgang sich verlangsamt und vielleicht sogar um[ge]kehrt«.[19] Es muß also seit dieser Zeit ein Umstand zu wirken begonnen haben, welcher die Bevölkerung vergrößerte, obwohl die klimatischen Bedingungen bis 1880 unverändert blieben und die Pest bis 1507 in jedem Jahrzehnt Sterbekatastrophen[20] auslöste. Die nebenstehende Tabelle[21] zeigt für englische Großpächter die Zahl der überlebenden Söhne zum Zeitpunkt des Todes des Vaters in der Periode von 1265 bis 1505. Deutlich wird ein merklicher Anstieg der Kinderzahlen ab Mitte des 15. Jahrhunderts.

Welche Ursache hat der Umschwung der Bevölkerungsentwicklung ab dieser Zeit? Diese Frage ist deshalb wichtig, weil allgemeiner Konsens besteht, daß »der Ursprung der Bevölkerungsexplosion des 16. und frühen 17. Jahrhunderts im letzten Viertel des

16 Vgl. Buff, *Verbrechen und Verbrecher zu Augsburg in der zweiten Hälfte des vierzehnten Jahrhunderts*, in: *Zeitschrift des Historischen Vereins für Schwaben und Neuburg*, 4. Jg., Augsburg 1878, S. 160 ff. und Seite 186 f.; ähnliches für England berichtet J. D. Chambers, S. 10 f.

17 Vgl. Will, *Nürnbergische Criminalparallele*, Altdorf 1782, S. 7-9.

18 Vgl. dazu Levasseur, *La population française*, Paris 1889, Bd. I, S. 154.

19 J. Hatcher, S. 63.

20 Zur Pest im Zeitraum des Bevölkerungsumschwunges vgl. J. Hatcher, S. 17 f.

21 Errechnet nach den sogenannten »Inquisitiones Post Mortem«, aufbauend auf Russel und Hollingsworth n. J. Hatcher, S. 27.

Tabelle D 1 – *Ersatzraten für Männer in England 1265-1505:*

Periode	Sterbefälle (Väter)	Söhne	Nettoreproduktionsrate
bis 1265	347	568	1.64
1266-1290	568	718	1.26
1291-1315	1043	1335	1.28
1316-40	1093	1535	1.40
1341-65	1348	1332	0.99
1366-90	761	619	0.81
1391-1415	696	558	0.80
1416-40	769	628	0.82
1441-65	631	695	1.10
1466-90	887	1076	1.21
1491-1505	673	1359	2.02

(15.) Jahrhunderts, genauer gesagt zwischen 1475 und 1485 liegt«.[22] Unsere These zu diesem zentralen Problem der Bevölkerungswissenschaft der Neuzeit – der Vielzahl überlebender Kinder seit ca. 1480 – lautet, daß es sich um ein direktes Ergebnis der beginnenden Verfolgung und Bestrafung von Verhütung, Abtreibung und heimlicher Kindestötung handelt. Wir behaupten, daß hier jene lange Periode des Leidens beginnt, welche zur Überwindung des Menschenmangels staatlich-kirchlich bewußt inszeniert wird. Der dazu aufgewendete Terror breitet sich seit etwa 1400 im christlichen Europa aus. Die ersten Hinrichtungen für hexerisches ›Kinderverspeisen‹ und ›Kinderrauben‹ sind ab 1350 belegt. Seit ca. 1450 werden Hinrichtungen als Strafe für das »Erwürgen eines Kindes in der Wiege« bekannt.[23] Im Jahre 1477 wird in Hamburg aus sehr präzisen bevölkerungspolitischen Gründen eine Frau verbrannt, »weil sie junge Mädchen im Gebrauch von Abtreibungsmitteln unterrichtete«.[24] Zur Zeit des rätselhaft scheinenden Datums für den zwischen 1475 und 1485 ablaufenden Bevölkerungsumschwung ist also der gewaltsame Umgang mit den Frauen und Mädchen, d. h. mit ihrer Gebärpotenz,

22 J. Hatcher, S. 63.
23 Vgl. hierzu H. Brackert, *Daten und Materialien zur Hexenverfolgung*, in: G. Becker u. a. (Hg.), S. 315 ff.
24 Vgl. G. Dähn, *Zur Geschichte des Abtreibungsverbotes*, in: J. Baumann (Hg.), *Das Abtreibungsverbot des § 218*, Neuwied – Berlin, 1971, S. 333.

bereits etabliert. Er kommt erst nach Jahrhunderten des millionenfachen[25] Tötens zum Stillstand. Das »Verbrennen« hat mit der historischen Entstehung des »natürlichen Kindswunsches«, den im 18. Jahrhundert die Männer der Aufklärung als ewige Natureigenschaft der Frau formulierten, seinen Zweck erfüllt. Fortan wird er bereits den kleinen Mädchen anerzogen, denen so das Schicksal der »Hebammen-Hexen« erspart bleibt. Die bis heute vorherrschende Überzeugung von der Natürlichkeit der Liebe zum Kind findet seit dieser Periode auch eine empirische Bestätigung im wirklichen Verhalten der Frauen Europas.

Wir behaupten also, daß ab dem 15. Jahrhundert – mit dem Höhepunkt zwischen 1560 und 1630 – die Auslöschung des Nachwuchsverhütungswissens organisiert wird: durch die Vernichtung von Millionen Frauen, die als Hexen auf die verschiedensten Arten zu Tode gebracht werden. Wir betrachten deshalb die Hexenverfolgung nicht als Zerstörung ›naturhafter Weiblichkeit‹ durch den ›wissenschaftlichen Geist der Neuzeit‹, nicht als den Triumph männlicher Rationalität über weibliche Irrationalität – wie es in heute gängigen Thesen unterstellt wird –, sondern umgekehrt als die Austreibung zweckrationalen Verhaltens aus der Fortpflanzung, als die weitgehende Verschüttung jenes biologisch und physikalisch-chemischen Wissens, welches Schwangerschaften zu verhüten, Föten abzutreiben und Neugeborene einem sanften Tode anheimzugeben erlaubte. Über diese hochentwickelten Kenntnisse, welche auch die Geburtsheilkunde einschließen und – nachgewiesen[26] – 103 verschiedene chemische und physikalische Praktiken umfaßten, verfügten die Frauen, insbesondere die Hebammen.

Unseres Erachtens diente die langandauernde Massentötung einem bevölkerungspolitischen Kalkül, das die Erfahrung der

25 Die Schätzungen schwanken zwischen Hunderttausenden und 30 Millionen. Zu ihren Schwierigkeiten vgl. W. v. Baeyer-Katte, *Die historischen Hexenprozesse*, in: W. Bitter (Hg.), *Massenwahn in Geschichte und Gegenwart*, Stuttgart 1965, S. 221 ff., sowie E. Kleßmann, *Kreis des Teufels*, in: *Die Zeit*, Nr. 49 vom 25. 11. 1977, S. 13 f.

26 Vgl. D. Gaunt, *Barnbegränsning förekom redan for 200 år sedan (Geburtenkontrolle fand schon vor 200 Jahren statt)* in: *Forskning och Framsteg*, Sondernummer über die Familie, Stockholm 1977, S. 88. Gaunt bezieht sich auf J. T. Noonan, *Empfängnisverhütung – Geschichte ihrer Beurteilung in der katholischen Theologie und im kanonischen Recht* (1965, 1967), Mainz 1969³, 3. Teil, und auf J.-L. Flandrin, *L'église et le contrôle des naissances*, Paris 1970.

Spätantike verarbeitet und einen neuerlichen ›Untergang‹ der Zivilisation aus Menschenmangel zu unterbinden getrachtet hat. Daß die naturwissenschaftlichen Kenntnisse der weisen Frauen verschüttet wurden, ist häufig beschrieben worden. Es wurde sogar erkannt, daß sie mit den Hexenmassakern verschwinden. Warum indes die systematische Vernichtung dieses Wissens durch Ausrottung seiner Trägerinnen ab ca. 1480 erfolgte, gilt »als ein Rätsel der Weltgeschichte«.[27]

Am klarsten ausgeführt finden wir das bevölkerungspolitische Kalkül der frühen Neuzeit bei dem herausragenden Staatsdenker des 16. Jahrhunderts, Jean Bodin, der bereits auf ein volles Jahrhundert der Mordkampagnen gegen Frauen zurückblicken kann. Bodin ist der Begründer der Quantitätstheorie des Geldes und des frühmerkantilistischen Populationismus. Er gilt als Schöpfer des modernen Souveränitäts-Begriffes und scheint neben aller Rationalität und an ihm gepriesenen Toleranz durch eine dunkle, abseitige Leidenschaft ausgezeichnet gewesen zu sein[28], die in unbegreiflichem Widerspruch zum aufklärerischen Duktus dieses Protagonisten der Neuzeit zu stehen scheint: Er verfaßte die entschiedenste, brutalste Schrift zur Hexenverfolgung – *De la démonomanie des sorciers* –; sie erschien 1580 in Paris. Wir meinen nun allerdings, daß dieses Werk nicht in Widerspruch zu seinen anderen Schriften steht, sondern daß es nur mit ihnen gemeinsam verständlich wird, ja, diesen sogar das Fundament liefert.

Jean Bodin verficht nicht nur die Auffassung, daß für eine neue Dynamik der Reichtumsentwicklung nach der spätmittelalterlichen Agrarkrise der Staat als Ausdruck der aristokratischen Interessen zum Wirtschaftsgaranten und deshalb mit umfassender Souveränität[29] ausgestattet werden muß, sondern auch die, daß der Staat für die Arbeitskräfte einer neuen Ökonomie zu sorgen

27 So etwa der schwedische Völkerkundler L. Genz in: *Vad förorsakade de stora häxprocesserna (Was verursachte die großen Hexenprozesse)?*, in: *ARV-Tidskrift för Nordisk Folkminnesforskning (Journal of Scandinavian Folklore)*, Bd. 10, 1954, S. 1 ff./36.

28 Vgl. dazu u. a. G. Roellenbeck, *Der Schluß des »Heptaplomeres« und die Begründung der Toleranz bei Bodin*, in: H. Denzer (Hg.), S. 53 ff. So schreibt G. Treffer, S. 82: »Im Bereich des Strafrechts mischt sich der rationale Bodin mit einem absolut irrationalen (wenn es z. B. um die Frage der Hexenverurteilung geht).«

29 Vgl. J. Bodin, *The Six Bookes . . .*, Book I, Chapter 8 ff., S. 84 ff.

hat.[30] Er bezieht in seine Gesellschaftsanalyse den Faktor Arbeitskraft ein.[31] Aus dem Studium des Untergangs des Römischen Reiches[32] gewinnt er die Überzeugung, daß Menschenmangel die Ursache dieser »Katastrophe« war, und erwägt, wie die »griechischen« Mittel der Abtreibung und Kindestötung unterdrückt werden können, damit sie nicht von neuem geschichtsmächtig werden:

> »Wie viele Jungfrauen sehen wir durch ihre eigenen Eltern verkauft und entehrt, die liederlich leben, statt verheiratet zu sein, die denken, daß es besser sei, ihre Kinder auszusetzen oder zu töten, anstatt sie zu ernähren. Wie kann all dieses vermieden werden, wenn nicht durch die Polizei (Censor)?«[33]

Als zentrale Aufgabe einer solchen Polizei versteht er seinen nun keineswegs mehr irrational anmutenden Kampf gegen die Hebammen. Praktisch hat er gegen die »Hexen« neben Anklagetatbeständen wie Häresie, Gotteslästerung, Teufelsanbetung, Propaganda für den Teufel, Schwur beim Namen des Teufels, Geschlechtsverkehr mit dem Teufel und neben den traditionellen Vorwürfen der Vieh- und Fruchtverhexung lediglich demographische Bedenken als wirklich handfeste Begründungen der Verfolgung vorzubringen: Darbietung der Kinder an den Teufel, Darbietung selbst Ungeborener, Kindesmord, Menschenmord, Giftmord, Menschenfresserei, Inzest und – immer wieder – Verhütung und Abtreibung, die wie ein Mord verfolgt werden sollen, unter welch unglücklichen Umständen auch immer die Frauen zu diesen Mitteln Zuflucht genommen haben mögen. Ja, solche unglücklichen Umstände sollen geradezu als Beweise für absichtliche Täuschung über die todeswürdige Hexerei[34] gelten können:

> »Denn, wer immer mit der (Zauber-)Kunst umgeht, kann nicht in Abrede stellen, daß er das Gesetz Gottes und der Natur bricht: weil er die Wirkung der von Gott eingesetzten Ehe verhindert. Daraus erfolgt entweder die Ehescheidung oder Unfruchtbarkeit, was dann ein ganz eindeu-

30 Vgl. J. Bodin, *The Six Bookes . . .*, Book V, Chapter 2, insbes. S. 571.

31 Vgl. J. Bodin, *The Six Bookes . . .*, Book VI, Chapter 2, insbes. S. 670.

32 Vgl. auch J. Bodin, *Method for the Easy Comprehension of History (Methodus), passim.*

33 Vgl. J. Bodin, *The Six Bookes . . .*, Book VI, Chapter 1, insbes. S. 644.

34 Zu Bodins Bewertung der »unglücklichen Umstände« der Frauen als sicheren Beweis für ihre Hexerei vgl. S. 244 der Übersetzung Fischarts von *De la démonomanie des sorciers* (1580), *Vom aussgelasnen . . .*

tiges Sakrileg oder eine Vergreifung an der heiligen Sache bedeutet. Zusätzlich wird er nicht leugnen können, daß er dadurch ein Totschläger wird. *Derjenige also, der die Zeugung oder Heranreifung der Kinder behindert, muß ebenso als Totschläger angesehen werden wie derjenige, der einem anderen die Gurgel durchschneidet.«[35]*

Hier wird deutlich, daß Bodin die Hexerei (Zauberei) absolut mit der Verletzung der »göttlichen« Ehezwecke identisch setzt. Die Hexe ist in jedem Falle, was immer sie sonst tun mag, als Verhüterin der Fortpflanzung wie eine Mörderin zu verfolgen. Er formuliert auch bereits die moralischen Werte, die in der Neuzeit erstmals zur allgemeinen Ideologie avancieren werden, wenn er das dem Ehezweck hinderliche Hexentreiben als die unversöhnliche Feindschaft »zu dem heiligen Band der Natur und der menschlichen geselligen Gemeinschaft«[36] deutet.

Bodin arbeitet als Berater der französischen Parlamente bei der Organisierung und Intensivierung der Hexenverfolgung auch praktisch mit. »Schrecklich donnerte er gegen die milden Richter«, welche die Hexen dem Feuertod entziehen und dadurch das Heil der Menschheit aufs Spiel setzen.[37] Da die Richter Schwierigkeiten mit der Beweisaufnahme haben, insbesondere wo es um so schwer überprüfbares Verhalten wie Schwangerschaftsverhütung, Abtreibung und das Einleiten von Fehlgeburten geht, haben sich immer wieder Richter geweigert, Foltern anzuordnen und Todesurteile auszusprechen, ja teilweise bekundet, daß »Hexen kunstreiche Leute«[38] seien. Gegen diese Künste nun richtet sich gerade die Bevölkerungspolitik der absolutistischen Regierungen, als deren herausragender Theoretiker Bodin[39] zu gelten hat.

35 Vgl. J. Bodin, ebenda, ins Hochdeutsche übersetzt durch die Verfasser aus J. H. Fischart, S. 247, Hervorhebung durch uns.

36 Vgl. ebenda.

37 J. Kohler, *Bodinus und die Hexenverfolgung*, in: *Archiv für Strafrecht und Strafprozeß*, Bd. 66 (1919), S. 457.

38 Zu Bodins Einschätzung, daß der Beweismangel vor Verurteilung gerade nicht schützen dürfe, vgl. *De la ...* (J. H. Fischart), S. 244 ff.

39 Zur Einheitlichkeit des Bodinschen Werkes in seiner Befürwortung der Massaker und seiner Konzeption des modernen Staates siehe auch: E. W. Monter, *Inflation and Witchcraft: The Case of Jean Bodin*, in: Th. K. Rabb u. J. E. Seigel, *Action and Conviction in Early Modern Europe. Essays in Memory of E. H. Harbison*, Princeton 1969, S. 371-389; dazu auch die Einleitung zur englischen Fassung von Jean Bodins *Heptaplomeres*: J. Bodin, *Colloquium of the Seven about Secrets of the Sublime* (1588, 1857), übers. u. eingel. v. M. Leathers Daniels Kuntz, *Princeton 1975, insbes. Kap. II, S. XXXVII ff.*

Die Verwunderung über seinen Irrationalismus, die bis heute in die Bewunderung für seinen Rationalismus gemischt ist, resultiert also aus dem Unverständnis vor der »Hexerei«, die für Bodin identisch mit Geburtenkontrolle ist. Seine Befürwortung der Folter ist nicht irrational, sondern gerade furchtbarer Ausdruck seiner gefeierten Rationalität, fördert sie doch die zahlreichen chemischen und physikalischen Praktiken der Nachwuchsverhütung zutage, gegen welche die päpstlichen Dekrete gerichtet sind: Im *Hexenhammer* von 1487 heißt es unter der Kapitelüberschrift »dass die Hexen-Hebammen die Empfängnis im Mutterleibe auf verschiedene Weisen verhindern, auch Fehlgeburten bewirken, und, wenn sie es nicht tun, die Neugeborenen den Dämonen opfern«: »Niemand schadet dem katholischen Glauben mehr als die Hebammen.«[40] Darin drückt sich frühzeitig die entscheidende bevölkerungspolitische Intention der römischen Kirche aus, die seit der Bulle Innozenz' VIII. von 1484 – initiiert von den Verfassern des *Hexenhammer* – den Menschenmangel einheitlich in ganz Europa und damit alle bis dahin noch wenig koordinierten Unterdrückungsstrategien zentralisierend bekämpft. Der Papst wirft den »Hexen-Hebammen« vor, daß sie

»die Geburten der Weiber [. . .] umkommen machen, [. . .] die Menschen, die Weiber [. . .] mit grausamen sowohl innerlichen als äusserlichen Schmertzen und Klagen belegen und peinigen, . . . daß sie nicht zeugen, und die Frauen, daß sie nicht empfangen, und die Männer, daß sie denen Weibern, und die Weiber, daß sie denen Männern, die ehelichen Werke nicht leisten können.«[41]

Ab 1484 gehört somit das bevölkerungspolitische Stillhalte-Abkommen zwischen Kirche und Hebammen und allen Bürgern, das für das Mittelalter praktisch zureichend war, endgültig und allgemein der Vergangenheit an. Die im Zerfall der Spätantike zur Staatsreligion gewordene Antitötungsmoral des Christentums ebenso wie sein strenges Fortpflanzungsgebot erleben nun gewissermaßen ihre erste wirkliche Belastungsprobe und gehen aus ihr ›erfolgreich‹ hervor: um den Preis millionenfacher Tötung und generativer Verdummung der überlebenden Frauen (und Män-

---

40 J. Sprenger und H. Institoris, *Malleus Malleficarum* (1487), übers. u. eingel. v. J. W. R. Schmidt, *Der Hexenhammer*, Berlin 1906 (3 Teile), Nachdruck Darmstadt 1974, 1. Teil, S. 157 u. 159.
41 *Tenor Bullae Apostolicae adversus haeresim malificarum* (5. 12. 1484), in: Sprenger/Institoris, S. XXXVII.

ner). Tendenziell ist jede Frau verdächtig, am Empfängnis- und Gebärverhalten zu manipulieren, also Hexe zu sein. Hieran wird deutlich, daß die »Hexerei« erst dann als überwunden gelten kann, wenn das Verhütungs- und Abtreibungswissen weitgehend verschwunden ist und die Frauen auf den primitiven, aber leicht entdeckbaren Kindesmord als ultima ratio verwiesen sind. So ist es nicht verwunderlich, wenn gerade Kindsmörderinnen seit dem 16. Jahrhundert mit Hilfe neuer Verfahrensvorschriften verfolgt und aufgrund neuer staatlicher Gesetze besonders grausamen Todesstrafen ausgesetzt werden.[42]

Es ist das Verdienst von M. Schwarz[43], gezeigt zu haben, daß gerade die Neuzeit die überaus brutale Exekutierung der Kindsmörderinnen eingeführt hat, die bis dahin »dem finsteren Wahn des Mittelalters«[44] zugeschrieben worden war. Diese irrige Auffassung setzte sich in der Aufklärung durch. Daran wird deutlich, daß die Aufklärung zur allgemeinverbindlichen Formulierung der ›natürlichen Liebe‹ zwischen Eltern und Kindern – und übrigens auch zwischen Gatten – erst voranschreiten konnte, nachdem in der Neuzeit, in deren Tradition gegen das Mittelalter sie sich stolz und selbstbewußt stellte, die blutige Mordarbeit von Kirche und Staat mit dauerhaften Folgen besorgt worden war. Der großartige Mythos von der allgemeinen und natürlichen Liebe zum Kind bildete sich erst heraus, als der tatkräftige Gedanke einer zweckrationalen Einstellung zu dem ungeborenen oder neugeborenen Kinde mit dem Mittel des öffentlichen Terrors ausgelöscht war.

Noch eingangs des 16. Jahrhunderts kamen Kindestöterinnen in Nürnberg teilweise ohne Todesstrafe davon.[45] Das änderte sich seit dem Strafgesetz Karls V. von 1532, das in den Artikeln 35, 36 und 131 die Bestrafung für Kindestötung für weite Bereiche des europäischen Kontinents[46] einheitlich regelt, allerdings die »na-

42 Zum Erfolg dieser Maßnahmen, der sich als Abnahme der Säuglingssterblichkeit *ohne* medizinischen Fortschritt darstellt, vgl. J.-L. Flandrin, *Familien, Soziologie – Ökonomie – Sexualität* (1976), Frankfurt/M. u. a. 1978, S. 179.

43 M. Schwarz, *Die Kindestötung in ihrem Wandel vom qualifizierten zum privilegierten Delikt*, Berlin 1935.

44 Vgl. K. Clossmann, *Die Kindestötung. Historisch-dogmatisch dargestellt*, Diss. Erlangen 1889, Einleitung.

45 Vgl. H. Knapp, *Das alte Nürnberger Kriminalrecht*, Berlin 1896, S. IX u. 185, sowie Bode, *Die Kindestötung und ihre Bestrafung im Nürnberg des Mittelalters*, in: *Archiv für Strafrecht und Strafprozeß*, Bd. 61 (1914), S. 430 ff.

46 Für das anglikanische England gilt entsprechend allgemein das Jahr 1623; vgl.

türliche« Liebe zum Kind noch nicht kennt, sondern vom »unchristlichen und unmenschlichen übel und mordt« (Artikel 131, II, Peinliche Gerichtsordnung Karls V. – CCC) handelt. Erst ab dem 18. Jahrhundert erscheinen Formulierungen wie »wider alle natürliche Liebe laufender Kindesmord«[47] im Gesetzestext häufiger.

Im Strafgesetz Karls V. wird erstmals der deutsche Terminus ›Abtreibung‹ (Artikel 133) im Gesetz verwendet. Diese wird ebenfalls mit dem Tode bestraft:

> »Straff der jhenen so schwangern weibßbildern kinder abtreiben
> 133. Item so jemandt eynem weibßbild durch bezwang, essen oder drincken, eyn lebendig kindt abtreibt, wer auch mann oder weib unfruchtbar macht, so solch übel fürsetzlicher und boßhafftiger weiß beschicht, soll der mann mit dem schwert, als eyn todtschläger, unnd die fraw so sie es auch an jr selbst thette, ertrenckt oder sunst zum todt gestrafft werden. So aber eyn kind, das noch nit lebendig wer, von eynem weibßbild getriben würde, sollen die urtheyler der straff halber bei den rechtuerstendigen oder sunst wie zu end diser ordnung gemelt, radts pflegen.«[48]

Die neue bevölkerungspolitische Intention des Staates drückt sich jedoch nicht allein in der besonders abschreckend ausgestalteten Todesstrafe aus, sondern auch in Strafen für die Verheimlichung der Schwangerschaft, für die Verheimlichung des Geburtszeitpunktes oder des Geburtsortes.[49] Zur Überwachung dieser Umstände werden mehr und mehr die neuen Hebammen verpflichtet, die so zum Polizeiorgan werden, etwa verdächtige Frauen mit zu examinieren haben, um z. B. durch »Anmelken« am Milchfluß den Mord des Kindes zu beweisen.

dazu R. Sauer, *Infanticide and Abortion in the 15ᵗʰ Century Britain,* in: *Population Studies,* Vol. XXXII, Nr. 1, März 1978, S. 81 ff.

47 Edikt Friedrich Wilhelms I. vom 30. 8. 1720, zit. n. M. Schwarz, S. 20.

48 Zit. n. G. Radbruch (Hg.), *Die Peinliche Gerichtsordnung Kaiser Karls V.,* Stuttgart 1910, S. 86.

49 Vgl. dazu die reichlichen Nachweise in M. Schwarz, passim.

2. Wie die Menschenproduktion zur ersten Aufgabe des ›Polizey‹-Wesens wird und den modernen Staat mitkonstituiert

»Die erste Pflicht der Polizey geht auf die Erhaltung und Vermehrung der Bürger selbsten.«[50] In dieser Formulierung eines deutschen staatswissenschaftlichen Standardwerkes des 18. Jahrhunderts von Johann Heinrich Jung (1740-1817) ist das im 15. Jahrhundert in Frankreich entstandene Programm der Menschenproduktion, d. h. der Bereitstellung von Arbeitskräften für eine nicht familienwirtschaftlich organisierte Produktion, unverändert als Grundaufgabe des modernen Staates gefaßt. Während die Garantie des Privateigentums stets staatliche Aufgabe gewesen ist, macht die Menschenproduktion die Besonderheit des neuzeitlichen Staates neben seiner gewöhnlichen Funktion der Eigentumsgarantie aus. Sie umschließt die staatliche Regulierung des Bevölkerungswachstums und die moralische Erziehung der Menschen, wobei letztere im Dienste der ersteren steht, also die Ahndung jeder außerehelichen und nicht zur Fortpflanzung führenden Sexualität bedeutet. Der Autor des 18. Jahrhunderts stellt die dafür zuständigen Politiken (Polizeyen) unter den Oberbegriff »Personal-Polizey« an den Beginn seines Werkes und expliziert erst danach die Elemente der auch schon vor der Neuzeit existenten staatlichen Funktionen.[51] Wir dokumentieren auf Seite 62 dieses Staatsfunktionen-Tableau von J. H. Jung (S. 16).

Hier ist in ein System gebracht, was um 1400 mit den Gesetzen Karls VI. von Frankreich beginnt und gut hundert Jahre später mit der Römisch Kayserlichen Mayestät Ordnung und Reformation guter Polizey im Heiligen Römischen Reich (1530) sowie der CCC von 1532 unter Kaiser Karl V. für den größten Teil der westeuropäischen Bevölkerung Geltung erlangt. Die Beseitigung der ›Sittenlosigkeit‹, die stets als den ehelichen Zwecken, also der Vermehrung abträgliche Sexualität begriffen wird, steht im Vordergrund dieser ›Polizeyen‹. Die Zielsetzung der Überwindung der ›Sittenlosigkeit‹ besteht in der Mehrung des Volkswohlstandes.

---

50 Vgl. J. H. Jung, *Lehrbuch der Staats-Polizey Wissenschaft*, Leipzig 1788, S. 17.
51 Vgl. zur Eigentumsgarantie im Staat der Neuzeit R. Knieper, *Eigentum und Vertrag*, in: *Kritische Justiz*, 1977, S. 147 ff.

	Abschnitte		Hauptstücke

Polizey-Wissenschaft.

Die Personal-Polizey würkt auf die
- physischen und
  - Medizinal-Polizey.
  - Persönliche Sicherheit.
  - Bevölkerungs-Polizey.
- moralischen Kräfte
  - Erziehungs-Polizey
  - Aufklärungs-Polizey

Die Freyheits-Polizey würkt auf die natürliche und bürgerliche Freyheit durch die
- Polizey der bürgerlichen Handlungen.
- Polizey der Gesezgebung.
- Polizey der regierenden Gewalt.

Die Ehren-Polizey würkt durch die
- Polizey der Standes-Ehre.
- Polizey der Geburts-Ehre.
- Polizey der Volks-Ehre.

Die Eigenthums-Polizey würkt
- Gegen die Unsicherheit des Eigenthums durch
  - Menschen
    - Durch die Eigenthümer.
    - Durch Mitbürger
    - Durch die regierende Gewalt
  - Unglücksfälle
    - Feuers- und Wassers-Noth.
    - Hagel, Miswachs, Theuerung.
- Zur Vermehrung des Eigenthums durch die Gewerb-Polizey
  - Landwirthschafts-Polizey.
  - Fabriken-Polizey.
  - Handlungs-Polizey.

Parallel zur Vernichtung der Frauen entfaltet sich nun jene »Mikrophysik der Macht«[52], welche Foucault erst auf das 18. Jahrhundert datiert und für dieses dann auch nicht mehr erklären kann. Mit ihrer Hilfe wird nach Beendigung der Massaker für fast zweihundert Jahre die Menschenproduktion in Europa gewährleistet. Darin erweist sich der Staat der Neuzeit auf dem Kontinent als erfolgreich, während er bei der Schaffung einer neuen Dynamik der Reichtumsgewinnung deutlich auf der Stelle tritt. Erst im 19. Jahrhundert – aus England kommend – erfüllt der industrielle Kapitalismus diese Aufgabe. Die Vorstellung, daß die neuzeitliche Menschenüberwachung dem Kapitalismus entspringe, ist also irrig. Daß er sie sich zunutze macht, bleibt dabei unbestritten.

Die ›polizeyliche‹ Menschenproduktion arbeitet ebenfalls mit der Gewalt als *ultima ratio*, bemüht sich aber, durch vorbeugende Unterbindung einer nicht vermehrungsorientierten Sexualität diese Gewalt überflüssig zu machen. Die Gesundheits- und Erziehungs-›Polizey‹ soll den Scheiterhaufen ersetzen, kann damit effektiv jedoch erst beginnen, als die Scheiterhaufen den Widerstand der Menschen nachhaltig gebrochen haben, in ihnen bereits Angst und Vorsichtigkeit, das Schamgefühl in der Öffentlichkeit präsent sind, an welche dann die medizinische und moralische Erziehung anknüpfen kann. Die Techniken für diese »Mikrophysik der Macht« werden in den hochnotpeinlichen Verhören der »Hexen« erlernt. Dabei wird die Sexualität als entscheidender Widerpart dessen erkannt, was die Aufklärung mit dem (göttlichen) Naturrecht auf Ehe und Familie für ewig sicherzustellen trachtete: die Fortpflanzung *und* die Erziehung auch der nächsten Generationen zur Fortpflanzung wiederum jenseits individuellen ökonomischen Interesses.

Die ›Liederlichkeit‹ gilt als schlimmster Feind der moralischen Erziehung in der engeren Konstellation Mutter-Kind. Am deutlichsten wird der Übergang von der physischen Vernichtung der sexuell Raffinierten zur Aberziehung der Sexualität als »sozialer Fortschritt« bei dem Holländer Balthasar Bekker, der 1690 die berühmteste Schrift gegen die Hexenverfolgung[53] verfaßt und von

52 Vgl. exemplarisch M. Foucault, *Überwachen und Strafen. Die Geburt des Gefängnisses* (1975), Frankfurt/M. 1976, S. 48.

53 B. Bekker, *De betoverde Wereld (Die verzauberte Welt)*, vollständig erschienen in vier Bänden, Amsterdam 1691 (1. Bd. 1690).

den Hexenverfolgern als gefährlichster Gegner gehaßt wird. Von ihm erscheint im Jahre 1710 *Onania*[54], das erste systematisch begründete Pamphlet wider die jugendliche Masturbation, die bis weit ins 20. Jahrhundert für die Ursache der schlimmsten Krankheiten gilt. Die Tatsache, daß die Onanie als schweres Hindernis der Fortpflanzungssexualität eingeschätzt wird, belegt der Polizeywissenschaftler Jung:

»Gegen das zehnte Jahr des Kinder-Alters fängt eine höchst wichtige Sorgfalt an; diese betrifft ein stummes geheimes Laster, welches viel hunderten Gesundheit und Leben raubt, und die Fortpflanzung auf die schrecklichste Art verhindert. Das beste Mittel dagegen ist, wenn Eltern und Schullehrer das unnöthige Betasten der Geburtsglieder als die schrecklichste Sünde schildern, und die Folgen davon nach der Wahrheit zeichnen, ohne aber den Vorwiz durch nähere Beschreibung rege zu machen; genaue und geheime Aussicht und strenge Bestrafung mit der Ruthe, wenn man etwas entdeckt, sind nöthige Mittel. *Aber Gott, wie schwach ist dieser Zaun gegen die eingerissene Wuth dieses Lasters! – Wer weis bessere Mittel? – Wer sie weis und sagt, dessen Ehrensitz wird in jener Welt nicht weit vom Erlöser seyn.*«[55]

Die Rede von den »Geburtsgliedern« enthält die vollständige Abtrennung von der sexuellen Genußmöglichkeit. Sie faßt damit exemplarisch, was sich mit Macht auch gegen alle ›Anschlußdelikte‹ (wie Naschen, Nacktheit, in größeren Gruppen schlafen, ausscheiden etc.) richten muß, da diese als neuerliche Auslöser einer nicht fortpflanzungsorientierten Sexualität gefürchtet werden. Dieser »Prozeß der Zivilisation«[56] ist nichts anderes als die Unterdrückung sämtlicher menschlicher Äußerungen, die letztlich wieder auf die Genußsexualität hinführen können. Die ›guten Manieren‹ werden die Bevölkerungs-›Polizey‹ innerhalb der Familien. Ihre Abwesenheit begründet den schlimmsten Verdacht

54 B. Bekker, *Onania*, 1710 – Hinweis bei C. Honegger, *Die Hexen der Neuzeit*, in: Dies. (Hg.), a.a.O., S. 120. Ein anschauliches Beispiel für den Einfallsreichtum der Pädagogen im Kampf gegen die Onanie dokumentiert K. Rutschky (Hg.), *Schwarze Pädagogik*, Frankfurt/M. et al. 1977, S. 19 ff.

55 J. H. Jung, S. 22.

56 Vgl. N. Elias, *Über den Prozeß der Zivilisation* (1939), 2 Bände, Frankfurt/M. 1976, insbes. Bd. 1, Kapitel 2 u. 3, sowie die Zusammenfassung in Band 2. Eine gute Bestätigung für die These von der Schaffung der modernen Lohnarbeiterfamilie während des frühen Agrarkapitalismus in England durch Staat und Kirche gibt L. Stone, *The Rise of the Nuclear Family in Early Modern England: The Patriarchal Stage*, in: Ch. E. Rosenberg (Hg.), *The Family in History*, Philadelphia/Penns., 1975, S. 13-57.

und die schlimmste Strafe, weshalb sie – und zwar nicht vor dem 16. Jahrhundert – mit Eifer erlernt werden: Die Kleinfamilie wird nun »zum primären Züchtungsorgan der gesellschaftlich geforderten Triebgewohnheiten und Verhaltensweisen für den Heranwachsenden«.[57]

3. Wie das Christentum Kinderreichtum als Verantwortung vor Gott predigt, um das traditionelle elterliche Verantwortungsgefühl auszuschalten

Nach der Beschäftigung mit der gesellschaftstheoretischen Begründung – exemplifiziert an Jean Bodin, dem »Universalgenie seines Zeitalters«[58] – sowie nach der Darlegung der kirchlich und staatlich betriebenen Zerstörung des Wissens von der Nachwuchsverhütung wollen wir uns jetzt mit der Frage nach der psychischen Verankerung der ›Kindesliebe‹ befassen. Diese Leistung vollbringt vorab der Protestantismus. Seine Entwicklung vollzieht indes die katholische Kirche mit dem Konzil von Trient (1545-1563) umgehend nach. Die Kirche reagiert anfänglich bloß technisch-gewaltsam, schickt Beamte aus, foltert und tötet, aber ist doch relativ machtlos gegenüber der geistigen Haltung der ihr Unterworfenen. Sie verfügt auch nicht über Glaubwürdigkeit, da sie selbst an der ›Unzucht‹ teilhat, weshalb den Protestanten später Papsttum und »Hurerei« geradezu als synonym erscheinen. Dem Cheftheoretiker des Papsttums für die Hebammenverfolgung, dem Autor des *Hexenhammer*, Heinrich Institoris, mangelt es an aller moralischen Reputation:

»Ein Mann wie Institoris, der der Verhaftung und Bestrafung wegen Unterschlagung von Ablaßgeldern nur mit Mühe und Not entgangen war und später zusammen mit seinem Kollegen, unterstützt durch einen schlauen Advokaten, ein Notariatsinstrument fälschte – ein solcher Mann darf nicht den Anspruch erheben, ein Retter gefährdeter Seelen zu sein.«[59]

Für den Protestantismus steht Martin Luther als herausragender Repräsentant des universalen politisch-religiösen Werkes der

---

57 Vgl. N. Elias, Bd. 1., S. 259.

58 H. R. Trevor Roper, *Der europäische Hexenwahn des 16. und 17. Jahrhunderts* (1970), in: C. Honegger (Hg.), a.a.O., S. 214.

59 So J. W. R. Schmidt in seiner Einleitung zum von ihm übersetzten *Hexenhammer* (1906), S. XLV.

Neuzeit, die individuelle Rationalität aus dem Fortpflanzungsverhalten zu vertreiben:

»Am Ende haben wir vor uns eine große starke Einrede zu beantwor-
ten. Ja, sagen sie, es wäre gut ehelich zu werden, wie will ich mich aber
ernähren? Ich habe nicht: ›nimm ein Weib und iß davon‹ usw. Das ist
freilich das größte Hindernis, das am allermeisten die Ehe hindert und
zerreißt und Ursache aller Hurerei ist. Aber was soll ich dazu sagen? Es
ist Unglaube und Zweifel an Gottes Güte und Wahrheit. Darum ist auch
nicht wunder, wo der ist, daß lauter Hurerei folge und alles Unglück. Es
fehlt ihnen daran, sie wollen zuvor des Gutes sicher sein, wo sie essen,
trinken und Kleider hernehmen. Ja sie wollen den Kopf aus der Schlinge
ziehen [. . .]: ›Im Schweiße deines Angesichts sollst du dein Brot essen‹,
faule, gefräßige Schelme wollen sie sein, die nicht arbeiten müssen.«[60]

Im selben Text bestimmt Luther das Spezifische der christlichen Ehe – der »Schlinge« – konsequent mit dem Gebot, daß
Arme sie schließen sollen. Eine nicht verantwortungslos wirkende Formel für die Überwindung des Verantwortungsgefühls der
Menschen gegenüber sich selbst und möglichem Nachwuchs hat
also die protestantische Ehekonzeption der Neuzeit zu finden.
Zugleich werden – da nicht verborgen bleibt, daß Geborene
zahlreich verhungern – unbedingter Erwerbsfleiß gefordert und
so der Lebenssinn des Arbeitens für die Kinder jenseits allen
Kalküls aus Gottes Gebot heraus formuliert. Das Leben soll als
vertan gelten, wenn man keine Kinder aufgezogen hat. Den
Heiratstermin hinauszuschieben, bis eine materielle Basis gewonnen ist, auf welcher der Unterhalt von Frau und Kindern bestrit-
ten werden kann, entwickelt sich so zu dem leistungsbesessenen
Ehemuster, das Hajnal zutreffend als historisch einmaliges beschreibt und als das Geheimnis hinter der herausragenden Stellung Westeuropas in der Neuzeit vermutet.[61]

Dieses ›europäische Ehemuster‹ setzt sich nach Abschluß der
Hexenverbrennungen, also um 1700, durch[62] und ist u. E. gerade
deren Resultat. Es umschließt die Gewißheit des Mannes, nach
langem Abwarten jene Jungfrau zu finden, für die so hart zu
arbeiten sich lohnte, und konstituiert ein neues Konzept ehren-

60 M. Luther, *Vom ehelichen Stande* (Weimarer Ausgabe 10,2, S. 267 ff.), in:
Luther Deutsch, Bd. 7, 1967, S. 305.

61 Vgl. J. Hajnal, *European Marriage Patterns in Perspective*, in: D. V. Glass/
D. E. C. Eversley (Hg.), *Population in History*, 1965. S. 101 ff.

62 Vgl. ebenda.

haften, »sauberen« Lebens. Dieses wird jedoch erst möglich, als die Sexualität der Frau unterdrückt ist, welche noch während der Massaker – biologisch mit allem Recht, übertrifft ihre Orgasmusfähigkeit doch diejenige des Mannes um ein Vielfaches[63] – als besonders »unersättlich und bedrohlich«[64] gilt:

> »Welche Provinz, welches Dorf beklagt sich nicht über die unnatürliche und unstillbare sinnliche Begierde der Frauen‹, schrieb der Junggeselle Robert Burton 1621. Im 18. Jahrhundert dann ist in den Mittelschichten diese Auffassung allmählich von der in Samuel Richardsons Pamela exemplarisch gestalteten Vorstellung verdrängt worden, die Frauen seien sexuell passiv und ohne jede Lüsternheit. Dieser Vorstellungswandel ging mit dem Untergang des Glaubens zusammen, daß es Hexen gab, die ihre sexuellen Gelüste in Zusammenkünften mit dem Teufel stillten.«[65]

Die ›neue‹ Frau wird dauerhaft nur, wenn sich die männliche Sexualität so einschränken läßt, daß sie die ›Lüsternheit‹ der Frauen nicht ständig von neuem hervortreibt. Diesem Zweck dient die sogenannte Aufklärung, d. h. die Popularisierung der jüdisch-christlichen Ehemoral durch die Übertragung der Bibel in die Umgangssprachen. Die Keuschheits- und Fortpflanzungsgebote der Bibel werden erst in der Neuzeit allgemein gepredigt. Der erste *Brief des Paulus an die Korinther* wird dabei zum entscheidenden Credo für die nächsten Jahrhunderte. Zugleich wird das Konkubinat – und damit auch das nichteheliche Kind – geächtet. Die Bordellwirtschaft wird verfolgt. Der christliche Unterricht, die »Aufklärung« also, welche dafür sorgt, daß die biblische Sexualmoral den Menschen allgemein bekannt wird, breitet sich aus. Ihre eindeutig bevölkerungspolitische Absicht formuliert wiederum Jung:

> »Wenn die Mädchen anfangen, mannbar zu werden, so muß ihnen durch Lehre der Religion auf eine anständige Weise in öffentlichen Predigten ihre Pflicht eingeschärft werden, und ihnen nach und nach gesagt werden, wozu sie der Schöpfer bestimmt hat, nemlich gute Frauen und Mütter zu werden. Bey dem lesenden Publicum sind erdichtete Geschichten zu diesem Zweck ein gutes Mittel, wenn sie anders von erfahrnen Männern ausgearbeitet worden.«[66]

63 Vgl. M. J. Sherfey, *Die Potenz der Frau* (1966), Köln 1974.
64 K. Thomas, *Die Hexen und ihre soziale Umwelt* (1971), in: C. Honegger (Hg.), S. 297.
65 Vgl. ebenda.
66 J. H. Jung, S. 17 f.

Hier ist noch das Wissen ausgedrückt, daß Mädchen »mannbar« werden, also sich wohl für Sexualität interessieren, während ihnen das Kinderhabenwollen gepredigt werden muß. Und so wie ihnen der sogenannte ›natürliche Kindswunsch‹ als Pflicht vor Gott nahezubringen ist, so ist zugleich an die Erziehung der so gezeugten Kinder zu denken. Wie begegnet man den nach »Gottes«, aber nicht nach der Eltern eigentlichen Interessen ins Leben Gesetzten? Ein bloßes Gefühl, der Familiensinn jenseits aller materiellen Interessen, wird zu der kindgemäßen Kultur verdichtet, die Philippe Ariès in seiner *Geschichte der Kindheit* materialreich beschreibt, und die ebenfalls mit den Hexenverfolgungen beginnt und am Ende der Massaker sich endgültig durchsetzt.[67] Die historische Geburt des ›asexuellen‹ Kindes ist das Resultat einer individuell nicht erforderlichen Vermehrung.

Wir halten fest: Familie um der Familie willen, Familie nicht als Mittel zum Zweck, sondern als Selbstzweck, Familie als allgemeine Lebensform, von der auch die Besitzlosen nicht mehr ausgeschlossen sein sollen, wird zum Merkmal des abendländischen Lebens, zu dem, was seine neuzeitliche ›Christlichkeit‹ ausmacht. Der Protestantismus, hierin vom sich selbst reformierenden und gerade dadurch nicht gegenreformatorischen Katholizismus nachgeahmt, postuliert – exemplarisch bei Luther – diese historische Besonderheit als allgemeine, ewige Grundhaltung:

> »Wer aber auf christliche Weise ehelich sein will, der darf sich nicht schämen, arm und verachtet zu sein, geringe Werke zu tun. Er muß sich daran genügen lassen: aufs Erste, daß Gott sein Stand und Werk wohlgefalle; aufs Zweite, daß Gott bestimmt ernähren wird, wenn er sich nur abmüht und schafft, soviel er kann, und wenn er nicht ein Junker und Fürst sein kann, daß er ein Dienstknecht und -magd.«[68]

Das Vertrauen in Gott wird zur Antwort auf die Frage nach dem Unterhalt der Kinder. Daß die Reformation, wie immer wieder mit Erschütterung oder Verwunderung konstatiert wird, die Hebammen- und Hexenverfolgung nicht befehdet, sondern allenthalben befördert, zeigt also nur, daß sie die Aufgabe der Zeit für sich akzeptiert und nicht daran denkt, im Interesse eines Humanismus, den die Moderne auf sie bloß projiziert, ihr wichtigstes Werk zu untergraben: die dauerhafte Beseitigung des

---

67 Vgl. Ph. Ariès, *Geschichte der Kindheit* (1960), München-Wien, 1975.
68 M. Luther, S. 305.

Verhütungswissens und die Aufrichtung einer nicht zweifelnden, sondern auf Gott vertrauenden Fortpflanzungsmoral.

Es ist kein unerklärlicher Akt der Neuzeit, daß seit dem 15. Jahrhundert zunehmend Tötungen von »Hexen« zu verzeichnen sind, die zwischen 1560 und 1630 in Massenvernichtungen kulminieren. Diese werden sowohl von den Predigern als auch von den brillantesten Denkern und Naturwissenschaftlern Europas toleriert und verteidigt, denen man nicht »einfach Dummheit, Verrücktheit, Niedertracht oder Widersprüchlichkeit nachweisen kann«[69]:

»Gebildete Renaissancepäpste förderten ihn [den sog. Hexenwahn – d. V.] ebenso wie Rechtskundige und Kirchenmänner des Zeitalters, das Scaliger und Lipsius, Bacon und Grotius, Bérulle und Pascal erlebten. Waren jene beiden Jahrhunderte ein Zeitalter des Lichtes, so muß man zugestehen, daß das sogenannte Dark Age (Frühmittelalter) mindestens in einer Hinsicht zivilisierter war. Denn das frühe Mittelalter kannte wenigstens nicht den Hexenwahn.«[70]

Dieser sogenannte Wahn verschwindet um 1700 weitgehend, was nun ebenso rätselhaft erscheint wie sein Auftreten im 15. Jahrhundert. Für den Beginn wird häufig die Ansicht vertreten, daß »eine philosophische Umwälzung, welche die gesamte Auffassung von der Natur und der in ihr waltenden Kräfte veränderte«[71], stattgefunden habe. Tatsächlich aber zog gerade im primären Bereich der gesellschaftlichen Reproduktion, nämlich in der Fortpflanzung, nicht die Helligkeit der Naturwissenschaft, sondern tiefste Finsternis ein. Die Gynäkologie wagt praktisch erst Mitte des 20. Jahrhunderts einen Vorstoß zu neuen Erkenntnissen.

Weil das Kindestötungs- und Abtreibungsverbot nicht als etwas Finsteres aufgefaßt, sondern als wesentlicher Humanitätstriumph begriffen wird, muß der Gedanke abwegig erscheinen, daß die Durchsetzung dieses Verbotes eine Rationalitätszerstörung größten Ausmaßes, also nicht einen Sieg, sondern eine den ganzen Kontinent zeichnende Niederlage der Wissenschaft zur Voraussetzung habe: die Auslöschung des umfassenden naturwissenschaftlichen und gynäkologischen Wissens der Hebammen. Die

69 J. B. Russell, *Hexerei und Geist des Mittelalters* (1972), in: C. Honegger (Hg.), S. 182.

70 H. Trevor Roper, S. 189.

71 H. Trevor Roper, S. 216.

sogenannte neue Rationalität der merkantilistischen und der früh-
kapitalistischen Ökonomie beruht auf der Vernichtung einer
bestimmten Rationalität, d. h. der Ausschaltung individueller
Zwecksetzung in der Fortpflanzung.

Das Ende des sogenannten Hexenwahns bezeichnet den
schließlichen Sieg des Verhütungs-, Tötungs- und Abtreibungsverbotes und seine Transformation zur modernen kinderlieben-
den Sexualmoral. Es ist keineswegs rätselhaft und tritt ein, als die
historische Aufgabe des Hexenwahns erfüllt ist. Das massenhafte
Töten von Frauen ist überflüssig geworden, nachdem es durch die
Zerstörung des Verhütungswissens in furchtbarer Dialektik zur
Quelle der maßlosesten Produktion von Leben geworden ist,
welche die Menschheitsgeschichte bis dahin gekannt hat. Diese
neue Quelle kann nun durch bloße Polizeimaßnahmen bis zum
letzten Drittel des 19. Jahrhunderts zu unermüdlichem Sprudeln
gebracht werden und liefert Europa nicht zuletzt die Überschußbevölkerung für seine Welteroberung.

4. Warum die Bevölkerungspolitik widersprüchlich verläuft oder: Die Unfähigkeit zur Feinsteuerung in der Menschenproduktion

Die Einsicht in das bevölkerungspolitische Kalkül bei der Zerstörung des Verhütungswissens kann auch deshalb versperrt bleiben,
weil die Gewaltpolitik zu einer solch großen Überbevölkerung
führt, daß Armen-Eheverbote und Armengesetzgebung notwendig werden, daß also staatliche Rationalität gerade ausgeschlossen
scheint. Ein solcher Einwand übersieht freilich, daß staatliche
– anfangs also merkantilistisch-absolutistische – Bevölkerungspolitik Feinsteuerung bis heute nicht beherrscht, eine wie auch
immer bestimmte ›optimale Bevölkerung‹ sich zwar ersinnen läßt,
aber bisher praktisch nicht zu gewinnen ist. Unter diesen Umständen wird staatliche Politik stets zur Maximalversorgung mit
Menschen eingesetzt. »Zu wenige« Menschen erscheinen als grö-
ßeres Übel als »zu viele«. »Zu viele Menschen« werden bei der
von uns beschriebenen Zerstörung des Verhütungswissens unvermeidlich Gegenstand staatlicher Politik – Sozialpolitik –, da ihre
Tötung oder Verhütung die Wiedereinführung jener Mittel erfor-
dern würde, deren Beseitigung gerade das Bevölkerungsminimum

sichern soll. Wer nicht stirbt und als Arbeitskraft nicht nachgefragt wird, bildet nun die Klientel staatlicher Sozialpolitik. Nachdem um die Wende zwischen dem 17. und 18. Jahrhundert die neue Fortpflanzungsmoral weitgehend verinnerlicht ist, muß auch die staatliche Steuerung der Bevölkerungsentwicklung beginnen. Die immer wieder mit Verwunderung konstatierte Widersprüchlichkeit[72] der Bevölkerungspolitik der Neuzeit löst sich hierin auf. Sie ist für den Staat nicht unsinnig, sondern unvermeidlich. Erst der als sicher erachtete Erfolg ermöglicht es, die von den frühmerkantilistischen Populationisten des 16. und 17. Jahrhunderts selbstverständlich stets gesehene Variante der verarmten Überschußbevölkerung[73] ins politische Kalkül des Staates zu nehmen. Die fortan allgemein geglaubte Naturkonstante einer permanenten Überbevölkerung aus einem ebenso permanenten und allgemein starken Familienbedürfnis ist das ideologische Resultat des praktischen ›Erfolges‹ der Hexenverfolgung in drei Jahrhunderten. Sie bestimmt – wie wir zeigen werden – auch in der Gegenwart die liberalen, auf finanziellen Anreizen fußenden Bevölkerungspolitiken, die von einer natürlichen Sehnsucht nach Kindern ausgehen und ihr lediglich ökonomische Hindernisse aus dem Wege räumen wollen.

Die Bevölkerungssteuerung in der Neuzeit, also der Versuch, eine sogenannte ›optimale Bevölkerung‹ zu erreichen, arbeitet weiterhin mit den traditionellen Eheverboten für Arme[74], mit Geburtenanreizen für Wohlhabende[75] und der Unterbringung der Versorgungsunfähigen in Armenhäusern.[76] Die Eheverbote gegen eigentumslose Lohnarbeiter in Verbindung mit der neuen Sexualmoral, d. h. einem erzwungenen, wenn auch – schlechten Gewissens und mit der Angst vor Strafe – immer wieder durch-

72 Siehe etwa C. E. Stangeland, *Pre-Malthusian Doctrines of Population* (1904), New York 1966.

73 Der Bodin-Schüler Giovanni Botero (1540-1617) gilt wegen seiner dringlichen Hinweise auf die Armut deshalb bei vielen seinem Lehrer überlegen, während dieser tatsächlich das *politische* Erfordernis der Aristokratie und des Staates formuliert und gar kein Mittel sieht, die Überschußbevölkerung zu vermeiden. Sie wird denn auch in Europa bis ins 20. Jahrhundert als unvermeidlicher Preis einer *ausreichenden* Bevölkerung in Rechnung gestellt.

74 Vgl. dazu G. Heinsohn / R. Knieper, S. 17 ff.

75 Vgl. dazu etwa C. E. Stangeland, S. 118 ff.

76 Die wichtigste Quelle zum englischen Armenrecht ist immer noch: B. u. S. Webb, *English Poor Law History* (Bände VII, VIII und IX ihres *English Local Government* [London 1929]).

brochen Zölibat, bilden tatsächlich einen Damm gegen noch schnelleres Bevölkerungswachstum. Daß dieser Damm eingerissen wird zu einem Zeitpunkt, da die Eigentumsklassen zu nationalen Minderheiten, die Eigentumslosen somit für die Bevölkerungsproduktion unabdingbar werden, ist die Ursache für das ›explosive‹ Anwachsen der europäischen Bevölkerung im 19. Jahrhundert.

Es erweist sich, daß die neue christliche Sexualmoral durch ständige Überwachung auch dem ehelosen Gesinde aufgeherrscht wird. Der Agrarkapitalismus – und mehr noch der junge Industriekapitalismus – kann, wie wir sehen werden, mit dem Pfunde wuchern, welches der Absolutismus bereitgestellt hat. Am deutlichsten wird der Triumph der christlichen Moral in der Arbeiterklasse an den in England proletarisierten Massen, die in Amerika eine puritanische Bauerngesellschaft errichten, deren Fortpflanzungsmoral diejenige des Kontinents weit übertrifft. Die englischen Proletarier entwickeln nach ihrer Verwandlung in die »New England Yankees« die strengste Sexualmoral der bekannten Geschichte.[77]

Daß gerade England zum Hort der strengsten Sexualmoral und Fortpflanzungsbereitschaft wird, hängt mit dem – wie gezeigt – sehr viel früheren Auftreten einer freien, landlosen oder landarmen Lohnarbeiterschaft zusammen, deren Kinder prinzipiell in Versorgungsschwierigkeiten stecken. Die im Jahre 1601 abgeschlossenen Armengesetze des hier ganz merkantilistisch operierenden englischen Staates begünstigen die Trennung solcher Kinder von ihren Eltern und ihre Aufzucht in Armenhäusern. Es beginnt hier übrigens die besondere *juristische* Fassung einer Lohnarbeiterfamilie, wie sie – historisch neu – für alle bürgerlichen und staatssozialistischen Gesellschaften bis heute kennzeichnend ist. Es gibt nicht länger die unbedingte väterliche Verfügungsmacht über die Entwicklung der Kinder, an ihre Stelle tritt nunmehr die Aufsicht des Staates über die Väter, die zur Erziehung ihrer Kinder im Interesse der Gesellschaft verpflichtet werden müssen, weil sie mit ihren persönlichen Interessen nicht

77 Vgl. dazu G. P. Murdock, *Social Structure*, New York 1949, S. 263 f. Vgl. auch Cotton Mather (1663-1728), den Vater des amerikanischen Puritanismus, der zugleich die Hexenprozesse in Salem/Mass. von 1692 entscheidend vorangetrieben hat. Vgl. seine Schrift *Memorable Providences Relating to Witchcraft and Possessions* (1689). S. auch Ch. Hansen, *Witchcraft at Salem*, New York 1969.

übereinstimmt. Daher hat – so die Staatstheorie jener Zeit – »die Polizey [. . .] das Recht, den Bürger gegen sich selbst zu schützen: denn Gott hat ihr die einzelne so wie die allgemeine Glückseligkeit der Unterthanen anvertraut«.[78] Sie soll denn auch die Erziehung im Interesse des Staates und nicht der Eltern kontrollieren:

>»Die Erziehungspolizey sorgt, daß die Kinder und jungen Leute die nöthigen Kenntnisse bekommen, aber die Aufklärungs-Polizey setzt dies wohltätige Geschäfte fort, indem sie alten und jungen immerfort die Mittel an die Hand gibt, wodurch sie ihre Känntnisse *unterhalten und erweitern:* denn da die Bürger durch mancherley Ursachen wieder von den erkannten Wahrheiten abweichen können, so ist nöthig, daß ihnen ihre Pflichten beständig eingeschärft, und der Weg zur Erlangung ihrer Glückseligkeit immer bekannter und deutlicher gemacht werde.«[79]

Im Unterschied zu England erhält sich in Frankreich mit seiner zahlreichen Kleinbauernschaft sexuelles Wissen des Mittelalters. Die ›französische Liebe‹ – Fellatio, Cunnilingus, Coitus interruptus und Masturbation – wird sprichwörtliches[80] Mittel der Schwangerschaftsverhütung. Frankreich, um 1500 mit 16,4 Millionen Einwohnern das volkreichste Land Europas, zählt 1800 erst 26,9 Millionen Menschen, während in England[81] zwischen 1500 und 1801 die Bevölkerungsziffer von ca. 2,6 auf 9,2 Millionen steigt. Gut hundert Jahre später (1910) hat Großbritannien mit 40,8 Millionen Einwohnern Frankreich, das nun nahezu 41,5 Millionen zählt, fast eingeholt. Das überwiegend protestantische Deutschland, das um 1800 ebenfalls mit 24,5 Millionen Menschen noch hinter Frankreich rangiert, hat um 1910 mit 58,5 Millionen nach Rußland die größte Bevölkerung Europas.[82] In diesem Zeitraum wandern viele Millionen Europäer[83] nach Amerika und

78 J. H. Jung, S. 20.

79 J. H. Jung, S. 113.

80 Vgl. J.-L. Flandrin, *Les amours paysannes*, Paris 1975.

81 Vgl. für die englischen Zahlen J. D. Chambers, S. 19, und N. Tranter, *Population since the Industrial Revolution – the Case of England and Wales*, London 1973, S. 41.

82 Vgl. zu den Zahlen A. Armengaud, *Population in Europe 1700–1914* [1970] in: C. M. Cipolla (Hg.), *The Industrial Revolution – The Fontana Economic History of Europe 3*, Glasgow 1973, S. 29.

83 Nach Amerika wandern von 1600 bis 1770 750 000 Europäer ein. Es zeigt sich also bereits der europäische Bevölkerungsdruck sehr deutlich, der zu ¾ englischen Ursprungs ist. In den vierzig Jahren von 1820 bis 1860 wandern dann bereits 4,65 Millionen Europäer nach den USA. Vgl. zu diesen Zahlen E. W. Buchholz, S.

Ozeanien, nach Sibirien und Afrika aus. Ohne seinen Bevölkerungsüberschuß ist die mächtige Stellung Europas in der Welt unerklärlich. Die Hexenverfolgungen seiner frühen Neuzeit bekunden hier ihre – allerdings nicht geplanten – Auswirkungen.

Für die Bevölkerung in Europa selbst werden allmählich die Instrumente der Bevölkerungsstatistik geschaffen. Wie unmittelbar auch sie die Hexenverfolgung beerbt, wird ganz deutlich am Beispiel Schwedens, das als erste Nation der Neuzeit im Jahre 1749 in dem sogenannten Tabellenamt eine zentrale Bevölkerungsstatistik installiert. Pastoren sind nun regelrecht Inquisitoren, bei Befragungen über Katechismuskenntnisse – bei der ›Aufklärung‹ also – führen sie die Standesregister.[84] Einzig Schweden verfügt seit 1527 über eine einheitliche Kirche, die nicht mit der staatlichen Führung oder anderen religiösen Fraktionen im Krieg liegt. Ihr Apparat kann für die neue Aufgabe eingesetzt werden (Meldebehörde ist sie übrigens bis heute geblieben). Die kontinentalen Länder kennen eine derartige Konstellation nicht und schaffen deshalb folgerichtig eine besondere staatliche Bevölkerungsbehörde.

Dennoch verbleiben bis zum Ende des 17. Jahrhunderts große Bevölkerungsteile außerhalb eines sich voll reproduzierenden Familienlebens. Das bedeutet unfreiwilligen Zölibat und stiftet unausweichlich die Sehnsucht nach der Ehe als einzig nicht strafbarer Form der Sexualbetätigung. Das bestätigt ein Blick auf die Darstellung der englischen Sozialstruktur von 1688. Die ca. 500 000 Familien der Eigentümerklassen haben mit knapp 2,7 Millionen Menschen einen fast ebenso großen Anteil an der Gesamtbevölkerung wie die Eigentumslosen, die in ca. 850 000 sogenannten Familien ebenfalls nur 2,8 Millionen Menschen zählen. Hier befindet sich also jenes große Reservoir eheloser Menschen, deren Sexualität kontrolliert werden kann, deren Wunsch nach Familienleben identisch ist mit der Sehnsucht nach staats-

105 ff, u. W. Köllmann, *Bevölkerung und Raum in neuerer und neuester Zeit*, 1965³, S. 44 ff.

84 Bereits seit 1630 gibt es in Schweden lokal erste standesamtliche Verzeichnisse, die 1686 vereinheitlicht werden. 1860 – also vor der industriellen Revolution in Schweden – gibt es ein statistisches Zentralamt, was einmal mehr unsere These bestätigt, daß »unvermeidliche Überbevölkerung« und nicht Industriekapitalismus zum Anlaß der Bevölkerungssteuerung wird. Vgl. dazu S. Åkerman, *Statistik och data blir historia (Statistik und Daten werden Geschichte)*, in: *Forskning och Framsteg*, Sondernummer über die Familie, 1977, S. 6 ff.

Tabelle D 2 – Familiengröße, Einkommen und Ausgaben nach sozialen Schichten in England 1688[85]

Zahl der Familien	Rang, Stellung, Titel und Qualifikation	Personen pro Familie	Anzahl der Personen	Jahreseinkommen pro Familie		Jahreseinkommen pro Kopf		Jahresausgaben pro Kopf		
				£	s.	£	s.	£	s.	d.
160	Weltliche Lords	40	6 400	3 200	0	80	0	70	0	0
26	Geistliche Lords	20	520	1 300	0	65	0	45	0	0
800	Baronets	16	12 800	880	0	55	0	49	0	0
600	Ritter	13	7 800	650	0	50	0	45	0	0
3 000	Höherer Landadel	10	30 000	450	0	45	0	41	0	0
12 000	Niederer Landadel	8	96 000	280	0	35	0	32	0	0
5 000	Höhere Beamte	8	40 000	240	0	30	0	26	0	0
5 000	Niedere Beamte	6	30 000	120	0	20	0	17	0	0
2 000	Großkaufleute	8	16 000	400	0	50	0	37	0	0
8 000	Kleinkaufleute	6	48 000	198	0	33	0	27	0	0
10 000	Rechtsbeflissene	7	70 000	154	0	22	0	13	0	0
2 000	Höhere Geistliche	6	12 000	72	0	12	0	10	0	0
8 000	Niedere Geistliche	5	40 000	50	0	10	0	9	0	4
40 000	Freie Großbauern	7	280 000	91	0	13	0	11	15	0
120 000	Freie Kleinbauern	5½	660 000	55	0	10	0	9	10	0
150 000	Pächter	5	750 000	42	10	8	10	3	5	0
15 000	Künstler und Wissenschaftler	5	75 000	60	0	12	0	11	0	0
50 000	Ladeninhaber und Krämer	4½	225 000	45	0	10	0	9	0	0
60 000	Handwerker	4	240 000	38	0	9	0	9	0	0
5 000	Marineoffiziere	4	20 000	80	0	20	0	18	0	0
4 000	Armeeoffiziere	4	16 000	60	0	15	0	14	0	0
500 586	Zwischensumme: Nicht-Lohnabhängige	5⅓	2 675 520	68	18	12	18	11	15	4

Zahl der Familien	Rang, Stellung, Titel und Qualifikation	Personen pro Familie	Anzahl der Personen	Jahres-einkommen pro Familie		Jahres-einkommen pro Kopf		Jahres-ausgaben pro Kopf		
				£	s.	£	s.	£	s.	d.
50 000	Gemeine Seeleute	3	150 000	20	0	7	0	7	10	0
364 000	Tagelöhner und Knechte	3 1/2	1 275 000	15	0	4	10	4	12	0
400 000	Häusler und Arme	3 1/4	1 300 000	6	10	2	0	2	5	0
35 000	Gemeine Soldaten	2	70 000	14	0	7	0	7	10	0
849 000	Zwischensumme: Lohnabhängige	3 1/4	2 795 000	10	10	3	5	3	9	0
	Landstreicher, Zigeuner, Diebe, Bettler usw.	-	30 000	-	-	2	0	4	0	0
849 000		3 1/4	2 825 000	10	10	3	3	3	7	6
	Das Gesamtergebnis ist demnach:									
500 586	Zum Reichtum des Königreichs beitragende Personen	5 1/3	2 675 520	68	18	12	18	11	15	4
849 000	Den Reichtum des Königreichs vermindernde Personen	3 1/4	2 825 000	10	10	3	3	3	7	6
1 349 586	Totalsumme	4 1/13	5 500 520	32	5	7	18	7	9	3

bürgerlicher Gleichheit. Ihr soziales Ideal repräsentiert der freie Bauer oder Bürger, doch die Moral ist notgedrungen noch strenger als bei diesen, welche ihre Sexualität legal immerhin praktizieren und das Fortpflanzungskalkül nicht völlig aufgeben, das Interesse also, ihr Geschäft nicht teilen zu müssen, festhalten. Die strengere Moral der Besitzlosen gründet in der Angst vor Kindern[86], die sich zur allgemeinen Sexualangst wandelt, weil verhütungsorientierte Sexualpraktiken nicht erlernt werden können und dürfen. Der Wunsch nach einem Einkommen ohne persönliche Abhängigkeit als Voraussetzung für eigenes Familienleben ist somit gleichbedeutend mit der Hoffnung, sexueller Frustration zu entkommen.

Um die deutliche Korrelation zwischen Eigentum und Kinderzahl ausführlicher zu zeigen, dokumentieren wir eine vollständige Bevölkerungsübersicht für England im Jahre 1688 (Tabelle D 2).

5. Wie die Bevölkerungsentwicklung der Neuzeit im Populationismus der späteren merkantilistischen Theorie reflektiert wird[87]

Merkantilistische Politik ist die planvolle Reaktion auf die Krise bauernwirtschaftlicher Reichtumsgewinnung in feudaler Abhängigkeit und auf den katastrophalen Bevölkerungsschwund am Ausgang der spätmittelalterlichen Agrarkrise. Sie versucht, eine neue Dynamik durch staatliches Wirtschaften im Interesse der Aristokratie zu schaffen und benötigt dazu Arbeitskräfte. Sie richtet sich deshalb gegen das dem Kleineigentümer mit seiner allenfalls statischen Wirtschaft angemessene Fortpflanzungsverhalten. Für ihn ist die Überschreitung einer bestimmten Kinderzahl ökonomisch unvorteilhaft, sittlich gesprochen: verantwortungslos, da er dem Nachwuchs, der nicht erbt, keine Zukunft versprechen kann. Dies gilt erst recht für alle Kinder der Nichteigentümer, insbesondere der freien Lohnarbeiter Englands.

85 Auszug der von J. D. Chambers, S. 38 f., zusammengestellten Tabelle nach Schätzungen von Gregory King, Charles Davenant und W. Couling über ein Schema der »Einnahmen und Ausgaben der verschiedenen englischen Familien, berechnet für das Jahr 1688«.

86 S. dazu Ch. Hill, S. 60.

87 Zu Kapitel D, Abschnitt 5 vgl. Fußnote 1 zu Kapitel E.

Die staatliche Bevölkerungspolitik muß nun eine generative Haltung durchsetzen, die individuell unvorteilhaft ist. Der Nachwuchs muß zwar nicht unbedingt ins Elend sinken, da Arbeitsplätze unter Umständen auf ihn ›warten‹, er verursacht aber für die Eltern unwiederbringliche Kosten. Deshalb arbeitet die Bevölkerungspolitik in erster Linie mit Gewalt, d. h. der Zerstörung des Sexual- und Verhütungswissens durch Tötung seiner Trägerinnen und Träger. Sie gebietet zugleich die Verallgemeinerung individueller Verantwortungslosigkeit in der Form der Verantwortung vor Gott. Die Sorge der Politikberater ist es, die individuelle Rationalität im staatlichen Interesse dauerhaft zu brechen:

»Ich weis Oerter, wo es selbstgemachtes Gesetz ist, daß ein Paar Eheleute nur zwey Kinder haben darf. – Daß dazu die Polizey still sitzt, begreif ich nicht. Solche Menschen verdienten – ich mag nicht sagen, was? – wenigstens alle zum Land hinaus gejagt zu werden.«[87a]

Was er hier »nicht sagen mag«, deutet auf »Verbranntwerden«. Die »Polizeywissenschaft« soll das Verbrennen jedoch überflüssig machen und verbietet ihren Apologeten jeden Hinweis auf ein Geschäft, das nicht ihres wäre. Ähnlich argumentiert – wie J. Flandrin zeigt – der französische Merkantilist Moheau im Jahre 1778 von den Interessen des Staates her:

»Viele Kinder zu haben, entspricht niemals dem Interesse der Einzelnen. [. . .] Aber das Interesse der Einzelnen interessiert ihn nicht. Betrachten wir dagegen, mit welcher Häufigkeit er sich auf die Interessen des Staates bezieht:

›Ohne Sitten ist es kein gut eingerichtetes Reich‹; der Mensch, der gesittet ist, ist ›notwendig, um die Bevölkerung eines Staates sicherzustellen‹; die ›betrügerischen Vereinigungen‹ können ›den Staat [nicht] entschädigen‹; ›jede verheiratete Frau gibt dem Staat mehr als vier Personen [. . .]. Doch wo ist das ausschweifende Mädchen oder die lasterhafte Witwe, deren Ertrag für den Staat derselbe ist?‹«[88]

Die Maßnahmen der Bevölkerungspolitik umfassen neben der Verfolgung von Geburtenkontrolle die Erleichterung der Einwanderung und die Erschwerung der Emigration, die Erweite-

87a J. H. Jung, S. 75. Das Wissen von der Rationalität des bäuerlichen Fortpflanzungsverhaltens (»selbstgemachtes Gesetz«) war niemals verschwunden. Vgl. dazu auch J. P. Süßmilch, Die göttliche Ordnung in den Veränderungen des menschlichen Geschlechts aus der Geburt, Tod, und Fortpflanzung desselben erwiesen, Berlin 1741, S. 50 f.
88 J.-L. Flandrin, Familien 1978, S. 259 f.

rung der Freizügigkeit und Niederlassungsfreiheit. Sie suchen den Zölibat von Eigentümern zu erschweren und damit auch die Klosterwirtschaft zu treffen, die zwar produktiv arbeitet, aber Bevölkerung absaugt, ohne selbst Nachwuchs zu besorgen. Zugleich werden die Eheschließung und der Kinderreichtum von Eigentümern steuerlich und rechtlich (etwa Verkürzung der Trauerzeit, Nichtanrechnung von Kindern, die sich dem christlichen Zölibat unterwerfen etc.) angereizt.[89]

Wichtige Maßnahmen sind »erziehungspolizeyliche« Aktivitäten wie die Instruktion über sparsameres Leben, das die Aufzucht einer höheren Kinderzahl ermöglichen soll, oder hygienische Aufklärung und medizinische Angebote.[90] Solche Aufklärung bedeutet aber niemals sexuelle Aufklärung, die vielmehr als »verderbenbringend für den *Staat*« (Moheau) eingeschätzt wird:

»Befragt man die Menschen, welche die Religion zu den Sachwaltern der Herzensgeheimnisse und Schwächen der Menschheit gemacht hat, oder jene, welche eine Neigung zu bedeutenden Forschungen zum Wohle des Staates, zu genauen Beobachtern der Sitten der Landleute und der Reichen gemacht hat; sie werden euch sagen, daß die reichen Frauen, für die das Vergnügen das größte Interesse bedeutet und die einzige Beschäftigung, nicht die einzigen sind, welche die Fortpflanzung der Art als eine Fopperei der alten Zeiten betrachten: schon jene finsteren, jedem anderen Tier als dem Menschen unbekannten Geheimnisse, jene Geheimnisse sind in die Landgebiete eingedrungen: man betrügt die Natur bis hinein in die Dörfer. Wenn diese liederlichen Bräuche, wenn diese menschenmordenden Neigungen sich weiter verbreiten, so werden sie für den Staat nicht weniger verderblich sein als die Pestseuchen, die ihn früher heimsuchten: Es ist Zeit, jene geheime und entsetzliche Sache zu einem Ende zu bringen, die unmerklich die Nation unterhöhlt und mit der man sich, in einiger Zeit, wenn es vielleicht zu spät ist, befassen wird. Um diesen Mißgeschicken zuvorzukommen, ist das einzige, das ausschließliche Mittel die Wiederherstellung der Sitten.«[91]

Die merkantilistische Menschenproduktion verselbständigt sich allmählich zu einem allgemeinen Prinzip der Reichtumsgewinnung durch Bevölkerungsvermehrung, weil das sehr konkrete Kalkül des neuzeitlichen Staates als ewige Moral und Sittlichkeit

89 S. etwa L. Elster, *Bevölkerungslehre und Bevölkerungspolitik*, in: *HdWB der Staatswissenschaften*, Bd. 2, Jena 1924⁴, S. 752.

90 L. Elster, S. 745.

91 Moheau, *Recherches et considérations sur la population de la France*, Paris 1778, S. 101 f., zit. n. J.-L. Flandrin, *Familien . . .*, S. 244 f.

exekutiert wird. Die Menschenproduktion beginnt zwar anzulaufen, aber die so gewonnenen Arbeitskräfte werfen, bevor sie irgendwo eingesetzt werden können, sofort das Problem ihres Unterhalts auf. Die historische Erfahrung von Antike und Mittelalter, daß Macht über Menschen Wohlstand bringt, verleitet die Theoretiker der Neuzeit zu der Vorstellung, daß auch Menschen, für welche zunächst einmal niemand individuell aufzukommen hat, in gleicher Weise Quelle von Reichtum sind. Die staatliche Menschenproduktion erscheint so unter dem Kalkül eines individuell an Fortpflanzung interessierten Produzenten, ohne daß der Staat zugleich Unterhalts- und Aufzuchtsinstanz ist, wie das für die Produzenten gilt. Die Menschenproduktion jenseits des individuellen Produzentenkalküls muß die Organisation staatlicher Unterhaltsmittel nach sich ziehen, da sonst Armut der Nation und nicht Wohlstand aus ihr erwächst. Daraus erklärt sich, daß immer wieder zu Eheverboten gegriffen, also gegen die allgemeine staatliche Intention scheinbar verstoßen wird:

»Alle Ehen von Tagelöhnern [bedurften] der behördlichen Genehmigung sowie der Zustimmung des Gerichtsherren, wobei zudem die Genehmigung viel Geld kostete und außerdem nur erteilt wurde, wenn die Gemeinde bzw. der Bauer sich für den *Unterhalt* der Tagelöhnerfamilie verbürgte.«[92]

Die Schwierigkeit der Unterhaltsgewähr macht die – nur scheinbar – trivialen Aussagen merkantilistischer Denker wie J. J. Becher (1625-1685) über Bevölkerung erst hinreichend verständlich:

»Es ist aber nicht genug die POPULIRUNG und Volkreichmachung einer Stadt oder Landes, wann die Nahrung nicht darbey ist; dann damit eine volckreiche Versammling bestehen könne, muß sie zu leben haben, ja eben diß letztere, ist ein Anfang der ersten: die Nahrung, sag ich, ist eine Angel oder Haken, wodurch man die Leute herzu locket, dann wann sie wissen, wo sie zu leben haben, da lauffen sie hin, und je mehr hinlauffen, je mehr können auch von einander leben; und das ist die andere FUNDAMENTAL Staats-Regul, nemlich um ein Land POPULÖS zu machen, demselben gute Verdienste und Nahrung zu verschaffen.« »Allein gleichwie zu einem Schiff Segel und Ruder gehören, also muß, wie bereits offt erwehnt zu der POPULIRUNG, da falls sie soll fortgehen auch ein Segel seyn, nemlich Nahrung, daß also lautet das andere Wort in der DEFINITION, nemlich FOLCKREICHE, NAHRHAFTE, dann viel Leute in

92 So etwa H. Mottek über die Verhältnisse in Bayern, Bd. 1, S. 332.

einem Lande und keine Nahrung darzu, ist demselben mehr schädlich als nützlich, es macht Müßiggänger, Diebe, Mörder, Rebellen, Bettler.«[93]

Das Mißverständnis der Staatsdenker besteht darin, die traditionelle ökonomische Einsicht: ›Je mehr *persönlich* anwendbare Menschen, desto mehr Reichtum‹ zum ewigen ökonomischen Naturgesetz unter der Formel ›Je mehr Menschen, desto mehr Reichtum‹ umzubilden. Das muß Kritik an diesen sogenannten Naturgesetzen hervorrufen, wenn Armut auftritt und gerade nicht Reichtum. Historisch bedeutet das für den Staat: »Leibeigenschaft endet und die Armengesetze beginnen.«[94] Es entstehen also Kosten, zu deren Minderung oder Vermeidung die Staatsdenker wiederum Vorschläge machen. Einigen fällt auf, daß der Staat als Menschenproduzent eben nicht zugleich »Menschenanwender« ist und Unterhaltsmöglichkeiten für sein Produkt erst zu schaffen hat. So schreibt U. L. von Seckendorf (1626-1692) über das Tagelöhnertum:

»Dieses aber ist eine große und meines Wissens *von wenigen genugsam bedachte ursach,* daß kein Verdienst in Teutschland zu machen, damit sich eine menge volcks von gemeinen leuten beständig ernähren könnte.«[95]

Wo diese ›neue‹ Position nicht gefunden wird, folgt aus dem »Naturgesetz« – je mehr Menschen, desto mehr Reichtum – die Erschütterung der bis dahin anerkannten Theoreme, so etwa vom Bodenumfang als absoluter Grenze der Ernährungsbasis. Ein Wissenschaftler mit diesem »Naturgesetz« im Kopf deutet dann die Verhältnisse in einem dicht besiedelten Land so, daß der Mangel an Boden den Reichtum mehre, da er die Bewohner zu Fleiß und Einfallsreichtum nötige, während in Wirklichkeit die Innovationen aus dem nichtagrarischen Sektor und die relative Freiheit der Bauern die Intensivierung der Landwirtschaft und die Bevölkerungszahl erklären können.[96]
Die im Glauben an das »Naturgesetz« vom Reichtumszuwachs durch Bevölkerungsvermehrung propagierte relative Sorglosig-

93 J. J. Bechers politischer Diskurs . . ., 1721⁴, S. 2 u. S. 310, zit. n. P. Mombert, *Bevölkerungslehre,* Jena 1929, S. 138 f.

94 Ch. Hill, S. 56.

95 *Teutscher Fürsten-Staat,* Frankfurt/M. 1656, 1665², zit. n. H. Maier, *Die ältere deutsche Staats- und Verwaltungslehre* (Polizeiwissenschaft), Neuwied-Berlin 1966, S. 177. Hervorhebung durch uns.

96 S. dazu W. Temple (1628-1700) bei L. Elster, S. 748, sowie Ch. Davenant (1656-1714), Vauban (1633-1707) u. a., ebenfalls bei L. Elster, S. 749 f.

keit bei der Erzeugung von Nachwuchs – das zuvor undenkbare Gottvertrauen, daß genügend Nahrung vorhanden sei – gerät in eine Krise, sobald am modernen Industrieproletariat sichtbar wird, daß Kinderaufzucht nicht allein Ernährung, sondern auch – modern gesprochen – zureichende Sozialisation verlangt. Die mit der außerhäuslichen Erwerbstätigkeit beider Elternteile gekoppelte Verwahrlosung und Verrohung des Nachwuchses – soweit er überlebt – wird zu einem wesentlichen Merkmal der »Ärmlichkeit«. Diese Ärmlichkeit kann durchaus den materiellen Lebensstandard eines Bauernhofes überschreiten, der jedoch ein gänzlich anderes Sozialisationsmilieu – wenigstens für den erbenden Sohn – darstellt.

Die Tatsache des unerhört schnellen Bevölkerungsanstieges der Industriearbeiterschaft, der sogar die hohen Auswanderungs- und Kindersterblichkeitsquoten quantitativ zu verschwindenden Größen macht, läßt das »Naturgesetz« mit der Wirklichkeit in Widerspruch geraten und inspiriert etliche Autoren[97] zu einer neuen Theorie über die Bevölkerung. Diese läßt sich zusammenfassend als Umkehrung des alten »Gesetzes« formulieren: ›Je unbeschränkter die Menschen sich vermehren, desto größer wird die allgemeine Armut.‹[98] Diese späteren Autoren stehen von vornherein in Opposition zum Staat, der zur Gewinnung des Arbeitskräftepotentials Elend in Kauf nimmt. Mit ihren eigenen Vorschlägen bleiben die neuen (prämalthusianischen) Bevölkerungstheoretiker jedoch ebenfalls Geschöpfe ihrer Zeit. Sie durchbrechen nicht das aus der Hexenverfolgung resultierende christliche Tabu über die Verhütungsmittel und verfallen bei der Suche nach Möglichkeiten der Geburtenbeschränkung durchweg auf den Zölibat, die lebenslängliche sexuelle Enthaltsamkeit, und nicht auf die verhütungsgeleitete Genußsexualität:

> »Freilich würde alsdann nur etwa die Hälfte der Heiratsfähigen sich verehelichen können, allein eine solche Beschränkung sei erforderlich, wolle man nicht entweder zur äußersten Armut gelangen oder den *bedenklichsten sittlichen Übelständen* Raum geben.«[99]

Einige wissen zwar von Durchbrechungen der Antitötungsmo-

97 Vgl. L. Elster, S. 758-765.
98 Eine ähnliche Argumentation entwickeln die Physiokraten über die durch merkantilistische Politik getroffene französische Landwirtschaft.
99 So beispielsweise G. Ortes (1713-1790) – bei L. Elster, S. 760 (Hervorhebung von uns).

ral in nichteuropäischen Ländern und in den antiken Hochkulturen, erkennen aber fast niemals die christliche Moral als Reaktionsbildung auf solche Zustände, nehmen also im scheinbar allgemein menschlichen Wertsystem nicht die historisch spezifischen bevölkerungspolitischen Wurzeln wahr. Die Unkenntnis der Genese der christlichen Moral, welche in der Gleichsetzung von Sexualität und Zeugung bzw. von Nichtzeugung und sexueller Enthaltsamkeit gipfelt, begünstigt bei den ökonomischen Theoretikern immer wieder biologische Erklärungen von Gesellschaft. Da eine von Fortpflanzung mit Hilfe von Verhütungsmitteln oder besonderen Liebestechniken abgekoppelte Sexualität unvorstellbar oder zumindesten unaussprechbar bleibt, wird menschliches Sexualverhalten mit tierischem gleichgesetzt: »Der Hauptgrund zur Vermehrung aller Tiere und folglich auch des Menschen [ist] die Zeugung.«[100] Dieser biologistischen Argumentation, d. h. dem Unvermögen, in der Sexualität als Zeugungsakt ein historisches Produkt zu sehen, korrespondiert eine physiologische Argumentation. Sie unterstellt einen direkten Zusammenhang zwischen Bevölkerungsumfang und Nahrung. Die Malthusianer konstruieren – allerdings in einer Umkehrung – ebenfalls diesen Zusammenhang: Nahrung produziert Menschen. Die Konsequenz daraus ist die Bekämpfung der Armenfürsorge, die lediglich zur Zeugung weiterer Kinder führe und das Problem nicht löse, sondern verschärfe.[101] Daher rührt die Gegnerschaft vieler Sozialisten zu diesen Vorgängern des Thomas R. Malthus und auch zu dessen Werk. Für die Malthusianer bedeutet Nichtenthaltsamkeit unvermeidliches Elend. Sie reduzieren die Armut also nicht auf ökonomische Umstände, sondern machen für sie die sogenannte menschliche Natur haftbar. Wir werden noch sehen, daß der Kampf gegen sexuelle Enthaltsamkeit von zwei ganz verschiedenen Konzeptionen her begründet wird: der marxistischen, die den ihrer Meinung nach ebenfalls auf natürliche Weise zunehmenden Nachwuchs gesellschaftlich erziehen will, also biologistisch bleibt, aber dem Elend zu entkommen hofft, und der neomalthusianischen, die auf Schwangerschaftsverhütung setzt, welche in jüngster Zeit, wenn auch nicht vorbehaltlos, von den meisten Marxisten ebenfalls geübt wird.

100 So J. Stewart (1712-1780) in seiner *Inquiry into the Principles of Political Economy* (1767), bei L. Elster, S. 762.

101 So etwa J. Townsend (1739-1816) und J. Stewart, zit. bei L. Elster, S. 762 f.

E. Warum in der industriellen Revolution die ›polizey‹-staatliche Menschenproduktion ihren Höhepunkt, nicht jedoch ihren Ausgangspunkt hat[1]

1. Wie es zur ›Bevölkerungsexplosion‹ kommt

Die industrielle Revolution erfolgt in England. Sie ist nicht Resultat neuer sozialer Strukturen, sondern die Fortentwicklung der Dynamik, welche der Agrarkapitalismus mit faktisch freier Lohnarbeit bereits im 16. Jahrhundert[1a] freisetzt. Die landwirtschaftlichen Produktivitätsfortschritte gehen weiter, reduzieren den anfänglich hohen Preis für die Arbeitskraft und verschärfen den Konkurrenzdruck auf die kleineren Produzenten. Diese suchen einen Ausweg z. T. in der Einführung der verlagsmäßigen Industrie, d. h. sie nutzen das aufgrund der Menschenproduktion und der Rationalisierung billiger werdende Angebot der freien, landarmen Lohnarbeiter.

Dies ist die Vorbedingung für Akkumulation in der verlagsmäßigen Industrieproduktion, die ab etwa 1775 in England den Sprung zur Konzentration der Arbeiter in Fabriken einleitet. Er wird unerläßlich, sobald die Expansion des Verlagssystems über eine bestimmte, noch kostenakzeptable Ausdehnung hinausgetrieben ist. Erst jetzt – um ca. 1760 – beginnt in größerem Maße der gezielte Einsatz des akkumulierten Kapitals zu rein technischen Erfindungen, die in Fabriken zur Anwendung kommen, d. h. die Arbeitskraft dorthin zu wandern nötigen. Die Fabriken wiederum werden nach Entwicklung mobiler Kraftmaschinen von Wasserkraft unabhängig und können infrastrukturell kostengünstig zusammengelegt werden. Der Prozeß mündet nach 1790 in den Fabrikstädten des modernen Kapitalismus.[2]

---

1 Zu Kapitel E (und Kapitel D, Abschnitt 5) vgl. G. Heinsohn / O. Steiger, *The Bancruptcy of the Economics of Population: Why Economists Have Failed to Develop an Economic Theory of the Production of Human Beings*, Diskussionsbeiträge zur Politischen Ökonomie Nr. 21, Universität Bremen 1979. Diese Arbeit beruht auf mehreren Diskussionspapieren beider Verfasser vom Sommersemester 1976.

1a Vgl. dazu R. H. Hilton, besonders S. 55 ff.

2 Wir verweisen für den Prozeß der industriellen Revolution hier nur auf die »klassischen« Arbeiten von P. Mantoux, *The Industrial Revolution in the Eigh-*

Parallel dazu kommt es zu einem dramatischen Bevölkerungs-anstieg, einer Verdoppelung der Wachstumsraten zwischen dem Jahrzehnt 1771-1781 (0,5%) und 1781-1791 (1%). Seinen Höhe-punkt mit einer Rate von 1,8% erreicht die Entwicklung 1811 bis 1821.[3]

1a) Wie den historischen Demographen die Erklärung der ›Bevölkerungsexplosion‹ mißlingt

Für die ›Bevölkerungsexplosion‹ liegt keine befriedigende Erklä-rung vor. Die letzte umfassende Arbeit – aus dem Jahre 1973 – unterzieht noch einmal alle bis dahin in der Literatur vorge-brachten Argumente – insbesondere medizinische und hygieni-sche Fortschritte einerseits und die Erhöhung des allgemei-nen Lebensstandards, der Nahrungsqualität und der Nachfrage nach Erwachsenen und Kindern auf dem Arbeitsmarkt, kom-biniert mit einer Einkommenszunahme pro Kopf, andererseits – einer kritischen Prüfung[4] und kommt zu dem Ergebnis, daß keiner der vorgebrachten Gründe als Erklärung akzeptiert werden kann. Auch der Versuch, alle Minimalwirkungen der verschiedenen Ursachen zusammen als Motor des enormen Be-völkerungswachstums zu bestimmen, wird als unzulänglich zu-rückgewiesen:

»Zusammenfassend könnte es scheinen, als ob der einfache ›take-off‹ der Wachstumsraten der englischen Bevölkerung zwischen 1780 und 1850 in erster Linie folgenden Faktoren geschuldet war: das Vorhandensein eines Altersaufbaus der Bevölkerung, welcher sich aus dem Geburtenberg von der Mitte des 18. Jahrhunderts an entwickelte und für relativ hohe Heirats- und Geburtenraten sowie niedrige Sterblichkeitsziffern beson-ders geeignet war; der schnelle Zuwachs bei der Nachfrage nach Erwach-

teenth Century (1906, 1928[2]), London 1961; T. S. Ashton, The Industrial Revolu-tion 1760-1830 (1968), London u. a. 1975; Ph. Deane, The First Industrial Revolu-tion, Cambridge 1965. Als Überblick zum letzten Stand der Diskussion über die industrielle Revolution vgl. R. Brenner, S. 136 f., und E. Hobsbawm, Industrie und Empire I. Britische Wirtschaftsgeschichte seit 1750 (1968), Frankfurt/M. 1969. Für Deutschland verweisen wir auf H. Mottek, Wirtschaftsgeschichte Deutschlands, Band II, Berlin 1971, u. F.-W. Henning, Die Industrialisierung in Deutschland 1800-1914, Paderborn 1976[3].

3 Vgl. zu den Zahlen N. Tranter, S. 42 f.

4 Die wichtigsten Untersuchungen, aus welchen die verschiedenen Erklärungen herausgezogen wurden, finden sich in M. Drake (Hg.), Population in Industrializa-tion, London 1969. Vgl. zu ihrer Kritik im einzelnen N. Tranter, S. 63-87.

senen- und Kinderarbeit, welche frühe Ehen und damit eine größere Fruchtbarkeit pro Ehedauer dadurch begünstigte, daß die durchschnittlichen Geld- (nicht Real-) Einkommen stiegen; die Anwendung von Immunisierungsverfahren und der Pockenschutzimpfung, welche die Zahl der Pockentoten reduzierte und dadurch insgesamt die Sterblichkeitsraten herunterdrückte; und schließlich die Ausbreitung eines dezentralen Krankenhaussystems und die Einführung von Medikamenten wie Quecksilber [gegen Syphilis – d. V.], Eisen und Chinin [gegen Malaria – d. V.] in die medizinische Praxis, welche durch Verringerung der Sterberate ebenfalls zum Bevölkerungsanstieg beitrug.«[5]

Vor allem zwei Argumente gegen das Faktorenbündel bereiten den Theoretikern dieser zweiten Phase des ›demographischen Übergangs‹[6] Schwierigkeiten: (1.) Die Zunahme der Geburten im Gebiet der späteren industriellen Revolution in Nord-West-England hatte bereits um 1710 deutlich eingesetzt[7], und (2.) sie erstreckt sich auf Länder, die zur Zeit der englischen ›Bevölkerungsexplosion‹ selbst noch nicht industrialisiert waren.[8]
Die englische Entwicklung kann zwar als die rasanteste, nicht aber als einzigartig gelten. Es wird deshalb nach einer »europäischen Erklärung«[9] gesucht, die »nicht-ökonomisch«[10] sein soll, da die gewöhnlich zitierten Faktoren der ökonomischen Überprüfung nicht standhalten. Dennoch bemüht man sich um eine Erklärung, von der allerdings vorsorglich gesagt wird, daß es trotz »der Abwesenheit eines *positiven* Beweises keinen Grund gäbe, sie zurückzuweisen«.[11] Sie lautet:

»West-Europa wurde in dem halben Jahrhundert nach 1780 ein gesünderes Gebiet einfach deshalb, weil auf mysteriöse Weise die Unberechenbarkeit des Klimas (oder anderer natürlicher Gegebenheiten mit Einfluß auf Krankheiten) die Häufigkeit und Heftigkeit des Ausbruches von

5 N. Tranter, S. 86.
6 Vgl. als schematische Darstellung dieser Theorie des sog. demographischen Übergangs die Graphik E 1 nach H. Schubnell, *Der Geburtenrückgang in der Bundesrepublik Deutschland*, Bonn-Bad Godesberg 1973, S. 11.
7 Vgl. dazu Ph. Deane/W. A. Cole, *British Economic Growth 1688-1959*, Cambridge 1962, S. 127, wo sie zeigen, daß die Sterberaten in den Territorien der industriellen Revolution zwischen 1700 (28‰) und 1800 (27‰) fast unverändert bleiben, die Geburtenraten im gleichen Zeitraum aber von 33,6 auf 39,8‰ wachsen.
8 Vgl. dazu etwa die Daten bei N. Tranter, S. 43 ff.
9 N. Tranter, S. 89.
10 N. Tranter, S. 90.
11 N. Tranter, S. 92, Hervorhebung im Original.

Graphik E 1: *Der sog. demographische Übergang*

Schema der verschiedenen Phasen der Entwicklung von
Geburten- und Sterberaten
im Industrialisierungsprozeß (Europäisches Modell)

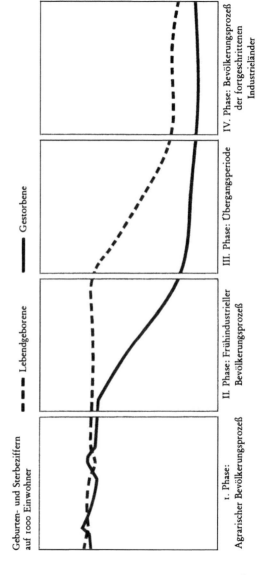

Lebendgeborene

Gestorbene

Geburten- und Sterbeziffern
auf 1000 Einwohner

1. Phase:
Agrarischer Bevölkerungsprozeß

II. Phase: Frühindustrieller
Bevölkerungsprozeß

III. Phase: Übergangsperiode

IV. Phase: Bevölkerungsprozeß
der fortgeschrittenen
Industrieländer

Epidemien verringerte und/oder die menschliche Widerstandskraft gegen sie erhöhte.«[12]

Die Haltlosigkeit dieser These offenbart schon ein flüchtiger Blick auf das gegenwärtige Europa, das kaum Seuchen kennt und überdies in allen anderen zuvor angegebenen positiven Faktoren möglichen Bevölkerungswachstums die Epoche der Bevölkerungsrevolution qualitativ weit übertrifft. Es erreicht keineswegs, wie nach der These der historischen Demographen zu erwarten wäre, ein höheres Wachstum, sondern – wo nicht bereits ein absoluter Bevölkerungsrückgang eingetreten ist – weist Raten auf, die lediglich ein Fünftel derjenigen von 1811 bis 1821 in England ausmachen. Diese Historiker wissen das selbst und kennen auch die Ausnahme Frankreich, wo die Bevölkerung nur wenig zunimmt, weil dort eine »vorsätzliche Begrenzung der ehelichen Fruchtbarkeit«[13] gang und gäbe ist. Sie wissen zudem, daß in England »bis 1877 die Argumente für oder gegen Verhütung niemals öffentlich diskutiert wurden«[14] – was so nicht stimmt, da die Hexenprozesse bis zum Ende des 17. Jahrhunderts immer auch solche Debatten gewesen sind, für die Zeit danach aber sehr wohl zutrifft. Sie sind nicht imstande, ihr historisches Wissen anzuwenden und zu erkennen, daß Bevölkerungsexplosionen dort stattfinden, wo das Nachwuchsvermeidungswissen ausgelöscht wurde und die Tötung einmal geborener Kinder als Mord bestraft wird. Sie können diesen Schluß deshalb nicht ziehen, weil sie – neben ihrem sorgfältig geprüften statistischen Wissen – als Grundlage ihres gesamten demographischen Denkens ein ganz unüberprüftes ›Wissen‹ allemal schon vorausgesetzt haben: »Unterstellt ist der *natürliche* Wunsch des Menschen, zu heiraten und sich fortzupflanzen.«[15]

Die Erklärungsschwäche der historischen Demographie rührt also daher, daß sie zur Basis der Erklärung ihres Problems

---

12 N. Tranter, S. 92. Tranter beruft sich hier auf die Autorität von H. J. Habakukk, welcher diese These zwei Jahre früher der Öffentlichkeit vorgestellt hatte. Vgl. H. J. Habakukk, *Population Growth and Economic Development since 1750*, Leicester 1971, insbes. S. 50.

13 N. Tranter, S. 93; J-L. Flandrin, *Familien* . . . S. 230 ff., zeigt ausführlich, daß ab 1740 in Frankreich der Rückgang der Säuglingssterblichkeit gerade nicht besserer Gesundheit – dem medizinischen Fortschritt – zu verdanken ist, sondern der bewußten Geburtenbeschränkung.

14 N. Tranter, S. 127.

15 N. Tranter, S. 75 f. Hervorhebung von uns.

ausgerechnet das zu erklärende Problem macht. Zu fragen ist: Warum pflanzen sich Menschen fort oder warum lassen sie das sein? Die Demographen aber fragen: Wie verhält sich der ›natürliche Fortpflanzungs- und Eheschließungswunsch‹ unter verschiedenen historischen Gegebenheiten? Die Verbrennung der Hebammen-Hexen zeigt auch hier ihre erfolgreiche Nachwirkung. Sie hat die gedankliche Beschäftigung mit dem Fortpflanzungsgeschehen nachhaltig – jedenfalls unter Wissenschaftlern – bis auf unsere Tage tabuisiert. Die naturrechtliche These von der jedem Individuum quasi angeborenen Familiensehnsucht, welche nach der Zerstörung anderer Sehnsüchte seit dem Ende des 16. Jahrhunderts, also nach dem Abflauen der Hexentötungen, erst formuliert werden kann, wird zum Dogma des gesellschaftstheoretischen Denkens, sei es radikaler – etwa marxistischer –, sei es konservativer Herkunft: Ein historisches Produkt erscheint als ewige Naturkonstante.

1b) Warum die neuzeitliche Menschenproduktion in die ›Bevölkerungsexplosion‹ übergeht

Die ›Bevölkerungsexplosion‹ gründet also nicht in einem der oben genannten Faktoren – im medizinischen, hygienischen oder ökonomischen Fortschritt –, sondern – so lautet unsere These – in der Zulassung bisher daran gehinderter sozialer Schichten zur Eheschließung. Diese Schichten, bislang in ihrer Sexualbetätigung eingeschränkt, müssen die neuzeitliche christliche Sexualmoral praktizieren, d. h. sie können kaum verhüten, haben viele Kinder und müssen diese, soweit sie nicht sterben, versorgen. Sie sind also weitgehend hilflos und unwissend, lassen es sich aber nicht nehmen, endlich ihre sexuellen Bedürfnisse straffrei zu befriedigen, und enden deshalb zwangsläufig im Kinder-»Reichtum«. Sie halten ganz überwiegend die staatlichen Gesetze[16] gegen Kindestötung, Kindesaussetzung, Kindesabtreibung und Schwangerschaftsverhütung ein und sorgen damit für eine relative Zunahme der Geburten pro Ehe und für eine absolute Zunahme der Ehen im nationalen Maßstab.

Diese Kombination bewirkt die Bevölkerungsexplosion. Und

---

16 Vgl. zur Ausgestaltung dieser Gesetze in Deutschland G. Heinsohn / R. Knieper, S. 79 ff.

es dauert – wiederum aus bevölkerungspolitisch motiviertem Widerstand des Staates – etliche Generationen, bis das ökonomische Kalkül der Einzelnen erfolgreiche Waffen gegen dasjenige des »Polizey«-Staates in den modernen Gesellschaften findet und die neuzeitliche christliche Fortpflanzungsmoral zu zerfallen beginnt. Die Menschen sind also nicht ›unvorsichtig‹ beim Geschlechtsverkehr – wie viele Theoretiker formulieren –, sondern unwissend und hilflos gemacht und werden durch die ›polizeyliche‹ Menschenkontrolle auf diesem Stand gehalten. Konzepte, die solche ›Unvorsichtigkeit‹ einmal – wie im 18. Jahrhundert – um sich greifen sehen, ein andermal – wie im Mittelalter – kaum auszumachen vermögen, enthalten zwar Anhaltspunkte für die Untersuchung des Problems, bleiben aber vor seiner Erklärung stehen, weil sie in diesem Falle auf einem Gebiet spekulieren müßten, wo nur »Hexen« sich tummelten und das entsprechend zu büßen hatten.

Warum schließen die Lohnabhängigen, die, wie wir gesehen haben, im England des Jahres 1688 fast 50 Prozent der Bevölkerung umfassen und bis dahin diesen Anteil nicht aus eigenem Nachwuchs reproduzieren, Ehen? Solange diese Schichten in Reichweite oder gar – als Gesinde – in den Häusern der besitzenden Klassen leben, wirkt die selbstverständliche Bestimmung »no land, no marriage«[17] fort. Sie unterliegen der neuzeitlichen Sittenaufsicht der Eigentümer, welche wiederum gegenüber der ›Polizey‹ für die Sittentreue ihrer Abhängigen einzustehen haben. Sie kennen die Sexualität nur als verbotene Frucht, das Kind nur als Schande und Beweis der »Sünde«, als Zeichen der »Hurenhaftigkeit«, das die stille Hoffnung der jungen Mädchen aus den besitzlosen Schichten, doch noch von einem respektablen, also besitzenden Manne gefreit zu werden, endgültig zunichte machen muß (und ihnen natürlich die staatlichen Gesetze gegen Unzucht auch zur privaten Waffe gegen ›Verführer‹ werden läßt). Die »Sünde« beerbt gewissermaßen die Handlungen der Hebammen-Hexen. Was an und mit diesen ausgetrieben werden soll, taucht nun als das nicht mehr Übliche, als Sünde, wieder auf. Jede unverheiratete Frau mit einem Kind gilt jetzt als Hure.[18] Als die übelsten

17 J. D. Chambers, S. 42.
18 Für Schweden im 18. und 19. Jahrhundert etwa belegt das J. Frykman, *Horan i bondesamhället (Die Hure in der Bauerngesellschaft)*, Lund 1977.

Huren gelten jedoch – in sich konsequent – jene Frauen, von denen man vermutet oder weiß, daß sie zwar heterosexuell verkehren, aber dennoch ohne Kinder bleiben. Ihre Strafe soll gerade darin bestehen, schwanger zu werden, d. h. mit dem ›Bankert‹ am Hals ins Elend zu geraten. In schwedischen Gemeinden wurde das dadurch signalisiert, daß »man ihnen beim Eintritt in die Kirche mit dem Gesangbuch auf den Hintern schlug«.[19] Als Hurerei gilt also jeder nichteheliche Geschlechtskontakt; die Bezeichnung ›Hure‹ wird zur entscheidenden Waffe gegen die Frauen. Sie ist heute noch scharf, wird von vielen Frauen unverändert gefürchtet, während etwa die im deutschen Sprachgebrauch verbreitete Wendung ›Früher hätte man dich als Hexe verbrannt‹ bereits humorig klingt, obschon sie eine furchtbare historische Wahrheit ausdrückt.

Die verordnete Unwissenheit in sexuellen Dingen – jedes Interesse daran bezeugt ein ›hurenhaftes‹ Verhalten – wird ihrerseits zur Ursache nichtehelicher Geburten[20] und führt häufig – um die Schande zu entschärfen – zur Billigung der Eheschließung oder gar zu ihrer Erzwingung durch die für die Sittenüberwachung Verantwortlichen.

Vorantreibend wirkt die kapitalistische Wirtschaftsentwicklung auf dem Lande, wodurch persönliche Abhängigkeitsbindungen, wie sie zwischen Bauer und Gesinde die Regel sind, allmählich verschwinden, die Lohnarbeiter eigene Wohnhäuser[21] bekommen und dort die neue christliche Sexualmoral mit dem Resultate reichen Kindersegens praktizieren müssen.[22] Diese Entwicklung vollzieht sich in weiten Bereichen Westeuropas während des 18. Jahrhunderts.[23] In England beginnt gleichzeitig bereits der industrielle Kapitalismus, der eine zusätzliche Be-

19 J. Frykman, S. 99.

20 Vgl. etwa H. J. Habukukk, S. 105; für Schweden: J. Frykman, S. 9; für Frankreich: J.-L. Flandrin, *Familien . . .*, S. 214.

21 Vgl. H. J. Habukukk, S. 42.

22 H. J. Habakukk unterstreicht als Grund für die demographische Revolution »die Möglichkeit, daß die vorsichtige Enthaltsamkeit in der Ehe zerstört wurde, daß das Heiratsalter nicht länger in gleichem Ausmaß Gegenstand von Sitte und Kalkül war, sondern nur noch dem Impuls folgte«, S. 45.

23 Vgl. zur bewußten Bevölkerungspolitik aus Angst vor Arbeitskräftemangel etwa für den vorindustriellen schwedischen Agrarkapitalismus ab ca. 1750 G. Utterström, *Jordbrukets arbetare* (Die *Landbevölkerung*), I. Teil, Stockholm 1957, S. 251 ff. Wesentliche Bestimmung wurde, daß nicht mehr sämtliche nichterbenden Kinder beim Gesinde mitgezählt werden mußten – dieses rekrutiert sich ja, von

schleunigung der Menschenproduktion einleitet. Alle angegebenen Faktoren, die den Geburtenanstieg nicht zu erklären vermögen – zusammengefaßt: der steigende Lebensstandard –, tragen nun mit dazu bei, daß ein großer Teil der Neugeborenen tatsächlich überlebt[24], aber keineswegs dazu, daß Kinder gezeugt und ausgetragen werden. Dies hängt mit dem Fehlen zölibatserzwingender Kontrollen in den städtischen Ballungszentren zusammen. Ihre Attraktion geht dabei nicht so sehr von den höheren Löhnen aus als vielmehr von den Lohnbeziehungen, die von den ländlichen in der Weise unterschieden sind, daß sie eine erweiterte persönliche Freiheit – und das heißt auch: sexuelle Freiheit – gewähren. Diese kann allerdings nur in der neuzeitlich-christlichen Version genutzt werden. Die landflüchtigen städtischen Lohnarbeiter haben also Familie und zum ersten Mal überhaupt und zugleich sehr viel mehr Kinder als vergleichbare Schichten, die auf dem Land bleiben.[25] Die ›Bevölkerungsexplosion‹ resultiert aus der Verlagerung von ungewollt sexuell im Wartestand befindlichen Schichten in die neuen sozialen Verhältnisse der Städte. Dorthin wird gedrängt, um – zur Realisierung der Sexualität – Ehen schließen zu können und über ein von Kontrolle befreites Einkommen zu verfügen. Kein Aufsichtsbefugter fragt, was denn später einmal aus den Kindern werden soll – ein Gedanke, den der traditionelle Dienstherr des Gesindes, sei er Bauer, Handwerker oder Bürger, allemal hegt, stehen ihm doch sonst Unannehmlichkeiten ins Haus: entweder Gesinde bzw. Tagelöhner verjagen oder ihre Kinder miternähren zu müssen. Der »Industriearbeiter der Frühzeit war nach sozialer Intention und Lebensstil noch ein verhinderter Bauer«[26]. Er hat allerdings nicht praktisch lernen dürfen, den einer Bauernexistenz angemessenen kalkulatorischen Umgang mit ›Familie‹ und wirt-

unehelichen Magdkindern abgesehen, vorrangig aus den nichterbenden Bauernkindern –, sondern wie freie, also auch ehefähige Bauern zu zählen waren.

24 Vgl. zum Einfluß des Lebensstandards auf das *Überleben* der neuen Familien A. J. Taylor (Hg.), *The Standard of Living in Britain in the Industrial Revolution*, London 1975, sowie F. Collier, *The Family Economy of the Working Classes in the Cotton Industry*, Manchester 1964.

25 Die höheren Geburtenraten in den Industriedörfern im Vergleich zu den Agrardörfern belegt etwa J. D. Chambers, *The Vale of Trent 1670-1800* (1957), in: Glass/Eversley, S. 327 ff., bes. Graphiken 2-6.

26 G. Mackenroth, *Bevölkerungslehre – Theorie, Soziologie, Statistik*, Berlin u. a. 1953, S. 356.

schaftlichem Fortkommen auszubilden. Die ›kinderreich‹ werdende Industriearbeiterschaft rekrutiert sich somit aus ländlicher Unterschicht, die zwar frei, aber in ihren persönlichen Entscheidungen erheblich beschränkt ist. Der Anteil der Industriearbeiter an den Erwerbstätigen Englands steigt zwischen 1789 und 1821 von 23,6 auf 38,4 Prozent und liegt 1851 bereits bei 42,9 Prozent. Die absolute Bevölkerung wächst zwischen 1781 und 1851 von 7,5 auf 17,9 Millionen.[27]

Daß die frühen Industriestädte den Bevölkerungszuwachs enorm beschleunigen, aber nicht verursachen, sondern die Verlagerung von freiheitsbeschränkten Schichten mit christlicher Sexualmoral in neue soziale Verhältnisse seine Ursache wird, belegt das schwedische Beispiel sehr klar. Dort mündet die Verwandlung von landwirtschaftlichem Gesinde und unfreien Tagelöhnern in freie landwirtschaftliche Lohnarbeiter ebenfalls in einer erheblichen Erhöhung der Bevölkerungswachstumsrate. Da Schweden als erstes Land der Erde seit 1750 eine detaillierte Bevölkerungsstatistik führt, wie sie andere Staaten erst im 19. Jahrhundert entwickeln, können diese Daten hohe Zuverlässigkeit für sich in Anspruch nehmen. Die Bevölkerung erhöht sich von 1 780 678 im Jahre 1750 um mehr als das Doppelte auf 4 168 525 Personen im Jahre 1870. Die Wachstumsrate, welche von 1750 bis 1800 für England 0,7 Prozent und für Schweden 0,6 Prozent beträgt, steigt im England des industriellen Kapitalismus auf 1,8 Prozent zwischen 1800 und 1850 und im schwedischen Agrarkapitalismus immerhin auf 1,0 Prozent.[28]

Die Veränderung der schwedischen Bevölkerung in der Periode von 1750 bis 1870 geschieht auf dem Hintergrund folgender ökonomischer und sozialer Entwicklungen: Um 1750 ist Schweden im wesentlichen eine Agrargesellschaft, die durch die landwirtschaftliche Produktionsweise der Gutsherrschaft bestimmt ist: Verbot der freien Verwertbarkeit des Boden, bedingt freie Bauernschaft, Dreifelder-Wirtschaft mit geringer Viehhaltung und unbedeutender Überschußproduktion. Dieser ökonomi-

---

27 Vgl. zu den relativen Zahlen W. A. Armstrong, *La population de l'Angleterre et du Pays de Galles (1789-1815)* in: *Annales de démographie historique*, 1965, S. 135 ff., und zu den absoluten Zahlen für England: N. Tranter, a.a.O., S. 41 f.

28 Vgl. N. Tranter, S. 43, und für Schweden spezifiziert G. Sundbärg, *Bevölkerungsstatistik Schwedens 1750-1900* (1907), Stockholm 1970, S. 75.

schen Basis entspricht folgende Sozialstruktur der Bevölkerung (1760)[29]:

Tabelle E 1 - *Sozialstruktur der schwedischen Bevölkerung 1760*

	%
Adel, Geistliche, Großbürger	3,0
Soldaten und untere Beamte	8,2
Handwerker, Kaufleute, Kleinbürger, Bergleute in Stadt und Land	11,5
Bauern	47,1
Kätner, Häusler und dgl.	10,9
eheloses Gesinde und Almosenempfänger	19,3
	100,0

Nach 1750 setzt die agrarkapitalistische Revolution ein, welche die schwedische Gesellschaft gründlich verwandelt. Die neuen Merkmale – bei steigenden Getreidepreisen – sind freie Verwertbarkeit des Bodens, Freizügigkeit für die Agrarbevölkerung, Fruchtwechsel-Wirtschaft mit stärkerer Viehhaltung bei gleichzeitiger Flurbereinigung und Neulandgewinnung. Die Folge ist eine solche Produktivitätssteigerung, daß die wachsende Bevölkerung in Stadt und Land besser als früher ernährt werden kann. Bis 1870, dem Beginn der eigentlichen industriellen Revolution in Schweden, bleibt dabei der Anteil der Agrarbevölkerung nahezu konstant: er fällt lediglich von 76,2 Prozent im Jahre 1750 auf 72,4 Prozent im Jahre 1870.[30]

Innerhalb der Agrarbevölkerung kommt es nun zu einer starken sozialen Differenzierung – vgl. Tab. E 2 (Angaben in %)[31].

In absoluten Zahlen erhöht sich die Klasse der Bauern um nur ca. ein Drittel, während die Kleinbauern (Kätner) sich mehr als verdoppeln, die landlosen Tagelöhner (Häusler) sich fast verfünffachen und das Gesinde um ca. 40 Prozent zunimmt. Da sich in der gleichen Zeit die Agrarbevölkerung insgesamt mehr als ver-

29 Daten zusammengestellt nach E. F. Heckscher, *Svenskt arbete och liv (Schwedische Arbeit und schwedisches Leben)* (1941), Stockholm 1957, S. 159.

30 Vgl. E. F. Heckscher, S. 158 f. Die Agrarbevölkerung umfaßte auch ländliche Handwerker und Bergleute.

31 Vgl. T. Gårdlund, *Industrialismens samhälle (Die Industriegesellschaft)*, Stockholm 1942, S. 268.

Tabelle E 2 – *Soziale Differenzierung der schwedischen Agrarbevölkerung 1775 und 1870*

Jahr	Bauern	Kätner	Häusler	Gesinde	Gesamte Agrar- bevölkerung
1775	65,7	11,4	6,2	16,7	100,0
1870	52,0	16,2	18,0	13,8	100,0

doppelt, bedeutet dies, daß die im 18. Jahrhundert noch relativ unscheinbare Unterschicht der Bauernbevölkerung sich am schnellsten entfaltet und eine Klasse freier Lohnarbeiter mit hohen Kinderzahlen wird.[32]

Mit dem freien Proletariat, das zunächst im Agrarkapitalismus und dann, noch zahlreicher, im Industriekapitalismus seine Stellung findet, existiert jetzt eine Bevölkerungsgruppe, die zu einer Kontrolle über ihre Fortpflanzung von Anfang an nur schwer imstande ist, weil sie der christlichen Sexualmoral – übrigens bis in die Gegenwart – am strengsten folgt und über Jahrzehnte zur Verhütung unfähig bleibt, da in ihr sexuelle Aufklärung tabuisiert bleibt und strafrechtlich geahndet wird.

So folgenreich diese ›polizey‹-staatliche Menschenproduktion aller christlichen Länder welthistorisch ist – Europa wird weltbeherrschend –, so gerät sie doch in dem Augenblick in Schwierigkeiten, als ein »physisch und geistig entartet[es]«[33] Proletariat die Existenz der bürgerlichen Gesellschaft bedroht und staatliche Rettungsmaßnahmen hervorruft: Verschonung von Lohnarbeit bis schließlich zum 15. Lebensjahr und gleichzeitige Unterbringung der Kinder, deren Eltern arbeiten, in öffentlichen Anstalten (Kinderbewahranstalten, Schulen etc.). Die dafür den Eltern aufgebürdeten Kosten nötigen sie schließlich, Wege zur Vermeidung

32 Für die ursprüngliche Entstehung dieses agrarischen Proletariats aus der freien Bauernschaft, die mit ihren Kindern durchaus auch noch individuelle Arbeitskräfterekrutierung betreibt, vgl. C. Winberg, *Folkökning och proletarisering (Bevölkerungswachstum und Proletarisierung)*, Göteborg 1975, S. 32 ff.; vgl. für England im frühen Agrarkapitalismus D. Levine: *Family Formation in an Age of Nascent Capitalism*, New York u. a., 1977, Kapitel 1, 10 u. Appendix.

33 Diese Formulierung aus einem offiziellen Bericht zitiert K. Marx in: *Inauguraladresse der Internationalen Arbeiter-Assoziation vom 28. 9. 1864*, in: Marx-Engels-*Werke*, Bd. 16, S. 8.

dieser Kosten zu suchen. Die Geschlechtslust wird neuerlich von der Fortpflanzung abgetrennt. Der Gebrauch nicht-befruchtender Befriedigungstechniken nimmt ebenso zu wie der von Verhütungsmitteln. Die große Zeit des ›polizey‹-staatlichen Strafsystems[34] zur Nachwuchserzwingung neigt sich seit dem letzten Drittel des 19. Jahrhunderts ihrem Ende zu. Fortan sinken die Geburtenziffern in den entwickelten Gesellschaften – jeweils beschleunigt durch wissenschaftliche Revolutionierungen der Verhütungsmittel –, ein Prozeß, der bis heute nicht zum Stillstand gekommen ist.

2. Wie die ›Bevölkerungsexplosion‹ in der Analyse der ökonomischen Klassiker erscheint

2a) Wie Adam Smith (1723-1790) das zerstörerische Resultat der staatlichen Menschenproduktion bereits erfaßt, ohne sie jedoch selbst zu problematisieren[35]

Adam Smith versucht, die Bevölkerung in seine Analyse des gesamtgesellschaftlichen Reproduktionsprozesses einzubeziehen. Die Grundfrage in seinem 1776 – also vor dem noch einmal beschleunigten Bevölkerungsanstieg – erschienenen Hauptwerk, *Reichtum der Nationen*, ist die nach der Reichtumsgewinnung und läßt sich folgendermaßen resümieren: Wie können die Faktoren, die der Reichtumsgewinnung dienlich sind, begünstigt werden, ohne daß sie im Resultat Reichtum wieder vernichten? Als Faktoren betrachtet er ökonomische Organisation (Arbeitsteilung), natürliche Ressourcen, Technik, Kapital und Arbeitskraft, wobei letztere den Eckpfeiler der Analyse darstellt und sie folgendermaßen erklärt wird:

»Jede Tiergattung vermehrt sich naturgemäß nach Maßgabe ihrer Nahrungsmittel, und keine Tiergattung kann sich je darüber hinaus vermehren. Aber in einer zivilisierten Gesellschaft kann der Mangel an Nahrungsmitteln nur in den unteren Volksklassen einer weiteren Vermehrung der Gattung Mensch Schranken setzen; und er kann dies nur dadurch, daß er einen großen Teil der Kinder, die ihre Ehe hervorbringt, tötet.

34 Vgl. dazu G. Heinsohn/R. Knieper, S. 76 ff.
35 Vgl. zu diesem Kapitel G. Heinsohn/O. Steiger, *The Significance of ›The Wealth of Nations‹ for an Economic Theory of the Production of Population,* in: *European Demographic Information Bulletin,* Vol. VIII, 1977, No. 4, S. 138 ff.

Die reichliche Entlohnung der Arbeit nun, die jene instand setzt, für ihre Kinder besser zu sorgen und also eine größere Anzahl derselben durchzubringen, bewirkt natürlich eine Erweiterung und Ausdehnung jener Schranken. Es verdient auch bemerkt zu werden, daß sie dies soweit als möglich tut nach dem Verhältnisse, das sich aus der Nachfrage nach Arbeit ergibt. Wenn diese Nachfrage in stetem Wachsen ist, so muß die Entlohnung der Arbeit notwendig so weit zu Heiraten und Vermehrung der Arbeiter ermuntern, daß diese zahlreich genug werden, um der stets wachsenden Nachfrage durch eine stets wachsende Volksmenge zu entsprechen. Wäre die Entlohnung je einmal geringer als es für diesen Zweck nötig ist, so würde der Mangel an Händen sie bald in die Höhe treiben; und wäre sie je einmal größer, so würde ihre unmäßige Vermehrung sie bald wieder auf ihren notwendigen Satz herunterbringen. Der Markt würde in dem einen Falle so schlecht mit Arbeit und in dem anderen so gut damit beschickt sein, daß ihr Preis bald auf den richtigen Satz zurückgebracht wäre, den die Lage der Gesellschaft forderte. *So geschieht es, daß die Nachfrage nach Menschen, gerade so wie die nach jeder anderen Ware, notwendig auch die Erzeugung der Menschen (›production of men‹) reguliert: sie beschleunigt, wenn sie zu langsam vor sich geht, und verzögert, wenn sie zu rasch fortschreitet.«[36]*

Graphisch läßt sich dies folgendermaßen darstellen:
Graphik – E 2: *Der Mechanismus von Löhnen und Bevölkerung bei Adam Smith[37]*

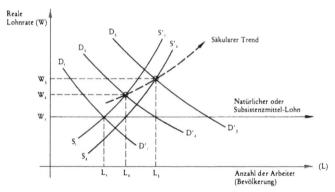

SS′ = Angebot an Arbeit / DD′ = Nachfrage nach Arbeit.

36 Vgl. A. Smith, *Eine Untersuchung über Wesen und Ursachen des Volkswohlstandes* (1776, 1786⁴), Jena 1923, 1. Band, 1. Buch, S. 103 f. Hervorhebungen von uns.

37 Quelle: M. Blaug, *Economic Theory in Retrospect*, London 1968², S. 47.

Smith geht davon aus, daß die Bevölkerungsvermehrung (= Arbeitsvermehrung L) durch die Höhe der Lebensmittel begrenzt ist; sie kann nur wachsen, wenn diese Subsistenzmittel (W_1) erhöht werden, d. h. ein Überschuß im Agrarsektor produziert wird. Dieser kommt zustande über eine erhöhte Nachfrage nach Arbeitskraft ($D_2 \, D_2' > D_1 \, D_1'$), die wiederum zu einem höheren Lohn ($W_2 > W_1$) und über diesen Mechanismus zu einer größeren Bevölkerung ($L_2 > L_1$) führt. Die Voraussetzung dafür, daß der erhöhte Lohn nicht auf die Subsistenzmittel (W_1) zurückfällt und die Bevölkerung stagniert, ist, daß die natürlichen Ressourcen *nicht* begrenzt sind. Smith betrachtet mithin die Produktion von Kindern so wie die Produktion jeder anderen für den Markt gedachten Ware. Wie ist nun zu erklären, daß er den offensichtlichen Unterschied vernachlässigt, der zwischen einer Produktion für den Markt besteht und einer Produktion von Kindern, die ja nicht durch die Produzenten (Eltern) auf dem Markt verkauft werden?

Unseres Erachtens wird hier eine historisch spezifische Erfahrung auf alle Menschen übertragen. Diese Erfahrung besagt, daß die Kinder von Produktionsmitteleigentümern – wie Bauern und Handwerkern etc. – nach einer gewissen Aufzuchtszeit für die Eltern so lange arbeiten, bis sie das Haus verlassen. Die Arbeit der Kinder kann also das elterliche Einkommen mehren, weshalb die Produktion von Kindern dann dem üblichen ökonomischen Investitionskalkül folgt. Smith belegt das für die britischen Kolonien in Nordamerika:

»Die Arbeit wird so gut bezahlt, daß eine zahlreiche Kinderschar, statt eine Last für die Eltern zu sein, vielmehr eine Quelle der Wohlhabenheit und des Reichtums ist. Die Arbeit jedes Kindes, bevor es das elterliche Haus verläßt, wird auf 100 Pfund reinen Gewinn veranschlagt. Um eine junge Witwe mit 4 oder 5 Kindern, die in den mittleren oder unteren Volksklassen in Europa so wenig Aussicht auf einen zweiten Mann haben würde, wird dort oft als um eine Art gute Partie gefreit. Der Wert der Kinder ist die größte aller Ermunterungen zur Heirat.«[38]

Der Widerspruch in dieser Argumentation besteht darin, daß der Vorteil vieler Kinder für Amerika, aber nicht für Europa gilt, so daß Smiths Gleichsetzung von Menschenproduktion und Warenproduktion fehlerhaft bleibt. Er macht deshalb noch einen

---

38 A. Smith, 1. Band, 1. Buch, S. 90 f.

weiteren Versuch, seine allgemeine Bestimmung der Menschenproduktion zu fundieren, indem er in Anschluß an Cantillon
einen ›Familienlohn‹ ins Spiel bringt:

»Ein Mensch muß immer von seiner Arbeit leben, und sein Arbeitslohn
muß wenigstens hinreichend sein, um ihm den Unterhalt zu verschaffen.
Ja, er muß in den meisten Fällen noch mehr als hinreichend sein; sonst
wäre er nicht imstande, eine Familie zu ernähren, und das Geschlecht
solcher Arbeiter würde mit der ersten Generation aussterben.«[39]

Smith verschiebt seine Argumentation also. Er unterstellt dem
einzelnen Arbeiter das Interesse, den notwendigen Nachwuchs
für die Gesellschaft zu gewährleisten, wofür diese ihm den familiengerechten Lohn zu garantieren habe. Smith weiß jedoch, daß
es keine allgemeingültige Bestimmung über die individuelle Verwendung des Lohns – etwa für den Unterhalt einer Familie – gibt,
und er weiß auch, daß die Lohnhöhe keineswegs auf die Kinderzahl zugeschnitten wird: »Die Armut schreckt allerdings von der
Heirat ab, aber sie verhindert sie nicht immer. Sie scheint sogar
der Vermehrung günstig zu sein.«[40]
Im Zusammenhang einer solchen »Vermehrung« ist ein Sachverhalt bedeutungsvoll, der bislang weder bevölkerungs- noch
sozialisationstheoretisch für aufschlußreich gehalten worden ist:
die ›Verdummung‹ der in der Arbeitsteilung tätigen Menschen.
Die Arbeitsteilung wird von Smith zwar als Bedingung höherer
Produktivität erkannt, die geringere Persönlichkeitsentfaltung
der an sie geketteten Menschen gegenüber selbst barbarischen
Völkern aber gleichwohl eindringlich beschrieben. Dieser Widerspruch wird in der wissenschaftlichen Literatur durchaus deutlich
gesehen:

»Die Arbeitsteilung in der ökonomischen Entwicklung hat einen ande-
ren Aspekt, den wir hier nennen sollten. Es existiert in gewissem Ausmaß
ein Streit unter den Anhängern A. Smiths, inwieweit er eine ambivalente
Haltung zu diesem Prozeß einnimmt. Auf der einen Seite ist es richtig,
daß es einen Unterschied gibt zwischen der optimistischen Betrachtung in
Buch I und der Tendenz in Buch V, die schädlichen Auswirkungen dieses
Prozesses zu unterstreichen, der die Eintönigkeit produziert und zur
Verdummung führt. Es ist sicherlich richtig, daß Smith die Notwendig-

39 A. Smith, 1. Band, 1. Buch, S. 87.
40 A. Smith, 1. Band, 1. Buch, S. 102.

keit der Erziehung unterstrich, um diesen schädlichen Auswirkungen entgegenzutreten.«⁴¹

Die Forderung nach Erziehung führt bereits von einem zureichenden Verständnis⁴² der »schädlichen Auswirkungen« weg. Doch bleiben wir zunächst bei Smiths Bemerkungen zu den Auswirkungen der Arbeitsteilung im Kapitalismus:

»Ein Mensch, der sein ganzes Leben damit verbringt, ein paar einfache Operationen zu vollziehen, deren Erfolg vielleicht immer derselbe oder wenigstens fast derselbe ist, hat keine Gelegenheit, seinen Verstand zu üben oder seine Erfindungskraft anzustrengen, um Hilfsmittel gegen Schwierigkeiten aufzusuchen, die ihm niemals begegnen. Er verliert also natürlich die Fähigkeit zu solchen Übungen und wird am Ende so unwissend und dumm, als es nur immer ein menschliches Wesen werden kann. Die Verknöcherung seines Geistes macht ihn nicht nur unfähig, an einer vernünftigen Unterhaltung teilzunehmen oder sie auch nur zu genießen, sondern sie läßt es auch in ihm zu keinem freien, edlen oder zarten Gefühle mehr kommen und erlaubt ihm selbst nicht, die alltäglichen Pflichten des Privatlebens richtig zu beurteilen.«⁴³

Die ›Verdummung‹ des erwachsenen Arbeiters wird in ihren Folgen für sein Familienleben in dem Abschnitt *Steuern auf Verbrauchsgüter* untersucht:

»*Gerade der haushälterische und fleißige Arme hat oft die meisten Kinder und befriedigt am besten die Nachfrage nach nützlicher Arbeit.* Zwar sind die Armen nicht alle haushälterisch und fleißig und es geschieht wohl, daß die Liederlichen und Unordentlichen in dem Gebrauche solcher Waren immer noch fortfahren, nachdem der Preis schon so sehr gestiegen ist, und daß sie die Not nicht bedenken, in die sie ihre Familien durch ihre Unbesonnenheit stürzen. Aber *solche unordentlichen Leute ziehen auch selten viel Kinder auf:* ihr Nachwuchs kommt gewöhnlich durch Verwahrlosung, schlechte Behandlung, ungesunde oder mangelhafte Nahrung um. Wenn ihr starker Körper auch die Übel überwindet, denen sie durch die schlechte Aufführung ihrer Eltern unterworfen sind, *so verdirbt* doch in der Regel das Beispiel dieser schlechten Aufführung *ihren Charakter,* so daß sie, anstatt der Gesellschaft durch ihren Fleiß nützlich zu werden, durch ihre *Laster und ihre Unordnung* nichts als eine Gefahr für die Allgemeinheit werden.«⁴⁴

41 Vgl. D. P. O'Brien, *The Classical Economists,* Oxford 1975, S. 209 f.
42 Zu solchem Verständnis vgl. G. Heinsohn/B. M. C. Knieper, *Kann Wissenschaft Erziehung anleiten?,* in: *Sozialmagazin,* 2. Jg., Nr. 4/1977, S. 52-62.
43 A. Smith, 3. Band, 5. Buch, S. 123.
44 A. Smith, 3. Band, 5. Buch, S. 256. Hervorhebungen von uns.

Dieser Text enthält wichtige Bestimmungen, deren genauere Untersuchung für eine Erklärung von Bevölkerungsrückgang und Kindesvernachlässigung unerläßlich ist. Die Bestimmungen betreffen:

1. die ›moralisch anständigen‹, also – wie wir sagen müssen – christlichen und deshalb fleißigen Industriearbeiter, die durch kinderreiche Familien der Gesellschaft den notwendigen Nachschub an Arbeitskräften liefern;

2. andere Industriearbeiter, die letztlich ohne Kinder bleiben und die überlebenden verwahrlosen lassen;

3. die gute Familienmoral, die bei diesen »unordentlichen Personen« zerstört ist, so daß sie denn auch nur wenige Kinder aufziehen.

Adam Smith begnügt sich damit, seine Beobachtungen bloß nebeneinander zu verzeichnen. So notiert er, daß gerade die Wohlhabenden wenige Kinder haben, obwohl bei ihnen am ehesten von einem ›familiengerechten‹ Einkommen gesprochen werden könne; daß die Armen besonders viele Kinder zeugen und manche von ihnen auch umkommen lassen. Über diesen Bemerkungen steht die allgemeinere, daß Menschen wie Waren produziert werden. Smith kann diese offensichtlichen Widersprüche ungelöst stehenlassen, weil zu seiner Zeit kein wirklich praktisches Bevölkerungsproblem besteht. Es gibt keinen Arbeitskräftemangel und auch noch keine unbewältigbare Bevölkerungsexplosion. Entscheidend freilich ist sein Glaube an die selbstverständliche Familienhaftigkeit der Menschen. Deshalb gelingt es ihm nicht, das individuelle, ökonomisch bedingte Desinteresse des Lohnarbeiters an Nachwuchs wahrzunehmen, obwohl er beklagt, daß viele Lohnarbeiter »unmoralisch« werden und sogar ihre Kinder sterben lassen, also das tun, was überhaupt erst in der Neuzeit zum furchtbarsten Verbrechen gestempelt wurde.

Smith beschreibt zwar die Schwierigkeiten einer Lohnarbeiterfamilie unter der christlichen Moral, nutzt seine Beobachtungen aber nicht für eine ökonomische Bestimmung der unwiederbringlichen Kosten der Kinderaufzucht für Lohnarbeiter. Dennoch gibt es in seinem Denken Impulse, die seiner Blindheit vor dem ökonomischen Desinteresse des Lohnarbeiters an der Versorgung einer Frau oder gar von Kindern entgegenwirken könnten. Er weiß nicht nur von »Amoralität« und hoher Kindersterblichkeit bei Lohnarbeitern zu berichten, ihm ist auch eine Hochkultur außerhalb der christlichen Einflußsphäre bekannt, die sich noch zu seiner Zeit verhält wie das antike Rom vor seinem Untergang:

»Zur Ehe ermutigt in China nicht der Nutzen (›profitableness‹), den die Kinder bringen, sondern die Erlaubnis, sie umzubringen. In allen großen Städten werden nächtlich mehrere in den Straßen ausgesetzt oder gleich jungen Hunden ertränkt. Die Besorgung dieses schrecklichen Geschäftes soll sogar ein anerkannter Erwerbszweig sein, durch den manche ihren Unterhalt verdienen.«[45]

Überdies hat er Kenntnis von Einrichtungen, mit denen in der Neuzeit versucht wird, dem bevölkerungspolitischen Debakel Roms zu entkommen, und deren Existenz nur erklärt werden kann, wenn prinzipiell Familienlosigkeit für den Lohnarbeiter angenommen wird. Es handelt sich dabei um das Findelhaus, die Keimzelle des inzwischen gewaltig angewachsenen Systems staatlicher Verwahrung kleiner Kinder. Dieses System, das die vorchristliche Antike nicht zustande bringt, stellt eine Neuerung der Moderne in Gestalt des ›Polizey‹-Staates für die Lösung des Problems dar, das für alle Gesellschaften gilt, deren Mitglieder mehrheitlich kein persönliches ökonomisches Interesse an Kindern haben. Adam Smith erkennt bereits die spezifischen Probleme dieses Systems öffentlicher Erziehung, das zwar die Kindestötung zurückdrängen kann und insofern Familie zu ersetzen vermag, aber damit an die Sozialisationsleistung, welche eine Eigentümerfamilie für ihren Erben erbringt, nicht heranreicht: »In Findelhäusern und unter den auf Kosten der Gemeinden verpflegten Kindern ist die Sterblichkeit noch größer, als unter den Kindern des niederen Volkes.«[46] Im »niederen Volke« entdeckt er jedoch kaum bessere Sozialisationsbedingungen:

»Es kann nur wenig Zeit auf seine Erziehung wenden. Die Eltern können kaum so viel erschwingen, um die Kinder zu erhalten. Sobald diese nur imstande sind, etwas zu arbeiten, müssen sie ein Geschäft ergreifen, womit sie ihren Unterhalt verdienen. Und dieses Geschäft ist gewöhnlich so einfach und einförmig, daß es den Verstand nur wenig übt, während zugleich ihre Arbeit so unablässig und sauer ist, daß sie ihnen wenig Muße und noch weniger Neigung läßt, sich mit etwas anderem zu beschäftigen oder gar über andere Dinge nachzudenken.«[47]

45 A. Smith, 3. Band, 5. Buch, S. 93.
46 A. Smith, 3. Band, 5. Buch, S. 103. Die Sterblichkeit war so hoch, daß etwa J.-L.-Flandrin, *Familien . . .*, S. 243, von »Sterbeasylen« spricht.
47 A. Smith, 3. Band, 5. Buch, S. 126 f.

Indem Smith sich hier nur noch um die Ausbildung der Menschen Gedanken macht, verstellt er sich den Blick auf die gemeinsamen Ursachen von Kinderlosigkeit *und* Kindesvernachlässigung. Zwar ahnt er die gewaltigen Schwierigkeiten der Ausbildung und erfaßt damit einen Zipfel des Problems in den entwickelten Gesellschaften; aber ebenso wie die gegenwärtigen Sozialwissenschaftler scheut er sich, an diesem Zipfel so kräftig zu ziehen, bis er das Bild einer nicht fortpflanzungswilligen Gesellschaft vor Augen hat.

2b) Warum Thomas Robert Malthus (1766-1834) zur Bekämpfung der Bevölkerungsexplosion sexuelle Enthaltsamkeit und nicht Verhütungsmittel fordert

1798 nimmt Th. R. Malthus als erster Klassiker das rapide Bevölkerungswachstum nach 1740, insbesondere seit der Industrialisierung nach 1781, in England bewußt wahr und wendet sich in seiner Untersuchung entschieden gegen merkantilistische Politikberatung[48]:

»Politiker, die sahen, daß mächtige und blühende Staaten fast durchweg volkreich waren, haben irrigerweise die Wirkung für die Ursache genommen und geschlossen, daß ihre zahlreiche Bevölkerung die Ursache ihres Emporblühens war, wo hingegen ihr Emporblühen die Ursache der starken Bevölkerung war.«[49]

Grundlage für diese Kritik ist eine besondere Erklärung der Menschenvermehrung:

»Im Tier- und Pflanzenreich hat die Natur den Lebenssamen mit verschwenderischer Hand ausgestreut, ist aber verhältnismäßig sparsam mit dem Platz und den Nahrungsmitteln umgegangen, die notwendig sind, um ihn groß zu ziehen. Wenn die Lebenskeime, die diese Erde enthält, sich frei entfalten könnten, würden sie im Laufe einiger tausend Jahre Millionen Welten füllen. Die Notwendigkeit, dieses gebieterische, alles durchdringende Naturgesetz, hält sie in den vorgeschriebenen Grenzen. Die Pflanzen und Tiere unterliegen diesem einschränkenden Gesetz,

---

48 In der ersten Auflage seines *Bevölkerungsgesetzes* von 1798 findet sich auch eine Kritik des von A. Smith behaupteten gleichgewichtigen Zusammenhangs zwischen Wohlstand und Bevölkerung. Vgl. Th. R. Malthus, *Das Bevölkerungsgesetz* (1798), München 1977. S. 134 ff.
49 Th. R. Malthus, *Eine Abhandlung über das Bevölkerungsgesetz* (1826⁶), Jena 1924, 2. Bd, III. Buch, S. 208.

und auch der Mensch kann ihm durch keine Anstrengung der Vernunft entfliehen.

Bei den Pflanzen und vernunftlosen Tieren ist die Erörterung des Gegenstandes sehr einfach. Sie alle werden durch einen mächtigen Instinkt angetrieben, ihre Art zu vermehren, und dieser Instinkt wird in seinem Wirken durch keinerlei Bedenken über die Vorsorge für ihre Nachkommen unterbrochen. Wo immer also Freiheit ist, betätigt sich die Vermehrungskraft, und ihre übermäßigen Folgen werden hinterher durch Raum- und Nahrungsmangel unterdrückt.

Die Wirkungen dieses Hemmnisses auf den Menschen sind komplizierter. Angetrieben zur Vermehrung seiner Art durch den gleichen mächtigen Instinkt, unterbricht doch die Vernunft seinen Lauf, und fragt ihn, ob er nicht etwa Wesen in die Welt setze, die er nicht erhalten kann. Wenn er auf diese natürliche Eingebung achtet, werden daraus nur zu oft Laster entstehen. Hört er nicht darauf, so wird das menschliche Geschlecht dauernd danach streben, sich über das Maß der vorhandenen Lebensmittel hinaus zu vermehren. Aber da durch jenes Naturgesetz, welches Nahrung zum Leben des Menschen notwendig macht, die Bevölkerung niemals wirklich über das niedrigste Maß des zu ihrer Erhaltung unbedingt Erforderlichen hinaus anwachsen kann, so muß infolge der Schwierigkeit, Nahrung zu beschaffen, ein starkes Hindernis für die Bevölkerungsvermehrung immerwährend wirksam sein. Diese Schwierigkeit muß sich irgendwo geltend machen und notwendigerweise von einem großen Teil der Menschheit in den mannigfachen Formen des Elends, oder als Furcht vor dem Elend schmerzlich empfunden werden.«[50]

Der Annahme von Malthus zufolge würde sich bei »vollkommener Freiheit«[51] die Bevölkerung leicht in geometrischer, die Nahrungsmittelmenge unter günstigsten Umständen jedoch nur in arithmetischer[52] Reihe vermehren lassen, so daß der Punkt minimaler Subsistenzmittel stets überschritten und die Bevölkerung an diesem Punkt festgehalten würde. Malthus kommt es nicht darauf an, das Gespenst einer absoluten Überbevölkerung zu beschwören, da er sehr genau erkennt,

50 Th. R. Malthus, a.a.O., 1. Band, 1. Buch, s. 14 f. In der ersten Auflage bringt Malthus noch eine ganz unverfälscht biologische Erklärung: »Meiner Ansicht nach kann ich mit Recht zwei Postulate aufstellen. Erstens: Die Nahrung ist für die Existenz des Menschen notwendig. Zweitens: Die Leidenschaft zwischen den Geschlechtern ist notwendig und wird in etwa in ihrem gegenwärtigen Zustand bleiben. Diese beiden Gesetze scheinen, seit wir überhaupt etwas über die Menschheit wissen, festgefügte Bestandteile unserer Natur zu sein.« Vgl. Th. R. Malthus, *Das Bevölkerungsgesetz* (1798), S. 17.

51 Th. R. Malthus (FN 49), 1. Band, I. Buch, S. 16.

52 Th. R. Malthus (FN 49), 1. Band, I. Buch, S. 21 f.

»daß der Zeitpunkt, wo die Zahl der Menschen deren Mittel zu einer behaglichen Lebensführung übertrifft, seit langem gekommen ist, und daß jenes unvermeidliche Schwanken, diese dauernde Ursache periodischer Not, in den meisten Ländern seit Menschengedenken von jeher existiert hat und im gegenwärtigen Augenblick fortbesteht«.[53]

Malthus interessiert sich in seinen ›Prognosen‹ für das Verhältnis von Bevölkerungszahl und Unterhaltsminimum, um den gesellschaftlichen Reichtum zu bestimmen:

»Aber ihre [der verschiedenen Staaten -d. V.] Wohlfahrt hängt nicht davon ab, ob sie dünn oder dicht bevölkert sind, nicht von ihrer Armut oder ihrem Reichtum [i. e. natürliche Ressourcen -d. V.], ihrer Jugend oder ihrem Alter, sondern von dem Verhältnis, in dem Bevölkerung und Nahrungsmittel zueinander stehen.«[54]

In diesem Satz ist ein Lohn unterstellt, der über dem Unterhaltsmittelminimum (= Nahrungsmittelminimum bei Malthus) liegt und der die Eheschließung begünstige, die dann unweigerlich in Fortpflanzung münde. Auf diese Weise erhöhe sich die Arbeiterzahl. Ihr durchschnittlicher Lohn falle, halte sich aber immer noch über dem Minimum und stabilisiere das herkömmliche Fortpflanzungsverhalten. Damit werde die Arbeiterzahl weiter erhöht. Der Lohn sinke unter das Minimum. Trete nun staatliche Armenunterstützung ein, so müsse die öffentliche Wohlfahrt leiden, obwohl gerade sie aufrechterhalten werden solle. Die Armenunterstützung hebe das Einkommen des Arbeitslosen bzw. des Unterbezahlten auf das Minimum und ermögliche wiederum die alte Nachwuchsquote. Die Armenbevölkerung – angesichts der staatlichen Garantie für das Minimum an Unterhaltsmitteln – vermehre sich wie gezeigt. Die staatlichen Fonds für das Minimum müßten schnell schwinden, allgemeines Elend und schließlich Massensterben seien die Folgen.

Um diese Quelle der Armut, die Arbeitslosenproduktion durch übermäßige Vermehrung der Arbeitsbevölkerung, versiegen zu lassen, müsse die staatliche Garantie wegfallen und der einzelne Arbeiter persönlich das Risiko für die Unterschreitung seines Existenzminimums übernehmen. Das werde ihn dazu bewegen, sein Fortpflanzungsverhalten zu ändern. So trage er zu einer Reduzierung des Arbeitskräfteangebotes bei und damit zur Stei-

53 Th. R. Malthus (FN 49), 2. Band, III. Buch, S. 7.
54 Th. R. Malthus (FN 49), 1. Band, II. Buch, S. 483.

gerung der Löhne über das Existenzminimum, wodurch die öffentliche Wohlfahrt wieder gesichert werde:

>»Die Aufgabe derer, welche die Lage der unteren Gesellschaftsklassen wirklich verbessern wollen, muß es sein, das relative Verhältnis zwischen dem Arbeitslohn und dem Lebensmittelpreise zu heben, um den Arbeiter in den Stand zu setzen, sich eine größere Menge von den Erfordernissen und Genüssen des Lebens zu verschaffen. Man hat bisher versucht, dieses Ziel vorwiegend dadurch zu erreichen, daß man die verheirateten Armen unterstützte, und folglich die Arbeiterzahl vermehrte, also den Markt mit einer Ware überfüllte, von der wir gleichwohl wünschen, daß sie hoch im Preise stehe. Man sollte denken, es sei nur eine geringe Divinationsgabe erforderlich gewesen, um das sichere Mißlingen eines solchen Planes vorauszusagen.«[55, 56]

Doch nicht allein mit der Unterbindung der herkömmlichen Armenunterstützung – einer merkantilistischen Maßnahme zur Behebung von Folgen der Menschenproduktion – will Malthus das System einer sich selbst hochschaukelnden Arbeitslosigkeit bekämpfen. Diese soll vielmehr mit – einer den Verhältnissen des Kapitalismus (teilweise) angemessenen – Aufklärung verbunden werden. Der Zweck der Aufklärung soll in der Erläuterung des Verhältnisses von Arbeitslohn zur möglichen Familiengröße liegen:

>»Vielleicht wünscht er, nie geheiratet zu haben, weil er jetzt die Nachteile davon verspürt, aber es fällt ihm niemals ein, daß er unrecht getan haben könne. Es ist ihm immer gesagt worden, für König und Vaterland Untertanen aufzuziehen sei eine sehr verdienstliche Handlung.

55 Th. R. Malthus (FN 49), 2. Band, IV. Buch, S. 254.

56 Hier setzt die Marxsche Kritik ein, die sich auf solche Arbeitslosigkeit-Armut konzentriert, die nicht durch sog. unvorsichtige Ehen und Kinderreichtum der Arbeiter verursacht wird, sondern aus der Ersetzung von variablem durch konstantes Kapital erwächst und ganz unabhängig vom Fortpflanzungsverhalten in einer gegebenen Arbeiterzahl zu einer industriellen Reservearmee führt. Dieser persönlich »schuldlos« ins Elend geratenen Arbeiterbevölkerung werde die Unterstützung ebenfalls entzogen, obwohl sie sich nicht auf dem vorgeschlagenen Wege – Kinderlosigkeit – zu helfen vermöge. Diese marxistische Kritik an Malthus darf nun nicht zu der verbreiteten Annahme führen, daß er jede Arbeitslosigkeit aus Überbevölkerung erklärt habe. Im Gegenteil, er war der einzig nennenswerte Ökonom seiner Zeit, der das von der Klassik – insbesondere später von Ricardo – vertretene >Say'sche Theorem<, nach welchem Arbeitslosigkeit im Kapitalismus unmöglich sei, ablehnte und sie – allerdings noch oberflächlich – aus einer tendenziell unzureichenden effektiven Nachfrage erklärt und damit ein Vorläufer von J. M. Keynes wird. Vgl. dazu: Th. R. Malthus, *Principles of Political Economy* (1820), London 1836², S. 363, 400 f.

Er hat es getan und leidet nun dafür, und er kann nicht umhin, es von seinem König und Vaterlande äußerst ungerecht und grausam zu finden, ihn zum Danke dafür, daß er ihnen das gegeben hat, was sie beständig als ein besonderes Bedürfnis hingestellt haben, so leiden zu lassen.

Bis diese irrigen Vorstellungen berichtigt sind, und man hinsichtlich der Bevölkerungsvermehrung allgemein auf die Stimme der Natur und der Vernunft geachtet hat, anstatt auf die Stimme von Irrtum und Vorurteil, kann man nicht sagen, daß die Verstandeskräfte des gemeinen Volkes unparteiisch auf die Probe gestellt worden sind, und wir können die Leute gerechterweise nicht der Unvorsichtigkeit und des Mangels an Fleiß beschuldigen, bis sie so wie jetzt handeln, nachdem ihnen klargemacht worden ist, daß sie selbst die Ursache ihres Elends sind, und daß es in ihrer und keiner anderen Menschen Macht steht, dem abzuhelfen. Ferner, daß die Gesellschaft, in der sie leben, und die Regierung, der sie unterstehen, völlig unfähig sind, ihnen in dieser Hinsicht direkt zu helfen; ja, daß es diesen, wie sehr sie das auch wünschen und welche Anstrengungen sie auch machen mögen, wirklich und wahrhaftig unmöglich ist, das auszuführen, wozu sie den besten Willen haben, was sie aber unrechterweise versprechen. Und endlich, daß, wenn der Arbeitslohn nicht ausreicht, um damit eine Familie zu unterhalten, dies ein unbestreitbares Zeichen ist, daß ihr König und ihr Vaterland nicht mehr Untertanen brauchen, oder wenigstens nicht mehr erhalten können, und daß sie, wenn sie in diesem Falle heiraten, weit davon entfernt eine Pflicht gegen die Gesellschaft zu erfüllen, derselben vielmehr eine unnötige Last aufbürden, indem sie zugleich sich selbst in Not und Elend stürzen.«[57]

Deutlich ist bisher geworden, daß auch der Argumentation Malthus' die Gleichung »Sexualität = Ehe = Fortpflanzung« bzw. »Kinderlosigkeit = Enthaltsamkeit« sowie »Kinderarmut = relative Enthaltsamkeit« zugrunde liegt. Das darf nun keineswegs so gedeutet werden, als ob dieser Geistliche völlig blind in christlicher Moral befangen gewesen sei. Er betreibt die Gleichsetzungen mit Kalkül. Er weiß, daß Familien- und Kinderlosigkeit für den einzelnen Lohnarbeiter durchaus »unschädlich« sind. Wenn Malthus den – nach merkantilistischer Politikanleitung handelnden – König tadelt, so für die Anreizung einer *zu hohen* Kinderzahl, nicht jedoch für die staatliche Anreizung oder Durchsetzung von Fortpflanzung überhaupt. Daß er die ›polizey‹-staatliche Menschenproduktion befürwortet und so zugleich der gewaltsamen Befestigung christlicher Moral bzw. der gewaltsamen Abwehr ihrer Gegner, welche Sexualität und Fortpflan-

57 Th. R. Malthus (FN 49), 2. Band, IV. Buch, S. 252 f.

zung voneinander abkoppeln wollen, das Wort redet, macht er unmißverständlich klar:

»In der Tat würde ich jederzeit *künstliche und unnatürliche Methoden, die Bevölkerungsvermehrung zu hemmen, vorzugsweise tadeln, sowohl wegen ihrer Immoralität, wie wegen ihrer Tendenz, einen notwendigen Anreiz zur Betriebsamkeit zu beseitigen.* Wenn jedes Ehepaar durch den bloßen Wunsch der Zahl seiner Kinder eine Grenze setzen könnte, so stünde ohne Zweifel zu befürchten, daß die Trägheit des Menschengeschlechtes außerordentlich zunehmen, und daß weder die Bevölkerung einzelner Länder, noch die der ganzen Erde jemals *ihre natürliche und angemessene Höhe erreichen würde.* Aber die Einschränkungen, welche ich empfohlen habe, sind ganz anderer Art. Sie sind nicht allein durch die Vernunft bezeichnet und durch die Religion gutgeheißen, sondern haben auch in auffallender Weise das Bestreben, zur Betriebsamkeit anzueifern. Man kann sich nicht leicht einen stärkeren Antrieb zu Anstrengung und tugendhaftem Wandel denken als die Hoffnung auf die Ehe, als einen besonders wünschenswerten Zustand, dessen man sich aber nur dann in Ruhe erfreuen kann, wenn man sich Fleiß, Sparsamkeit und kluge Voraussicht angeeignet hat. Und gerade in diesem Lichte habe ich die Frage stets darzustellen gesucht.«[58]

Nicht lediglich dieser kalkulierende Umgang mit der Religion verrät, wie genau Malthus sich darüber im klaren ist, daß die Lohnarbeiter auf Kinder nicht angewiesen sind, und daß er auch effektive Verhütungsverfahren kennt. Bereits in der ersten Auflage seines *Bevölkerungsgesetzes* von 1798, das er noch aus Furcht vor einer Hexenjagd[58a] anonym erscheinen läßt, wendet er sich gegen den Franzosen A. Condorcet (1743-1794). Dieser hatte in seinem *Esquisse d'un tableau historique du progrès de l'esprit humain* (1795) vom Naturgesetz der Vermehrung gesprochen und gefragt,

»ist dieses Naturgesetz dem Menschen auferlegt? Er allein unter allen Tieren wußte im Akt, der die Art fortsetzen muß, die Lust, die mit diesem Akt verbunden ist, von der Produktion zu trennen, die bei anderen Arten dessen unfreiwillige Ursache ist. Nicht allein geben ihm Motive eines entfernteren, dauerhafteren Interesses die *Kraft, dieser Verlockung zu widerstehen*, sondern er kann ihr auch nachgeben und ihre Folgen verhüten. Auf diese Weise kann der Wille, *selbst, daß es ihn große Opfer kostet,*

58 Th. R. Malthus (FN 49), 2. Band, IV. Buch, S. 442 f. Hervorhebung von uns.
58a Zur Herausforderung der Kirche durch Malthus vgl. D. Levy, *Some Normative Aspects of the Malthusian Controversy*, in: *History of Political Economy*, Vol. 10, 1978, Nr. 2, S. 271 ff., insbes. S. 282 f.

auf eine für seine Art schonendere Weise jenes Gleichgewicht herstellen, das bei den anderen nur durch heftige Stöße und grausame Verrichtungen überdauern kann.«[59]

Condorcet ist eine Ausnahme unter den Staatsdenkern, wenn er an der Gleichung »Sexualität = Fortpflanzung« zweifelt, ohne allerdings zu fragen, warum diese Gleichung historisch aufkommt.[60] Da er über Verhütungsverfahren redet, wettert Malthus:

»Nachdem er [Condorcet – d. V.] konstatiert hat, daß die lächerlichen Vorurteile des Aberglaubens zu jenem Zeitpunkt aufgehört haben würden, die Sitten einer verderbten, erniedrigenden Kasteiung zu unterwerfen, spielt er auf ein ungezügeltes Konkubinat an, das der Zeugung vorbeugen würde, sowie auf andere, ebenso *unnatürliche Dinge.* Das Problem so aus dem Weg zu räumen, ist gewiß in den Augen der meisten Menschen dazu angetan, gerade jene Tugend und Sittenreinheit zu zerstören, von denen die Verfechter der Gleichheit und der menschlichen Vollkommnungsfähigkeit behaupten, sie seien Ziel und Zweck ihrer Theorien.«[61]

Malthus' Analyse ist von Francis Place (1771-1854) im Jahre 1822 unter dem Titel *Illustrations and Proofs of the Principle of Population* aufgenommen worden, ohne daß er die Wendung gegen Condorcet mitvollzogen hat. Place wird der erste systematische Verhütungsaufklärer in England: »Es ist an der Zeit, daß diejenigen, welche die Ursache der Existenz der überflüssigen, unglücklichen, elenden und verkommenen Bevölkerung kennen und um die Mittel zur Vermeidung dieser Überzähligkeit wissen, diese Mittel euch klar, frei, offen und furchtlos benennen.«[62] (Wir fügen hinzu, daß hier nicht ein Angehöriger der oberen Schichten oder ein Universitäts-Wissenschaftler, sondern der Sohn eines kinderreichen Bäckergesellen zur Feder gegriffen hat.) Malthus ist von diesem ersten ›Neomalthusianer‹ unerschüttert geblieben. In seinem Schlußwort zur Bevölkerungsdebatte aus dem Jahre 1830 für die *Enzyclopaedia Britannica* wiederholt er die verhütungsfeindliche Argumentation:

59 Vgl. J.-L. Flandrin, *Familien . . .*, S. 263.
60 Vgl. ebenda, S. 264 f.
61 Th. R. Malthus (FN 48), (1798), S. 74.
62 Vgl. F. Place, *Illustrations and Proofs of the Principle op Population* (1822), London 1930, S. 173 f.

»Alle anderen Verfahren (außer der sexuellen Enthaltsamkeit) – seien sie verhütend oder positiv, [...] enden letztlich alle in Laster oder Elend. Die verhütenden Verfahren sind: jene Art von Geschlechtsverkehr, welche etliche Frauen in den großen Städten unbefruchtet läßt – ein allgemeiner Verfall der Sexualmoral, welcher ähnliche Wirkungen aufweist –, unnatürliche Leidenschaften und unanständige Kunstfertigkeiten, welche die Folgen illegitimer Verbindungen verhindert. Diese gehören offensichtlich alle unter die Kennzeichnung Laster. Die positiven Verfahren schließen alle Ursachen ein, welche [...] die Lebensdauer verkürzen.«[63]

Malthus setzt die christliche Moral nicht lediglich als bevölkerungspolitisches, sondern auch als pädagogisches Kalkül ein. Obschon wir heute das Scheitern beider Kalküle feststellen können, wollen wir doch dokumentieren, wie Malthus vor hundertfünfzig Jahren durch Verbot des nichtehelichen Geschlechtsverkehrs und die Empfehlung relativer sexueller Enthaltsamkeit in der Ehe die Sublimierung der Sexualität zu elterlicher Zärtlichkeit beschrieben hat:

»Es ist ein großer Irrtum, zu glauben, daß die Geschlechtsliebe nur dann wirkt und das Betragen des Menschen beeinflußt, wenn ihre unmittelbare Befriedigung in Betracht kommt. Das Entwerfen und das beharrliche Verfolgen eines besonderen Lebensplanes ist mit Recht als eine der andauerndsten Quellen des Glückes angesehen worden; doch neige ich zu der Ansicht, daß nicht viele solche Pläne entworfen werden, die nicht in hohem Grade mit der Aussicht auf Befriedigung dieses Verlangens und dem Unterhalt der daraus hervorgehenden Kinder zusammenhängen. Die Abendmahlzeit, das warme Haus, der behagliche Platz am Kamin, sie würden die Hälfte ihres Zaubers einbüßen, wollten wir dabei den Gedanken an ein geliebtes Wesen ausschließen, mit dem dies alles zu teilen wäre. [...]

In *europäischen Ländern* [...], wo, obgleich die Weiber nicht abgeschlossen leben, doch die *Sitten* dieser Befriedigung erhebliche Schranken gesetzt haben, gewinnt die Liebe nicht nur an Kraft, sondern auch an der Universalität und wohltätigen Tendenz ihrer Wirkungen, und hat oft da den größten Einfluß auf die Bildung und Veredlung des Charakters, wo sie am wenigsten Befriedigung findet. Betrachtet man also die Geschlechtsliebe in all ihren Beziehungen und in ihrer Tragweite, einschließlich der davon herrührenden zärtlichen Bande zwischen Eltern und Kind, so werden wenige leugnen wollen, daß sie einen der Hauptbestandteile des menschlichen Glückes bildet.«[64]

63 Th. R. Malthus, *A Summary View of the Principle of Population* (1830), Supplement für *An Essay on the Principle of Population*, Penguin Books 1970, S. 250. 250.
64 Th. R. Malthus (FN 49), 2. Band, IV. Buch, S. 230 ff.

Hier begegnet uns wiederum das »europäische Muster« (Hajnal), die Herstellung einer Form von Weiblichkeit und Familiensehnsucht, wie sie zu anderer Zeit und anderenorts so nicht existiert, und deren Herausbildung durch die ebenfalls nur für das christliche Europa charakteristischen Hexenverfolgungen über Jahrhunderte hinweg wir belegt haben.

2c) Wie David Ricardo (1772-1823) den Erfolg der ›polizey‹-staatlichen Menschenproduktion als eine Gefährdung der kapitalistischen Warenproduktion darstellt

David Ricardo schreibt sein Hauptwerk 1817, im Jahrzehnt der höchsten Bevölkerungswachstumsrate[65] der englischen Geschichte, d. h. im Zenit der »Bevölkerungsexplosion« und zugleich der Periode der absolut niedrigsten Reallöhne der industriellen Revolution.[66] Wie Adam Smith versucht auch Ricardo, den Faktor Bevölkerung in eine ökonomische Analyse des gesamtgesellschaftlichen Prozesses einzubauen. Ricardo teilt mit ihm den Gedanken, daß die Bevölkerung einzig dann wachsen kann, wenn die Subsistenzmittel erhöht werden, hebt aber deutlicher hervor, daß dieser Mechanismus nur greift, wenn die natürlichen Ressourcen unbegrenzt sind.[67]

Ricardos Analyse beruht bereits auf dem Malthusschen Bevölkerungsgesetz und dem Gesetz vom abnehmenden Bodenertrag. Seine Argumentation verläuft folgendermaßen: Auf der frühen Entwicklungsstufe einer Region ist die Bevölkerung im Verhältnis zu den natürlichen Ressourcen relativ gering, Gewinne, Akkumulationsrate und Löhne sind relativ hoch. Die hohe Akkumulationsrate bewirkt eine Produktionssteigerung und eine erhöhte Nachfrage nach Arbeit. Das wiederum bedingt hohe Löhne und, nach dem von Adam Smith formulierten Gedanken, eine wachsende Bevölkerung. Da jedoch die natürlichen Ressourcen, insbesondere die Bodenmenge, begrenzt sind, werden zusätzlich

65 Zwischen 1811 und 1821 liegt die Jahreswachstumsrate bei 1,8%. Vgl. N. Tranter, Tabelle I, S. 41 f.

66 Zum Realeinkommensminimum zwischen 1800 und 1820 vgl. R. S. Tucker, *Real Wages of Artisans in London 1729-1935* (1936), in: A. J. Taylor (Hg.), S. 21 ff u. S. 29 sowie 34.

67 Vgl. dazu D. Ricardo, *Über die Grundsätze der politischen Ökonomie und der Besteuerung* (1817, 1821³), Berlin 1959, S. 84.

verwendete Arbeitskräfte immer geringere absolute Erträge hervorbringen – die Grenzerträge fallen.

Dieser Mechanismus läßt sich wie folgt darstellen:

Graphik – E 3: *Der Mechanismus von Grundrenten, Gewinnen, Löhnen und Arbeit bei David Ricardo*[68]

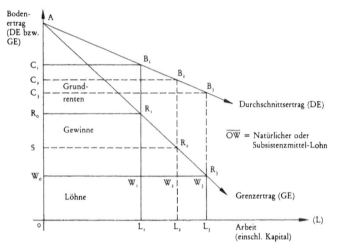

Aus der Graphik wird ersichtlich, daß bei wachsender Bevölkerung ($L_2 > L_1$) die Löhne dahin tendieren, einen steigenden Anteil des Gesamtproduktes – nach Abzug der Grundrente – zu beanspruchen und den für Gewinne übrig bleibenden Betrag zu reduzieren. Bei $L_2 > L_1$ fällt der Grenzertrag pro Arbeitskraft von R_1L_1 auf R_2L_2. Die Lohnsumme steigt von $OL_1W_1W_0$ auf $OL_2W_2W_0$. Die Gewinne sinken von $W_0W_1R_1R_0$ auf $W_0W_2R_2S$. Ist einmal der Punkt erreicht, an dem die Löhne das Gesamtprodukt – nach Abzug der Grundrente, deren Zugewinn von

68 Quelle: N. Kaldor, *Alternative Theories of Distribution*, in: *Review of Economic Studies*, Bd. 23, 1956, Nr. 2, S. 84 f. Der »natürliche oder Subsistenzmittellohn« wird in Ricardos Modell erst dann erreicht, wenn sich die Ökonomie in einem stationären Zustand befindet, also an dem Punkt, an dem die Gewinne gleich Null sind. Solange die Wirtschaft wächst, d. h. Gewinne vorhanden sind, liegen die Löhne über ihrem »natürlichen« Niveau. Vgl. dazu D. Levy, *Ricardo and the Iron Law: a Correction of the Record*, in: *History of Political Economy*, Vol. 8, No. 2, 1976, S. 235 ff.

$C_1R_0R_1B_1$ auf $SR_2B_2C_2$ das eigentliche Angriffsziel Ricardos wird – vereinnahmen, d. h. die Gewinne völlig verschwinden, kommt die Wirtschaft zum Stillstand. Bei einer Arbeiterzahl L_3 sind die Gewinne gleich null, denn das Gesamtprodukt wird auf Löhne ($OL_3W_3W_0$) und Grundrenten ($W_0W_3B_3C_3$) voll aufgeteilt. Dieses Stadium kann nur durch technische und organisatorische Verbesserungen hinausgezögert werden, welche in unserer Darstellung die Grenz- und Durchschnittserträge nach oben verschieben würden. Ricardo wendet – wie Adam Smith – den ökonomischen Mechanismus von Angebot und Nachfrage auf das Fortpflanzungsverhalten der Menschen an. Wo es von diesem Kalkül abweicht – zu viele oder zu wenige Kinder –, erkennt er ein Defizit an ökonomischem Denken bei den Menschen, dem durch rationale Aufklärung abgeholfen werden könne:

»Aber die Menschen hatten die notwendigen Mittel in ihrer persönlichen Verfügung. Etwas Vorausschau, etwas Klugheit, [. . .] ein bißchen von jener Vorsicht, welche die gebildeten Schichten anzuwenden pflegen, würde sie [die Armen – d. V.] befähigen, ihre Lage zu verbessern.«[69]

Außerhalb seines Denkens liegt allerdings die Annahme schlichter Familienlosigkeit. Prinzipiell unterstellt er die Geschlechtslust als Heiratslust, geht vom Geschlechtsakt als Zeugungsakt aus. Wer es sich leisten kann, begibt sich unter das Eherecht und nimmt selbstverständlich Unterhaltspflichten gegenüber dem in der Ehe dann selbstverständlichen ›Kindersegen‹ in Kauf. Jedoch deutet sich der für Smith kaum denkbare Gedanke einer Trennung von Sexualität und ehelicher Fortpflanzung bei Ricardo in ersten schemenhaften Umrissen an:

»Das Wachstum der Bevölkerung und die Vermehrung der Nahrungsmittel werden im allgemeinen die Auswirkung, aber *nicht die zwangsläufige Auswirkung* hoher Löhne sein. Die infolge des ihm gezahlten größeren Wertes verbesserte Lage des Arbeiters *zwingt ihn nicht unbedingt zu heiraten und die Sorge für eine Familie auf sich zu nehmen*. Er wird höchstwahrscheinlich einen Teil seines höheren Lohnes verwenden, um sich reichlich mit Nahrung und notwendigen Konsumgütern zu versehen. Mit dem Rest aber kann er, wenn es ihm beliebt, irgendwelche Waren kaufen, die zu seinem Genuß beitragen können – Stühle, Tische und Eisenwaren oder bessere Kleidung, Zucker und Tabak. Sein höherer Lohn wird also keine anderen Folgen nach sich ziehen als eine erhöhte Nachfra-

69 So Ricardo vor dem britischen Parlament am 30. 5. 1823. Vgl. *Works and Correspondence of David Ricardo*, hrsg. v. P. Sraffa, Bd. V, Cambridge 1952, S. 303.

ge für einige dieser Waren, und da der Stand der Arbeiter sich nicht wesentlich vermehrt, wird sein Lohn weiterhin dauernd hoch bleiben. Obwohl jedoch dies die Folge hoher Löhne sein kann, *sind doch die Vergnügungen häuslicher Geselligkeit so groß*, daß in der Praxis sich unweigerlich herausstellt, daß der gehobenen Lage des Arbeiters eine Vermehrung der Bevölkerung folgt und nur deswegen, weil dies so ist, [. . .], entsteht eine neue und größere Nachfrage nach Nahrungsmitteln.«[70]

Um diese Nachfrage in Grenzen zu halten, schlägt er unverblümt vor:

»Freunde der Menschheit können nur wünschen, daß die arbeitenden Klassen in allen Ländern Sinn für Annehmlichkeiten und Genuß haben, und daß sie in ihren Bemühungen, sich diese zu verschaffen, mit allen zulässigen Mitteln angespornt werden. Es gibt keine größere Sicherheit gegen eine zu große Bevölkerung.«[71]

Ricardo erachtet es mithin schon nicht mehr als gänzlich selbstverständlich, daß ein Arbeiter Familie hat, und hält es für möglich, daß er sich für sogenannten Luxus interessiert. Zum Luxus indes gehören zwar Tabak, Zucker und schöne Möbel, aber immer noch nicht ›Sex ohne Reue‹. Offensichtlich bleibt der (die) unverheiratete Arbeiter(in) auf Enthaltsamkeit verwiesen, denn wenn der Drang nach »häuslicher Geselligkeit« – und hier wechselt Ricardo ganz unvermittelt zu einer psychologischen Erklärung – in die Eheform treibt, dann sind Kinder gleich wieder die unvermeidliche Folge. Da also auch Ricardo nicht untersucht, was die Menschen tatsächlich zur Ehe drängt, er die Ehe aber ökonomisch bereits in Zweifel zieht, gleitet er in den Psychologismus ab.

In Ricardo haben wir den letzten wichtigen Vertreter der Klassik, welcher noch versucht, den Faktor Bevölkerung aus dem ökonomischen System heraus zu erklären, der aber zugleich schon wahrnimmt, daß die Bevölkerung sich der ökonomischen, hier also der kapitalistischen, Rationalität entzieht: sie ist zu zahlreich. Zu Zeiten von Adam Smith war das kaum der Fall, so daß diesem der entscheidende Stolperstein für seine Angebot-Nachfrage-Balancierungsthese über den Nachschub an Arbeitskräften noch nicht in den Blick geriet. Malthus, der bloß formal

70 D. Ricardo, *Über die Grundsätze* . . ., S. 402. Hervorhebung von uns.
71 D. Ricardo, a.a.O., S. 85.

noch ökonomisches Modelldenken praktiziert, spricht direkt aus, daß die »Bevölkerung einzelner Länder niemals [...] ihre natürliche und angemessene Höhe erreichen würde«, gäbe man die Verhütung frei. Die Ökonomen können also eine ökonomische Erklärung der Bevölkerungsentwicklung nicht vorlegen, weil die einzig denkbaren Mittel, eine ökonomisch ›optimale‹ Bevölkerung hervorzubringen, diese gerade nicht hervorbrächten, sondern zu Kinderlosigkeit genutzt werden und zu Arbeitskräftemangel führen und gerade deshalb ›polizeylich‹ verboten sind. Ja, selbst die öffentliche Erörterung solcher Mittel unterliegt der Strafverfolgung.[72]

Es ist also Malthus, der bereits eine Theorie des Bevölkerungsoptimums begründet. Sie wird in ihrer wohlfahrtsstaatlichen Zuspitzung – orientiert an der »Souveränität des Indivuums über sich selbst«[73] –, welche J. S. Mill (1806-1873) in seinem Hauptwerk *Grundsätze der politischen Ökonomie* (1848) und den späteren Essays *Über die Freiheit* und *Utilitarianism* formuliert, die gesamte Nachklassik bestimmen. Malthus' Forderung jedoch, mit sexueller Enthaltsamkeit dieses Optimum zu erreichen, wird auch von J. S. Mill und seinen Zeitgenossen nicht zu Ende gedacht, geböte sie doch öffentliche Zeitpunkt- und Mengenempfehlungen für – zum Zweck der Zeugung – zuzulassende Sexualakte und beförderte so jenes allgemeine Räsonieren, das allenthalben als Ursache für die Verbreitung des ›Lasters‹ angeprangert wird. Das ›Laster‹ wiederum würde die Menschen zur Wahrnehmung ihrer Interessen befähigen und darin gegen die ›optimale Bevölkerung‹ des Staates zugunsten einer optimalen individuellen Ökonomie des Lohnarbeiters wirken, d. h. die Familienlosigkeit begünstigen.

Die Mittel wirklich brauchbarer Geburtenplanung können daher keine Mittel des Staates sein, da sie umgehend im wirtschaftli-

---

72 Vgl. L. Elster, S. 809.

73 Vgl. J. S. Mill, *Über die Freiheit* (1859, 1864³), Frankfurt/M. 1969, S. 90. Vgl. auch G. Myrdal, *Das politische Element in der nationalökonomischen Doktrinbildung* (1930, 1932, 1953), Hannover 1963, S. 31 ff: »Wenn nur alle Menschen zu einer rationalen Handlungsweise erzogen werden, so realisiert sich das Bevölkerungsoptimum von selbst; in diesem Falle also dann, wenn die Propaganda für Geburtenkontrolle auch in die unteren Schichten gedrungen ist« (S. 34). Unsere Erörterung der Bevölkerungsoptimums-Theorie entspricht der ebenfalls bereits von Myrdal vorgetragenen Kritik, daß es bisher niemals gelungen ist, den Realitätsbezug dieser Theorie aufzuweisen, also zu zeigen, wo das Optimum liegt.

chen Interesse der abhängigen Arbeitskräfte genutzt würden. Diese sind ja nicht an der kostenlosen Bereitstellung weiterer Arbeitskräfte (Kinder) – also an Konkurrenten –, sondern an der Schonung und bestmöglichen Erhaltung der eigenen Arbeitskraft interessiert.

Nahezu die gesamte ökonomische Theoriebildung seit Mill kennt einen ›exogenen Faktor Bevölkerung‹, der sich nicht aus ökonomischer Rationalität erklären läßt, obwohl er sich lediglich gegen die ökonomische Rationalität eines nicht familienwirtschaftlich organisierten Produktionsprozesses sperrt.

2d) Warum Friedrich Engels (1820-1895) und Karl Marx (1818-1883) die Produktion von Arbeitslosen erklären, aber diejenige von Kindern mystifizieren

Unsere Bemerkung über die *gesamte* ökonomische Theoriebildung, die es mit einem ›exogenen Faktor Bevölkerung‹ zu tun hat, schließt die den Kapitalismus als sich auflösendes und politisch abzuschaffendes System analysierende Richtung des wissenschaftlichen Sozialismus ein. Diesem Ansatz ist die Existenz einer Arbeiterbevölkerung nicht minder selbstverständlich, also eine natürliche und – wie noch zu zeigen sein wird – zugleich unbefragt tabuisierte Voraussetzung des Reproduktions- wie des erhofften Revolutionsprozesses. Es gibt zwischen dem wissenschaftlichen Sozialismus und der übrigen Nachklassik keinen entscheidenden Unterschied. Im Rahmen der Nachklassik ist J. S. Mill der erste Ökonom, der als ›nicht-ökonomischer‹ Malthusianer auftritt, der nicht mehr wie Smith oder Ricardo und – allerdings bloß noch formal – Malthus selbst ein ökonomisches Erklärungsmodell für die Bevölkerungsentwicklung vorträgt. Statt dessen wendet er sich zu deren Regulierung an die Regierung, die in puncto Bevölkerung die ihr unterstellte »laissez-faire«-Politik[74] durchbrechen und die sogenannte unkontrollierte Vermehrung mittels »Volksbildung« hemmen solle.

Sozialisten stimmen mit Mill sogar in der moralischen Beurteilung der Arbeiter überein, wenn er ihnen einerseits »Verantwortungslosigkeit« bei der Kinderzeugung vorwirft, sich aber andererseits hütet, dem Gebrauch von Verhütungsmitteln *öffentlich*

---

74 Vgl. J. S. Mill, *Über die Freiheit*, S. 154.

das Wort zu reden.[75] In *Die Lage der arbeitenden Klasse in England* (1845) äußert sich Friedrich Engels sehr ähnlich, wenn er schreibt, daß die »Zügellosigkeit des geschlechtlichen Verkehrs eine Hauptuntugend vieler englischer Arbeiter« sei. Auch nach seiner Meinung ist ihre Sexualität »Bestialität« und ihr »Mangel an Vorhersicht«[76] wesentliche Ursache ihres elenden Lebens. Menschlichkeit erscheint ihm als sexuelle Selbstkontrolle und keineswegs als die aufgeklärte Fähigkeit, ungewollten Auswirkungen einer freien Sexualität zu begegnen. Diese Vorstellung hält er in den folgenden Jahrzehnten – zumindest in seinem veröffentlichten Werk – aufrecht. Noch 1884 schreibt er, daß »die rücksichtslose Hingabe eines Mädchens an den geliebten Mann« als automatische »Folge«[77] Kindersegen nach sich ziehe, obwohl er persönlich solche Folgen durch die von den gehaßten Neomalthusianern empfohlenen Mittel sehr wohl zu verhüten weiß. Mehr noch: Ganz bewußt setzt er sich dafür ein, den Bürgerfrauen Verhütungsmittel zugänglich zu machen, diesen Zugang aber zugleich so »privat« zu gestalten, daß er von den Arbeiterfrauen unbemerkt bleibt:

»Es wird also wohl nicht der Brotkorb sein, der höher gehangen wird, sondern das vielgerühmte Schwämmchen. Was ja keineswegs verhindert, daß dasselbe oder ein anderes Verfahren in bürgerlichen Familien sehr praktisch sein kann, um die Zahl der Kinder mit dem Einkommen im Verhältnis zu halten, um die Gesundheit der Frauen nicht durch zu häufige Niederkünfte zu ruinieren etc. Nur bleibe ich dabei, daß die Privatsache zwischen Mann und Frau, und allenfalls dem Familienarzt ist [...] und daß unsere Proletarier auch nach wie vor durch zahlreiche proles [= Nachkommenschaft – d. V.] ihrem Namen Ehre machen werden.«[78]

75 Wir heben hier noch einmal den absoluten Mangel an Unterstützung der Verhütungsaufklärung durch die Wissenschaftler aller Fraktionen hervor, obwohl für sie durch die o. a. Schrift von F. Place seit 1822 eine exzellente Arbeit vorlag. J. S. Mills Schritt voran ist dadurch gekennzeichnet, daß er nicht mehr – wie Malthus – öffentlich gegen Schwangerschaftsverhütung wettert und damit für die kommenden Jahrzehnte die »progressive« Haltung ausdrückt. Die Wissenschaftler unterscheiden sich also untereinander darin, ob sie mutige Autoren bekämpfen oder durch Nichtdenunzierung indirekt unterstützen.
76 F. Engels, *Die Lage der arbeitenden Klasse in England* (1845), in: Marx-Engels *Werke*, 2, S. 355.
77 F. Engels, *Der Ursprung der Familie, des Privateigentums und des Staats* (1884), in: Marx-Engels *Werke*, 21, S. 77.
78 Engels an Karl Kautsky am 10. 2. 1883, in Marx-Engels *Werke*, 35, S. 431 f. Auf diesen Brief machte uns H.-J. Steinberg/Universität Bremen aufmerksam.

Eine unheilige Allianz zwischen den Revolutionären und der staatlichen ›Polizey‹ bekundet sich hier, die – wie wir später zeigen – nicht mit der allgemeinen Befangenheit in der jüdisch-christlichen Familienmoral gerechtfertigt werden kann. Die Denkunmöglichkeit nicht-familialer menschlicher Existenz, die Engels praktisch immerhin lebt, d. h. die historisch als Resultat der »Hebammen-Hexen«-Verfolgung entstandene Überzeugung von der natürlichen Familienhaftigkeit des Menschen machen sich die Begründer des wissenschaftlichen Sozialismus mindestens so sehr zunutze, wie sie ihr selbst verhaftet gewesen sein mögen.

Wenden wir uns dem Hauptwerk des wissenschaftlichen Sozialismus selbst zu. Im *Kapital* resümiert und kritisiert K. Marx die klassische Argumentation über den Zusammenhang von Akkumulation und Zunahme der Arbeiterbevölkerung, wie wir sie an David Ricardo dargestellt haben:

»Für die moderne Industrie mit ihrem zehnjährigen Zyklus und seinen periodischen Phasen, ... wäre es in der Tat ein schönes Gesetz, welches die Nachfrage und Zufuhr von Arbeit nicht durch die Expansion und Kontraktion des Kapitals, also nach seinen jedesmaligen Verwertungsbedürfnissen regelte, so daß der Arbeitsmarkt bald relativ untervoll erscheint, weil das Kapital sich expandiert, bald wieder übervoll, weil es sich kontrahiert, sondern umgekehrt die Bewegung des Kapitals von der absoluten Bewegung der Bevölkerungsmenge abhängig machte. *Dies jedoch ist das ökonomische Dogma.* Nach demselben steigt infolge der Kapitalakkumulation der Arbeitslohn. Der erhöhte Arbeitslohn spornt zur rascheren Vermehrung der Arbeiterbevölkerung und diese dauert fort, bis der Arbeitsmarkt überfüllt, also das Kapital relativ zur Arbeiterzufuhr unzureichend geworden ist. Der Arbeitslohn sinkt, und nun die Kehrseite der Medaille. [. . .] Eine schöne Bewegungsmethode dies für die entwickelte kapitalistische Produktion! Bevor infolge der Lohnerhöhung irgendein positives Wachstum der wirklich arbeitsfähigen Bevölkerung eintreten könnte, wäre die Frist aber und abermal abgelaufen, worin der industrielle Feldzug geführt, die Schlacht geschlagen und entschieden sein muß.«[79]

Er zeigt sodann, was von der klassischen Position seiner Meinung nach richtig erfaßt, aber unzulässig verallgemeinert wird[80], und formuliert unter der Überschrift *Akkumulationsprozeß des Kapitals* sein Gesetz von der »Progressive[n] Produktion einer relativen Überbevölkerung oder industriellen Reservearmee«:

79 K. Marx, *Das Kapital* (1867) I, Marx-Engels *Werke*, Bd. 23, S. 666 f.
80 Vgl. dazu K. Marx, *Das Kapital* I, S. 668.

»Diese mit dem Wachstum des Gesamtkapitals beschleunigte und rascher als sein eigenes Wachstum beschleunigte relative Abnahme seines variablen Bestandteils scheint auf der anderen Seite umgekehrt stets rascheres absolutes Wachstum der Arbeiterbevölkerung als das des variablen Kapitals oder ihrer Beschäftigungsmittel. Die kapitalistische Akkumulation produziert vielmehr, und zwar im Verhältnis zu ihrer Energie und ihrem Umfang, beständig eine relative, d. h. für die mittleren Verwertungsbedürfnisse des Kapitals überschüssige, daher überflüssige oder Zuschuß-Arbeiterbevölkerung.«

Er faßt die Analyse folgendermaßen zusammen:

»Mit der durch sie selbst produzierten Akkumulation des Kapitals produziert die Arbeiterbevölkerung also in wachsendem Umfang die Mittel ihrer eigenen relativen Überzähligmachung. *Es ist dies ein der kapitalistischen Produktionsweise eigentümliches Populationsgesetz,* wie in der Tat jede besondere historische Produktionsweise ihre besonderen, historisch gültigen Populationsgesetze hat. Ein abstraktes Populationsgesetz existiert nur für Pflanze und Tier, soweit der Mensch nicht geschichtlich eingreift.«[81]

Der Akzent der Marxschen Argumentation liegt auf einer bloß relativen Überbevölkerung, die nicht nur die Bedingung für die kapitalistische Entwicklung, sondern auch ihr Resultat sei. Nicht eine wachsende Kindererzeugung wird zur Voraussetzung für die Akkumulation, sondern die Akkumulation selbst setzt erwachsene Arbeiter für den fortschreitenden Prozeß frei. Umgekehrt gerät der Arbeiter nicht durch zu viele Kinder, die er ernähren muß, ins Elend, sondern wegen seiner Ersetzung durch konstantes Kapital – das Elend kann auch den Kinderlosen treffen. Diese Analyse ist ausdrücklich gegen das von Malthus inspirierte Armengesetz aus dem Jahre 1834 gerichtet, das alle Unterstützungen abschaffte, da – so Malthus – sie lediglich die Bevölkerung und somit das Elend vermehrten, und das statt dessen Arbeitshäuser vorschrieb, die Gefängnischarakter aufwiesen.[82]

Die notwendige Zurückweisung klassischer Vorstellungen über den Zusammenhang von Bevölkerung und Reichtum bzw. Armut ändert nichts daran, daß Marx die nicht vom kapitalistisch bestimmten Wirtschaftsablauf verursachte Menschenproduktion traditionell auffaßt. Die Fortpflanzung von Arbeitern bleibt ihm eine natürliche Angelegenheit.

81 K. Marx, *Das Kapital* I, S. 658/660.
82 Vgl. dazu R. Meek (Hg.), *Marx und Engels über Malthus* (1953), Berlin 1956, S. 11 ff.

Die bereits von Engels formulierte Malthuskritik verwirft jeden Hinweis auf die Begrenzung der natürlichen Ressourcen der Erde für eine bestimmte Bevölkerungsmenge. Bereits im Jahre 1844 polemisiert er gegen eine – aus Furcht vor staatlicher Verfolgung – anonym erschienene Aufklärungsschrift, in welcher die Arbeiter ermutigt werden, mit Hilfe von Verhütungsmitteln nicht mehr als zwei oder drei Kinder in die Welt zu setzen: »Soll ich diese infame, niederträchtige Doktrin, diese scheußliche Blasphemie gegen die Natur und Menschheit noch mehr ausführen [. . .]? Hier haben wir endlich die Unsittlichkeit des Ökonomen auf ihre höchste Spitze gebracht.«[83]

Das Problem einer Überbevölkerung räumt Engels 1881 in einem Brief an Karl Kautsky immerhin als »abstrakte Möglichkeit« ein.[84] Er wiederholt hier allerdings seine Forderung an die Arbeiter, wenn überhaupt, dann nur mittels »moralischer Beschränkung des Fortpflanzungstriebes« Geburten zu verringern. Im Grunde bleibt der Engelssche Optimismus von 1844 zur Unbedenklichkeit der »natürlichen Vermehrung« bis heute für Parteikommunisten zentraler Glaubenssatz:

»Die Wissenschaft aber vermehrt sich mindestens wie die Bevölkerung; diese vermehrt sich im Verhältnis zur Anzahl der letzten Generation; die Wissenschaft schreitet fort im Verhältnis zu der Masse der Erkenntnis, die ihr von der vorhergehenden Generation hinterlassen wurde, also unter den allergewöhnlichsten Verhältnissen auch in geometrischer Progression – und was ist der Wissenschaft unmöglich? Es ist aber lächerlich, von Überbevölkerung zu reden, solange das Tal des Mississippi wüsten Boden genug besitzt, um die ganze Bevölkerung von Europa dorthin verpflanzen zu können, solange überhaupt erst ein Drittel der Erde für bebaut angesehen werden und die Produktion dieses Drittels selbst durch die Anwendung jetzt schon bekannter Verbesserungen um das Sechsfache und mehr gesteigert werden kann.«[85]

83 Vgl. F. Engels, *Umrisse zu einer Kritik der Nationalökonomie* (1844), Marx-Engels *Werke*, 1, S. 518. Engels zitiert diese Schrift nicht direkt, hat sie u. E. auch gar nicht gelesen, sondern kolportiert sie – irgendwelche, ihm wohl gelegen kommende Gerüchte aufgreifend – als Vorschlag für eine staatliche Kindestötungsanstalt. Der Titel dieser so gehaßten Aufklärungsschrift lautet: *Anti-Marcus, Notes on the Population Question,* London 1841. Zu der von Engels gänzlich unterschlagenen Verhütungsmittelinformation dieser Schrift vgl. N. E. Himes, S. 231. Er hebt hervor, daß hier wahrscheinlich erstmalig das Präservativ (Kondom) propagiert wird und auch andere Verfahren ausführlich erörtert werden.

84 Vgl. F. Engels, Brief vom 1. 2. 1881 an K. Kautsky, in: *MEW* 35, S. 151.

85 Vgl. F. Engels, *Umrisse . . .*, S. 521. Vgl. so auch noch Ch. Glass, *Bevölkerungswachstum als Katastrophe,* Frankfurt/M. u. a., 1978.

Wir halten also fest, daß die schlichte Existenz von Menschen für die Engelssche Theoriebildung – ähnlich der nachklassischen bürgerlichen Ökonomie – zu einem exogenen, der ökonomischen Analyse entrückten Faktor wird. Marx selbst argumentiert ebenfalls »unabhängig von den Schranken der wirklichen Bevölkerungszunahme«[86], vom »*natürliche[n] Zuwachs der Bevölkerung*«.[87] Dennoch finden sich verstreut und in sich widersprüchlich Annahmen über das Zustandekommen von Bevölkerung, die Marx freilich nur unter dem Gesichtspunkt untersucht, welcher Teil von ihr durch die kapitalistische Entwicklung angesaugt oder ausgespien wird, die er im übrigen aber als Naturkraft voraussetzt. Am ausführlichsten äußert er sich dabei zum Einkommensinteresse der Eltern. Diese zeugen Kinder ganz bewußt, um sie selbst wiederum vermieten zu können:

»Unter diesen Umständen erheischt das absolute Wachstum dieser Fraktion des Proletariats eine Form, welche ihre Zahl schwellt, obgleich ihre Elemente sich schnell abnutzen. Also rasche Ablösung der Arbeitergenerationen. (Dasselbe Gesetz gilt nicht für die übrigen Klassen der Bevölkerung.)
Dies gesellschaftliche Bedürfnis wird befriedigt durch *frühe Ehen, notwendige Folge der Verhältnisse, worin die Arbeiter der großen Industrie leben, und durch die Prämie, welche die Exploitation der Arbeiterkinder auf ihre Produktion setzt.*«[88]

Hier wird also die »frühe Ehe« aus der »großen Industrie« erklärt und damit historisch wiederum nicht verstanden; es ist jedoch auch angedeutet, daß der Menschenproduktion gedient wird, indem die proletarischen Eltern ihr Einkommensbedürfnis an der Möglichkeit der Ausbeutung ihrer Kinder orientieren, auf die gesellschaftliche Nachfrage also bewußt antworten. An anderen Stellen wird dieses Kalkül der Eltern bestätigt, doch bereits mit einer abermals veränderten Argumentation, in welcher Verelendung und Vermehrung vermischt erscheinen:

»Die elenden, verkommenen Eltern sinnen nur darauf, aus den Kindern so viel als möglich herauszuschlagen. Aufgewachsen fragen die Kinder natürlich keinen Deut nach den Eltern und verlassen sie.«[89]

86 K. Marx, *Das Kapital* I, S. 661, ähnlich auch S. 662.
87 K. Marx, *Das Kapital* I, S. 664 (Hervorhebung von uns), ähnlich auch S. 670.
88 K. Marx, *Das Kapital* I, S. 671 (Hervorhebung von uns). Die Prämienargumentation findet sich bereits bei F. Engels, *Die Lage . . .*, S. 495.
89 K. Marx, *Das Kapital* I, S. 493.

Zustimmend hebt er aus einem Regierungsbericht hervor, »daß die Kinder beiderlei Geschlechts gegen niemand so sehr des Schutzes bedürfen als gegen ihre Eltern«.[90] Die Erklärung des Kinderreichtums aus dem Pauperismus wird sodann näher ausgeführt:

»Ihr Umfang [der relativen Überbevölkerung – d. V.] dehnt sich, wie mit Umfang und Energie der Akkumulation die ›Überzähligmachung‹ fortschreitet. Aber sie bildet zugleich ein sich *selbst reproduzierendes und verewigendes Element der Arbeiterklasse*, das verhältnismäßig größeren Anteil am Gesamtwachstum derselben nimmt als die übrigen Elemente. In der Tat steht nicht nur die Masse der Geburten und Todesfälle, sondern die absolute Größe der Familien in umgekehrtem Verhältnis zur Höhe des Arbeitslohns, also zur Masse der Lebensmittel, worüber die verschiedenen Arbeiterkategorien verfügen. Dies Gesetz der kapitalistischen Gesellschaft klänge unsinnig unter Wilden, oder selbst zivilisierten Kolonisten. Es erinnert an die massenhafte Reproduktion individuell schwacher und vielgehetzter Tierarten.«[91]

Marx bietet also zwei verschiedene Erklärungsmöglichkeiten an: (i) Die Arbeiter bekommen die Kinder mit Kalkül, weil sie diese schon sehr früh zur Arbeit schicken und so ihr Einkommen verbessern können; (ii) sie bekommen die Kinder, weil sie sich wie »vielgehetzte Tierarten« verhalten, und müssen sie dann notgedrungen ausbeuten lassen, weil sie selbst sie nicht unterhalten können.

Die Erklärung verstärkter Fortpflanzung aus Elend findet sich schon bei Engels, der 1845 schreibt:

»Neben der Zügellosigkeit im Genuß geistiger Getränke bildet die *Zügellosigkeit des geschlechtlichen Verkehrs eine Hauptuntugend* vieler englischer Arbeiter. Auch diese folgt mit eiserner Konsequenz, mit unumgänglicher Notwendigkeit aus der Lage einer Klasse, die sich selbst überlassen wird, ohne die Mittel zu besitzen, von dieser Freiheit geeigneten Gebrauch zu machen. Die Bourgeoisie hat ihr nur diese beiden Genüsse gelassen, während sie ihr eine Menge von Mühen und Leiden auferlegt hat, und die Folge davon ist, daß die Arbeiter, um doch etwas vom Leben zu haben, alle Leidenschaft auf diese beiden Genüsse konzentrieren und sich ihnen im *Übermaß* und auf die regelloseste Weise ergeben. Wenn man die Leute in eine Lage versetzt, die nur dem Tier zusagen kann, so bleibt ihnen nichts übrig, als sich zu empören oder in der *Bestialität* unterzugehen. [. . .]

90 K. Marx, *Das Kapital* I, S. 513.
91 K. Marx, *Das Kapital* I, S. 672. Hervorhebung von uns.

Die *Fehler der Arbeiter* lassen sich überhaupt alle auf Zügellosigkeit der Genußsucht, Mangel an Vorhersicht und an Fügsamkeit in die soziale Ordnung, überhaupt auf die Unfähigkeit, den augenblicklichen Genuß dem entfernteren Vorteil aufzuopfern, zurückführen.«[92]

In dieser Darstellung der Vermehrung der Arbeiter werden sie an der bürgerlichen Moral gemessen und entschuldigt, da sie nicht in bürgerlichen Verhältnissen leben. Die bürgerliche Moral selbst wird als die dem Menschen eigentümliche unterstellt, während »zügelloser Genuß« als tierisch (bestialisch) gegeißelt wird. Die Gleichsetzung von Kinderreichtum und Sexual-»Genuß« wiederholt lediglich die allgemeine Fehleinschätzung der späteren Neuzeit. Wir konnten jedoch zeigen, daß die gewaltsame Verfolgung einer auf Genuß ausgehenden Sexualität jene Hilflosigkeit erst hervorruft, die in der Sexualität gerade nicht zum Genuß, sondern zu verschleißender Fortpflanzung führt.

In der Kalkülargumentation zur Elternschaft der Arbeiter wird weniger die christliche Moral kritisch gegen das Leben der Arbeiter gehalten als soziales Verhalten analysiert, d. h. eine der proletarischen Klassenlage ökonomisch angemessene Fortpflanzung, die nun schlicht ›Einkommensinteresse‹ ausdrückt, gefunden. Stellt also das Argument der Verelendung in den Vordergrund, daß die Proletarier beim Kinderzeugen ›Tiere‹ sind oder bloß »genießen«, so behauptet das Argument der Prämie, daß sie sehr wohl wissen, was sie tun, dies aber nicht – wie das Sexuelle – moralisch zu verurteilen, weil es eine ihrer sozialen Stellung angemessene Form der Einkommensgewinnung sei.

Wir können nun zu der in beiden Argumentationen vorausgesetzten Familienhaftigkeit des Proletariats in der Marxschen Einschätzung des ›exogenen Faktors Bevölkerung‹ übergehen. In dieser Sicht sind Menschen für die Lohnarbeit schon deshalb vorhanden, weil die Lohnarbeiter Familie, also Kinder, haben. So sehr Engels und Marx die Beeinträchtigung des Familienlebens[93] in Proletarierfamilien und die Vernachlässigung der Kinder gesehen und deshalb von »zerrissenen Familienbanden« *(Kommunistisches Manifest)*, ja sogar von »Familienlosigkeit« gesprochen haben, so eindeutig gehen sie stets von der Familie als selbstver-

92 F. Engels, *Die Lage . . .*, S. 355.

93 Statt der zahlreichen Stellen verweisen wir exemplarisch auf F. Engels, *Die Lage . . .*, S. 365, wo das Niveau der Smithschen Einsichten erreicht wird.

ständlicher, »unentrinnbarer« (Engels) und gewollter Lebensform des Proletariats in der bürgerlichen Gesellschaft aus. Im *Kapital* ist von Lohnarbeit im allgemeinen die Rede; gleichwohl steht dahinter der männliche, tendenziell patriarchalische Lohnarbeiter, der zwar »sein Weib und Kind unter das Juggernaut-Rad des Kapitals«[94] schicken muß, aber eben »Weib und Kind« hat. Diese Redeweise entkommt nicht der Familienlohn-Bestimmung, wie wir sie bei Adam Smith, der sie von Cantillon übernahm, vorgefunden haben:

> »Der Eigentümer der Arbeitskraft ist sterblich. Soll also seine Erscheinung auf dem Markt eine kontinuierliche sein, wie die kontinuierliche Verwandlung von Geld in Kapital voraussetzt, so muß der Verkäufer der Arbeitskraft sich *verewigen*, ›wie jedes lebendige Individuum sich verewigt, *durch Fortpflanzung*‹. Die durch Abnutzung und Tod dem Markt entzogenen Arbeitskräfte müssen zum allermindesten durch eine gleiche Zahl neuer Arbeitskräfte beständig ersetzt werden. Die Summe der zur Produktion neuer Arbeitskraft notwendigen Lebensmittel schließt also die Lebensmittel der Ersatzmänner ein, d. h. *der Kinder der Arbeiter*, so daß sich diese Race eigentümlicher Warenbesitzer auf dem Warenmarkte *verewigt*.«[95]

Abermals stoßen wir auf eine Gleichsetzung der kapitalistischen Rationalität mit dem individuellen ökonomischen Verhalten des Arbeiters. Es ist zwar von der Ersetzung der Arbeitskräfte die Rede und davon, daß in der *Lohnsumme* auch die Mittel für die Ersatzleute enthalten sein müssen, wodurch die Idee eines Familienlohns nicht überwunden werden kann. Es wird aber – und hier verdirbt ein historischer Umstand die systematisch angelegte Argumentation – zugleich davon gesprochen, daß die Arbeiter sich, um Ersatzleute zu gewinnen, ganz persönlich »fortpflanzen« müssen, daß es sich also dabei um »ihre Kinder« handelt. Marx betrachtet Frauen und Kinder unter dem Aspekt von Familienanhängseln, die prinzipiell vom Manne ernährt werden müssen, und nicht als bloßes Arbeitskräftereservoir, das wie jedes andere Reservoir, das nicht wirklich existentiell in Familie leben muß, konkurrierend auf die Lohnarbeit drückt, sobald dies technisch möglich wird, mithin die bisherigen Lohnarbeiter (handwerklich gebildete Männer, nicht aber prinzipiell Familienväter) dequalifiziert sind:

94 K. Marx, *Das Kapital* I, S. 674.
95 K. Marx, *Das Kapital* I, S. 185 f. Hervorhebung von uns.

»Der Wert der Arbeitskraft *war* bestimmt nicht durch die zur Erhaltung des individuellen erwachsenen Arbeiters, sondern durch die zur Erhaltung der Arbeiter-*familie* nötige Arbeitszeit. Indem die Maschinerie alle Glieder der Arbeiter-*familie* auf den Arbeitsmarkt wirft, verteilt sie den Wert der Arbeitskraft des Mannes über seine ganze Familie. Sie entwertet daher seine Arbeitskraft.«[96]

Nicht zutreffend ist, daß erst die Maschinerie Frauen- und Kinderarbeit hervorbringt. Der freie englische Lohnarbeiter auf dem Lande, der im Verlagssystem wirkt, muß, sofern er Frau und Kinder hat, diese mitbeschäftigen, um leben zu können. Er hat aber Frau und Kinder nicht aus »natürlichen« Gründen, sondern weil Familie für ihn die einzige unbestrafte Möglichkeit ist, Sexualität zu erleben. Diese durchaus unnatürliche Familienherstellung wird für weite Kreise der Arbeiterschaft bis zum Ende der industriellen Revolution auch in den großen Städten fortgeführt und erschwert es Marx, Einsicht in das Nicht-Selbstverständliche dieses Lebensstils zu gewinnen. Erst gegen Ende des 19. Jahrhunderts – seit der breiten Eröffnung der neomalthusianischen Kampagne für Verhütung – wird auch empirisch klar, daß der Lohnarbeiter diesen kostspieligen Lebensstil ablegen kann. Fortan gibt es Lohnarbeiter im Kapitalismus ohne »Weib und Kind«, aber mit Sexualgenuß. Nicht die »Maschinerie«, sondern die freie Lohnarbeit steht der Familie im überkommenen Eigentümersinne entgegen; erstere erweist die Lohnarbeiterfamilie – wo sie nicht gewaltsam geschaffen wird – bestenfalls als Statussymbol, das bei Einkommensmangel oder aus Desinteresse verworfen werden kann. Marx erkennt immerhin, daß für die Lohnarbeiterfamilie im Endeffekt kein materieller Vorteil entsteht:

»Da gewisse Funktionen der Familie, z. B. Warten und Säugen der Kinder usw., nicht ganz unterdrückt werden können, müssen die vom Kapital konfiszierten Familienmütter mehr oder minder Stellvertreter dingen. Die Arbeiten, welche der Familienkonsum erheischt, wie Nähen, Flicken usw., müssen durch den Kauf fertiger Waren ersetzt werden. Der verminderten Ausgabe von häuslicher Arbeit entspricht also vermehrte Geldausgabe. Die Produktionskosten der Arbeiterfamilie wachsen daher und gleichen die Mehreinnahmen aus.«[97]

Den naheliegenden Schluß, daß Arbeiter diese Belastung durch weniger oder gar keine Kinder unterlaufen und somit gegen die

96 K. Marx, *Das Kapital* I, S. 417. Hervorhebung von uns.
97 K. Marx, *Das Kapital* I, S. 417, FN 121.

»Verewigung« der kapitalistischen Produktionsweise handeln, zieht Marx nicht; vielmehr hofft er:

»So furchtbar und ekelhaft nun die Auflösung des alten Familienwesens innerhalb des kapitalistischen Systems erscheint, so schafft nichtsdestoweniger die große Industrie mit der entscheidenden Rolle, die sie den Weibern, jungen Personen und Kindern beiderlei Geschlechts in gesellschaftlich organisierten Produktionsprozessen jenseits der Sphäre des Hauswesens zuweist, die neue ökonomische Grundlage für eine *höhere Form der Familie* und des Verhältnisses beider Geschlechter. Es ist natürlich ebenso albern, die christlich-germanische Form der Familie für absolut zu halten als die altrömische Form, oder die altgriechische, oder die orientalische, die übrigens untereinander eine geschichtliche Entwicklungsreihe bilden. Ebenso leuchtet ein, daß die Zusammensetzung des kombinierten Arbeitspersonals aus Individuen beiderlei Geschlechts und der verschiedensten Altersstufen, obgleich in ihrer naturwüchsig brutalen, kapitalistischen Form, wo der Arbeiter für den Produktionsprozeß, nicht der Produktionsprozeß für den Arbeiter da ist, Pestquelle des Verderbs und der Sklaverei, unter entsprechenden Verhältnissen umgekehrt *zur Quelle humaner Entwicklung umschlagen muß.*«[98]

In diesem Zitat wird die Marxsche Verklärung bloß historischer Verhältnisse zu allgemein menschlichen zweifach deutlich:

(i) Bei den von ihm aufgezählten Familienformen, die so unterschiedlich nicht gewesen sind, handelt es sich durchweg um Privateigentümerfamilien – entweder Grundeigentümer oder Kapitaleigentümer –, die gerade nicht mit den Lohnarbeitern der modernen Industrie in eine Reihe zu bringen sind. An ihrer Statt hätten von der Antike bis zur germanischen Gesellschaft Sklaven und Gesinde betrachtet werden müssen, die fast immer familienlos gewesen sind.

(ii) Das »Zusammentreffen« von Personen »beiderlei Geschlechts« kann Marx sich nur in Ehen und dann in Kinderzeugung mündend vorstellen. Hier folgt er ganz der herrschenden Predigt gegen Unzucht, also gegen »unreinen« nicht-ehelichen Sexualgenuß, und beharrt auf der Gleichsetzung von Sexual- und Zeugungsakt. Entsprechend perspektivlos bleibt denn die Rede von der »Quelle humaner Entwicklung«. Sein einziger Hinweis auf diese Verhältnisse steht in der Fußnote und lautet: »Fabrikarbeit kann genauso *rein* und vortrefflich sein wie Hausarbeit, ja vielleicht noch mehr.«[99]

98 K. Marx, *Das Kapital* I, S. 514. Hervorhebung von uns.

99 K. Marx, *Das Kapital* I, S. 514, Fn 312, aus *Reports of Insp. of Fact., 31st. Oct.*

Wir haben an den nationalökonomischen Klassikern Adam Smith und David Ricardo, an den sozialistischen Klassikern der Kritik der klassischen Nationalökonomie, Friedrich Engels und Karl Marx, sowie am Begründer des Malthusianismus selbst zeigen können, daß sie unterschiedslos Kinder des Aufklärungszeitalters sind, also die naturrechtliche Auffassung von der prinzipiellen Ehe- und Familienhaftigkeit des Menschen vertreten und nicht darangehen, die mörderische Geschichtlichkeit dieser zum Selbstzweck erhobenen christlichen Familie offenzulegen. Sie kennen wohl Abweichungen von dieser Vorstellung in der Antike und in anderen Kulturen, begreifen aber gerade diese als unnatürlich und halten für natürlich oder gar ewig, was wir unverändert auch bei den Bevölkerungshistorikern der Gegenwart als Grundprämisse ihren Denkens finden: den »natürlichen Wunsch zu heiraten und sich fortzupflanzen« (Tranter).

Aus Familien von Lohnarbeitern im eigenen Erfahrungsfeld kennen sie die Verwahrlosung der Kinder, auch ›Sittenlosigkeit‹, uneheliche Geburten oder das materielle Elend. Die Einsicht indes, daß es sich hierbei nicht um Schwierigkeiten ›der Familie‹ handelt, sondern daß vielmehr Familie bei Eigentumslosen – seien sie halb frei oder ganz frei – selbst die zu erklärende Schwierigkeit darstellt, verfehlen sie. Wo sie kritisch auf die Gesellschaft schauen, wird die Lohnarbeiterfamilie als von der Gesellschaft ›schlecht behandelte‹ beklagt, nicht jedoch verstanden, daß der Staat Familienleben bei den Lohnarbeitern zwar benötigt, diese Lebensform aber wegen ihres prinzipiellen Widerspruchs zum ökonomischen Interesse der Arbeiter einzig als ›schlecht‹ zustande bringt.

Wir sehen also die Macht ›polizey‹-staatlicher Menschenproduktion – ihres Kindestötungsverbotes, ihres Fortpflanzungsgebotes, ihrer Verfolgung nicht-ehelicher Sexualität oder nicht zur Fortpflanzung führender ehelicher Sexualität als Unzucht – gerade darin bestätigt, daß sogar die scharfsinnigsten Analytiker ihr erliegen, seien sie nun Protagonisten oder Gegner der kapitalistischen Ökonomie. Wir sehen ferner, daß sie sich von den Intellektuellen und Humanisten der frühen Neuzeit durchaus unterscheiden – diese propagieren oder verteidigen die Auslöschung des

1865, p. 129. Als Übersicht zu weiteren entsprechenden Äußerungen vgl. Th. Meyer, *Der Zwiespalt in der Marx'schen Emanzipationstheorie*, Kronberg 1973

Verhütungswissens sowie der Freiheit und Ungebundenheit nicht nur der weiblichen Sexualität durch die Hinrichtung von Millionen Frauen, weil sie überzeugt sind, einen neuerlichen ›Zivilisationsuntergang‹ aus Arbeitskräftemangel, wie ihn die römische Spätantike erlebt hat, verhindern zu können.

Die ökonomischen Klassiker ahnen sehr wohl, daß die Freigabe der Verhütung zum Versiegen des Arbeitskräftenachschubs führen kann und keineswegs in ökonomisch ›optimalen‹ Bevölkerungen resultieren muß. Sie argumentieren nicht mit der welthistorischen Perspektive und der gottgefälligen Überzeugung von der ›Richtigkeit‹ der mörderischen Hebammen-Hexen-Verfolgung, wie wir sie in furchtbarer Konsequenz bei Jean Bodin gelesen haben. Statt dessen sanktionieren sie – gewollt oder aus Angst – die Massaker, indem sie der neuzeitlichen Menschenproduktion nicht wirklich nachgehen.

Wir werden uns nun dem bis heute währenden und stets mit Kämpfen verbundenen Niedergang der neuzeitlichen Ethik, also der ›staatspolizeylichen‹ Fortpflanzungsmoral zuwenden, welche – solange sie Macht ausübt – die bisher vergeblich gesuchte »europäische Erklärung« (Tranter) für die Bevölkerungsrevolution Europas nach 1700 liefert und jene Menschenmassen bereitgestellt hat, die allein die Kolonisierung der Welt durch das ›Abendland‹ ermöglicht haben. Im Zerfallsprozeß dieser gesetzlich verankerten Moral werden uns jene Akteure wiederbegegnen, die wir bereits kennen: Die ›Hexenjäger‹ werden als klerikale oder säkulare Faschisten und Stalinisten das Haupt erheben, die bürgerlichen Parteien werden ebenso wie ihre marxistischen Gegner als von den Massen verlassene Prediger dastehen, und die Mitglieder der neomalthusianischen Liga – von Parteimarxisten denunziert und von den Regierungen eingekerkert – werden unter Gefährdung ihrer Freiheit selbst noch im Namen christlicher Moral Verhütungsaufklärung durchsetzen. Sie tragen dazu bei, daß wieder über eine Gesellschaftsform nachgedacht werden muß, die einen existentiell vermittelten Zusammenhang zwischen den Generationen schafft, nachdem Gesellschaften, in welchen die jüngere der älteren abgepreßt wird, wegen Kinderlosigkeit oder Kindesvernachlässigung nicht zu verteidigen sind.

F. Wie es zum neuerlichen Durchbruch ökonomischer Rationalität im Fortpflanzungsverhalten der Europäer kommt oder: Warum die Geburtenraten im letzten Drittel des 19. Jahrhunderts zu sinken beginnen[1]

Zwischen 1800 und 1900 steigt die Bevölkerung in England und Wales, die um 1700 bei 5,8 Millionen lag, von 8 893 000 auf 32 528 000.[1a] Zwischen 1846 und 1932 wandern zusätzlich mindestens 12 Millionen Menschen[2] aus diesen Gebieten in die alten und neuen Territorien des Empire aus. Die Wachstumsraten liegen im gesamten 19. Jahrhundert über 1 Prozent und fallen dann zwischen 1911 und 1921 abrupt auf 0,5 Prozent, erreichen also wieder die Rate des Jahrzehnts 1771-1781, in dem Adam Smith seine Untersuchung geschrieben hat und von der ›Bevölkerungsexplosion‹ noch nichts wissen konnte. In den übrigen europäischen Ländern – mit der Ausnahme Frankreichs – laufen mit nur geringer Verzögerung zum englischen Beginn, aber schon weitgehend parallel zum englischen Rückgang ähnliche ›Bevölkerungsexplosionen‹ ab.[3]

Th. R. Malthus veröffentlicht die erste Auflage seiner Arbeit über das ›Bevölkerungsgesetz‹, nachdem fast zwei Jahrzehnte lang die Bevölkerung mit verdoppelter Wachstumsgeschwindigkeit gestiegen ist. Warum entsteht nun nicht sogleich als Reaktion auf die Erwartung großen Massenelends durch Kinderreichtum eine Verhütungskampagne, sondern erst (als neomalthusianische bekannt) im späten 19. Jahrhundert?

---

1 Die Vorarbeiten zu den Abschnitten 1-3 des Kapitels F wurden von G. Heinsohn u. O. Steiger, im Abschnitt 4 von R. Knieper und im Abschnitt 5 von allen drei Autoren gemeinsam erstellt.

1a Vgl. N. Tranter, S. 42.

2 Vgl. dazu A. M. Carr-Saunders, *World Population: Past Growth and Present Trends*, Oxford 1936, S. 49, s. a. B. R. Mitchell, *Statistical Appendix 1700-1914*, in: C. M. Cipolla (Hg.), *The Fontana Economic History of Europe* 4 (2), S. 751.

3 Die aktuellste Übersicht liefert dazu C. McEvedy/R. Jones, *Atlas of World Population History*, London 1978, S. 19-118.

1. Wie die ›Bevölkerungsexplosion‹ zu Qualitätsproblemen in der Menschenproduktion führt und der Staat zum Erzieher wird

Bereits im Jahre 1822 veröffentlicht Francis Place (1771-1854) seine *Illustrations and Proofs of the Principle of Population*, worin er zur Verhütung ermuntert. 1823 bringt er sein vierseitiges Flugblatt *To the Married of Both Sexes of the Working People* in Umlauf, das die Verwendung eines in die Vagina geschobenen Schwämmchens zur Schwangerschaftsverhütung empfiehlt. Das Flugblatt erscheint – offensichtlich aus Furcht vor strafrechtlicher Verfolgung wegen Verbreitung »obszöner Schriften« – anonym. Es erlaubt keinerlei Zweifel am Glauben seines Verfassers an die christliche Familienmoral und enthält nicht die Spur eines Gedankens an Abtreibung oder gar Kindestötung. In dieser Schrift von 1823 heißt es:

>»Diese Schrift richtet sich an die Vernünftigen und Nachdenklichen unter Euch, die zahlreichste und nützlichste Klasse der Gesellschaft. Sie ist nicht dazu gedacht, Laster und Unzucht hervorzurufen, sondern das Laster auszurotten und der Unzucht ein Ende zu bereiten.
>
>Es ist ein bekannter Lehrsatz – oft bestätigt und nie bestritten –, daß bei zu vielen Arbeitskräften in welchem Handel und Gewerbe auch immer diese schlechter bezahlt werden, als sie bezahlt werden müßten und daß sie dann gezwungen sind, mehr Stunden zu arbeiten, als sie sonst müßten.
>
>Wenn die Anzahl der Arbeitskräfte in Handel und Gewerbe eine Zeitlang zu groß gewesen ist, sinken die Löhne auf ein sehr niedriges Niveau und die Arbeiter stehen sich kaum besser als Sklaven. Wenn also die Löhne so stark gefallen sind, können die Arbeiter ihre Kinder nicht länger in einer Weise versorgen, wie es alle guten und respektablen Leute zu tun wünschen; sie werden hingegen gezwungen, ihre Kinder zu vernachlässigen und sie in sehr frühem Alter in Fabriken und Manufakturen auf Arbeit zu schicken.
>
>Das Elend dieser armen Kinder ist unbeschreiblich und braucht Euch nicht vergegenwärtigt zu werden, die ihr es jeden Tag mitanseht und beklagen müßt.
>
>Viele von Euch sind allerdings gezwungen, für den bloßen Lebenserhalt unaufhörlich zu arbeiten – vom frühen Morgen bis in die späte Nacht, ohne die geringste Hoffnung auf eine bessere Zukunft. Eure und Eurer Kinder Krankheiten, Not, Schmerz und vorzeitiger Tod Eurer Lieben, um die Ihr Euch nicht so kümmern könnt, wie Ihr möchtet. All das braucht nur angedeutet zu werden. Ihr wißt um alle diese Übel nur zu gut Bescheid.

Und was, werdet Ihr fragen, ist die Rettung? Wie können wir dieses Elend vermeiden?

Die Antwort ist kurz und bündig. Die Mittel sind einfach. Tut, was auch andere Leute tun, um nicht mehr Kinder zu haben, als sie wünschen und ohne Schwierigkeiten versorgen können.

Was von anderen Leuten getan wird, ist dies: Ein Stückchen weicher Schwamm wird mit Garn oder einem billigen Faden umbunden, kurz vor dem Geschlechtsverkehr eingeführt und unmittelbar danach herausgezogen. [...] Viele achten darauf, daß das gleiche Schwämmchen nicht wieder verwendet wird, bevor es gewaschen ist. Wenn das Schwämmchen groß genug ist – d. h. den Umfang einer grünen Walnuß oder eines kleinen Apfels erreicht, wird es die Empfängnis verhüten.

Und dergestalt – ohne Verringerung der Vergnüglichkeiten des Ehelebens oder die geringste Gefährdung der Gesundheit auch der empfindlichsten Frauen – wird sowohl der Ehefrau als auch ihrem Gatten all das Elend erspart, das zuviele Kinder hervorrufen.

Durch Begrenzung der Kinderzahl werden sowohl die Löhne der Kinder als auch der Erwachsenen ansteigen – die Arbeitsstunden werden ein akzeptables Maß nicht überschreiten. Ihr werdet Zeit für Erholung haben, Mittel um Euch vernünftig zu vergnügen, und sowohl Mittel als auch die Zeit für die moralische und religiöse Unterrichtung Euer selbst und Eurer Kinder haben.

Gegenwärtig zittert jede respektable Mutter vor dem Schicksal ihrer heranwachsenden Töchter. Immer ist die Angst da, daß sie verführt werden. Diese Angst macht viele gute Mütter unglücklich. Wenn das Unheil kommt, stürzt es sie ins Elend. Und weshalb gibt es soviel Unzucht, und diese traurigen Konsequenzen? Warum? Weil viele junge Männer, welche die Folgen einer großen Familie fürchten müssen, spät heiraten und in der Unzucht [nichtehelicher Verkehr – d. V.] ihr Heil suchen. Damit zerstören sie sowohl ihr eigenes Glück als auch das der unglücklichen Mädchen, die sie verführen.

Andere junge Männer, deren moralische und religiöse Stärke sie von diesem lasterhaften Leben abhalten, heiraten früh und produzieren große Familien, die sie letztlich nicht unterhalten können. Das sind die Gründe des Elends, das Euch bedrängt. Wenn einmal hier wie anderswo [Frankreich – d. V.] üblich geworden ist, die Kinderzahl zu begrenzen, so daß niemand mehr haben wird als erwünscht, dann wird kein Mann mehr die Verehelichung fürchten. Alle können in jungen Jahren heiraten – die Unzucht wird verschwinden, während saubere Moral und religiöse Tugenden wohl gedeihen werden. Ihr könnt nicht verkennen, daß dieser Aufruf allein für Euer Wohlergehen verfaßt worden ist. Es ist ganz unmöglich, daß seine Verfasser irgendeinen Vorteil aus ihm ziehen können, außer der Genugtuung, die jede wohlwollende Person, jeder wahre

Christ fühlen muß, nämlich Euch in Wohlstand, Gesundheit und Glück zu wissen.«[4]

Das halbe Jahrhundert, das zwischen dieser Verhütungsschrift von 1823 und dem Beginn der öffentlichen Verhütungskampagne in England im Jahre 1877 liegt, bringt trotz hoher Kindersterblichkeit und hoher Auswanderungsquoten eine Zunahme der Einwohnerzahl von ca. 12 auf ca. 25 Millionen. Die Wachstumsraten pro Jahr liegen zwischen 1,2 und 1,6 Prozent. Dennoch erlebt England in dieser Periode keine politische Bewegung gegen die Bevölkerungsvermehrung. Places Initiative »erstirbt. Sobald die Agitation für die soziale Reform [nach der Französischen Revolution – d. V.] verschwindet, geht auch das Interesse an Geburtenkontrolle zurück«.[5] Dieser sogenannte Interessenrückgang ist den Demographen unerklärlich. Unseres Erachtens hat er gar nicht stattgefunden. Vielmehr wird dieses halbe Jahrhundert zum Schauplatz politisch bewußten Disponierens mit Menschenmassen, für deren Erzeugung nun die juristischen und ›staatspolizeylichen‹ Maßnahmen, welche seit Beginn der Neuzeit unter Verwendung der nach der Spätantike erlassenen christlichen Fortpflanzungsgesetze in bislang ungekannter Machtperfektion vorliegen. Daß eine kapitalistische Ökonomie auf Lohnarbeiter – die Kinder persönlich nicht benötigen, weshalb sie ihnen abzupressen sind – angewiesen ist, erzwingt die entschiedene Ächtung aller nur denkbaren Nachwuchsverhütung, bedeutet also die unbedingte Aufrechterhaltung von Irrationalität und Unwissenheit im sexuellen Bereich oder – religiös gesprochen – das Festhalten an der neuzeitlichen Verantwortungslosigkeit im Fortpflanzungsverhalten, kurz, an dem Vertrauen, daß Gott die Kinder schon ernähren werde. Die strafrechtliche Verfolgung gilt mithin sexueller Aufklärung, dem Anbieten von Verhütungsmitteln, der Kindestötung und Kindesaussetzung, der Abtreibung, dem Vertrieb erotischer Schriften, dem Kontakt der Jugend mit sexuellen Sachverhalten, allen nicht zur Schwängerung führenden Formen der Sexualbefriedigung – selbst im Rahmen der Ehe –, der Homosexualität, der außer- und vorehelichen Sexualität, der Unterhaltspflichtverletzung usw.[6] Die entsprechenden Gesetze befesti-

4 Vgl. den Faksimileabdruck dieses Flugblatts in N. E. Himes, S. 216 f.
5 N. E. Himes, S. 223.
6 Eine ausführliche Analyse all dieser strafrechtlichen Maßnahmen – durchge-

gen eine Sexualmoral, die an Grausamkeit, Ausschließlichkeit und Konsequenz in der Menschheitsgeschichte ohne Vorbild ist. Die ausführlichste uns vorliegende Untersuchung über das Sexualverhalten in 250 verschiedenen Gesellschaften aus Vergangenheit und Gegenwart nennt außer den christlichen Gesellschaften nur noch einen kleinen westafrikanischen Stamm (Ashanti) mit ähnlich rigider Moral, aber ohne entsprechendes Kindestötungsverbot.[7]

Nun geht die Unterdrückung einer Verhütungskampagne, die sich theoretisch auf Malthus und praktisch auf Place hätte berufen können, keineswegs mit totaler gesellschaftlicher Blindheit der Regierungen Europas und in erster Linie Englands zusammen. Die schnell wachsende Industrie ebenso wie die – von nicht als Menschen anerkannten ›Heiden‹ bewohnten – Kolonien bilden das Feld, auf dem die Nationen Europas ihren Konkurrenzkampf aus dem Arbeitskräftereservoir bestreiten, das ihre Bevölkerungspolitik abwirft:

»Von diesem Augenblick an [dem ersten englischen Census von 1801 – d. V.] wurde ein kontinuierliches Bevölkerungswachstum als normal angesehen, eine Abschwächung oder gar ein Aufhören jedoch als ungünstiger Zustand. Heute [1927 – d. V.] ist diese Idee zu einem Dogma geworden, das nirgendwo mehr Anhänger gefunden hat als in England. Auf ihm gründen sich die ehrgeizigsten Hoffnungen für eine britische Expansion: Entsprechend einem Glaubenssatz, der seine Apostel und Fanatiker gefunden hat, werden Wohlstand und Macht des Empire unbegrenzt mit seiner Bevölkerung wachsen, so daß eines Tages Kanada, Australien und Südafrika hunderte Millionen von Menschen haben werden, eine ganze neue Rasse, die Englisch spricht und auf immer ein großes Commonwealth unter dem Union Jack bildet.«[8]

Tatsächlich leben heute ca. 270 Millionen Menschen englischer Muttersprache außerhalb Englands, bezeugen also den Drang der im 19. Jahrhundert in England massenhaft geborenen Kinder, eine freie Bauern- oder sonstige selbständige Produzentenexistenz in Übersee aufzubauen. Es wiederholt sich hier im internationalen Kontext und durch Engländer lediglich begonnen, was wir während der Antike im Mittelmeerraum beobachtet haben:

führt für die deutschsprachigen Länder Europas – geben G. Heinsohn / R. Knieper, passim.
7 Vgl. G. P. Murdock, S. 263.
8 Vgl. P. Mantoux, S. 348.

Vor die Alternativen ›Lohnarbeiter oder selbständiger Produzent‹ gestellt, wird abermals – und nunmehr millionenfach[9] – die letztere gewählt.

In England wird im Gefolge der Auswanderung ein zentrales Problem der staatlichen Menschenproduktion zuerst deutlich sichtbar. Zwar können durch staatliche Gewalt und kirchliche Indoktrination den Lohnabhängigen Kinder abgepreßt werden, aber beide Mittel sind untauglich, die Zuwendung zu erzwingen, ohne welche Kinder nicht zu gedeihen vermögen. Deshalb werden bereits in der frühen Kindheit – also noch vor dem Zwang zu industrieller Kinderarbeit ab etwa dem 6. Lebensjahr – Millionen von Kindern für das gesamte Leben nachhaltig geschädigt. Zudem wird das waghalsige Unternehmen der Auswanderung vorrangig von den stabileren Personen riskiert, während im Mutterland die weniger stabilen Menschen als Geschöpfe der industriellen Revolution zurückbleiben. Auf dem Überhandnehmen dieses »menschlichen Schutts« des 19. Jahrhunderts begründet Francis Galton, ein Vetter Charles Darwins, seine Eugenik[10] (Rassenhygiene[11]). Die Lehre Galtons erfährt rasch internationale Verbreitung: Die zweite Weltbevölkerungskonferenz (nach der Genfer von 1927) findet unter der Schirmherrschaft Hitlers 1935 in Berlin statt und versammelt Rassenhygieniker aus fast allen entwickelten Ländern der Erde. Schon zwischen 1907 und 1935 werden in Amerika rassenhygienische Gesetze in 31 von 48 Bundesstaaten durchgesetzt und damit eugenische Sterilisationen zulässig. NS-Deutschland folgt mit dem *Gesetz zur Verhütung erbkranken Nachwuchses* am 18. 7. 1935. Es wird vom Ehrenpräsidenten der amerikanischen »Eugenic Research Association« auf dem Berliner Kongreß begrüßt:

»Aus der Synthese aller großen Wissenschaftler haben Männer wie der Führer der Deutschen Nation, Adolf Hitler, sachkundig unterstützt von Innenminister Frick und beraten von den deutschen Anthropologen, Rassenhygienikern und Sozialphilosophen eine umfassende Rassenpolitik

---

9 Zwischen 1846 und 1932 verlassen über 50 Millionen Menschen Europa. Vgl. zuletzt W. W. Rostow, *The World Economy. History and Prospect*, London 1978, Teil I, insbes. S. 18 ff.

10 Vgl. F. Galton, *Hereditary Genius*, London 1869.

11 Dieser deutsche Terminus stammt aus W. Schallmeyer, *Über die drohende körperliche Entartung der Kulturmenschheit und die Verstaatlichung des ärztlichen Standes*, Berlin 1891.

der Entwicklung und Verbesserung der Bevölkerung geschaffen, welche in der Rassengeschichte Epoche machen wird. Es schafft das Modell, welches die anderen Nationen und Rassen nachvollziehen müssen, wenn sie in ihrer rassischen Qualität, in ihrer rassischen Vollkommenheit und in ihrer Fähigkeit zu überleben, nicht zurückfallen wollen.«[12]

Die hier beispielhaft in später Formulierung vorgeführte Idee einer Konkurrenz der Rassen beginnt die kapitalistischen Länder Europas im letzten Drittel des 19. Jahrhunderts, also relativ gleichzeitig, zu beschäftigen. Die buchstäbliche Sorge, daß die Mehrheit der Nation den Verstand verliere oder Verstand erst gar nicht erwerbe, löst Maßnahmen gegen einen frühzeitigen Verschleiß der Menschen aus. In den zu erwartenden Waffengängen zwischen den ökonomisch expandierenden Nationen Europas werden diejenigen mit schlechterem »Menschenmaterial« ausgestatteten von vornherein auf der Verliererseite gesehen.

In dem Maße also, in welchem die Fabrikarbeiter ihren Anteil an der Bevölkerung erhöhen, wird offensichtlich, daß die absolute Mehrheit der Nationen allmählich aus früh geschädigten Menschen besteht, deren defizitäre Sozialisation sich im Nachwuchs noch zu potenzieren droht: Der Bericht der englischen »Kommission von 1863 über die Beschäftigung von Kindern« formuliert diese Besorgnis folgendermaßen: »Die Töpfer als eine Klasse, Männer und Weiber, repräsentieren eine entartete Bevölkerung, physisch und geistig entartet«; »die ungesunden Kinder werden ihrerseits ungesunde Eltern, eine fortschreitende Verschlechterung der Race ist unvermeidlich«, und dennoch »ist die Entartung der Bevölkerung der Töpferdistrikte verlangsamt durch die beständige Rekrutierung aus den benachbarten Landdistrikten und die Zwischenheiraten mit gesundern Racen!«[13]

Der Rassismus des Bürgertums, zusammengesetzt aus der Furcht vor dem Niedergang der eigenen »Racen« und der Angst vor »Überflutung« durch »mindere Racen« hat hier seinen historischen Ursprung. Es entsteht in den bürgerlichen Familien »eine umgekehrte und dunkle Ahnentafel, deren beschämende ›Adelstitel‹ die Krankheiten oder Belastungen der Verwandtschaft wa-

12 Vgl. H. Laughlin, *Studies on the Historical and Legal Development of Eugenical Sterilization in the United States*, in: H. Harmsen / F. Lohse (Hg.), *Bevölkerungsfragen*, München 1936, S. 666 ff.
13 Zit. n. K. Marx, *Inauguraladresse . . .*, S. 8.

ren«.[14] Im deutschen Rassenwahn unter dem NS-Regime findet diese Unreinheitsangst – nunmehr vor jüdischen und anderen »nicht arischen« Ahnen – ihre fürchterliche Vollendung.

England steht also als erste Nation vor den Problemen, mit denen sich später alle anderen bürgerlichen Gesellschaften in gleicher Weise konfrontiert sehen: Wie ist es möglich, eine Lohnarbeitergesellschaft nicht allein biologisch zu reproduzieren, sie nicht nur zum bloßen Setzen von Leben, sondern auch zu befriedigender Erziehung der Kinder zu veranlassen? Wie kann das Kunststück der Neuzeit, an welchem alle vergangenen Hochkulturen gescheitert sind, weitergeführt werden? Wie sind die sexuelle Ignoranz und die persönliche, aber religiös gerechtfertigte elterliche Verantwortungslosigkeit gegenüber dem Nachwuchs als Resultat der Hexenverfolgungen festzuhalten? Wie kann der einmal gewonnene Nachwuchs weiterhin vor dem Tode bewahrt und ihm schließlich jene menschliche Qualität vermittelt werden, ohne die eine Gesellschaft nicht überleben kann? Was Adam Smith – vor der industriellen Revolution – als bestimmendes Moment der Beziehungen zwischen Lohnarbeitern und ihrem Nachwuchs erkannte – nämlich Vernachlässigung und Gleichgültigkeit –, prägt allmählich das Verhältnis zwischen der Bevölkerungsmehrheit Englands und ihren Kindern. Den Anstieg des Anteils der Fabrikarbeiter an der Gesamtbevölkerung Englands verdeutlichen die folgenden Zahlen: Noch 1801 arbeiten in der Landwirtschaft 35 Prozent der Arbeitskräfte, in der Industrie jedoch nur 29 Prozent[15]. Bereits 1831 haben die industriellen Zentren mit 6 317 580 Einwohnern fast denselben Anteil an der Gesamtbevölkerung erreicht wie die landwirtschaftlichen und gemischten Gebiete mit 7 734 405 Einwohnern.[16] Im Jahre 1841 beschäftigt die Landwirtschaft nur noch 23 Prozent der Arbeitskräfte gegenüber 39-43 Prozent in der Industrie und 34-38 Prozent in den Dienstleistungsgewerben. 1901 schließlich machen die Fabrikarbeiter mit 54 Prozent die absolute Bevölkerungsmehrheit Englands aus.[17]

Die Lösung des gewaltigen Problems der Kindesvernachlässigung können die staatlichen Gewalten nicht um den Preis der

14 M. Foucault, *Sexualität und Wahrheit* (1976), Frankfurt/M. 1977, S. 150.
15 Vgl. S. Kuznets, *Modern Economic Growth* (1966), London 1973, S. 106.
16 Vgl. Ph. Deane, W. A. Cole, *British Economic . . .*, S. 103.
17 Vgl. S. Kuznets, S. 106.

Überwindung der christlichen Familienmoral betreiben, da dann der Zufluß der Arbeitskräfte überhaupt gefährdet würde. Sie verhalten sich also nur konsequent, wenn sie die Mehrung der Kinder unberührt lassen und sich zu ihren Beschützern erheben. Der Staat übernimmt die institutionelle Aufgabe der qualitativ zureichenden Entwicklung der Kinder, macht sich in doppeltem Sinne zu ihrem »Vater«. Er ist bereits verantwortlich für die Erzeugung und kümmert sich nun auch um die Erziehung. Erfolg in beiden Fällen wird zur Voraussetzung der Fortexistenz der Nation.

Den entscheidenden Schritt als Erzieher der nachwachsenden Lohnarbeitergeneration glaubt der englische Staat bereits damit getan zu haben, daß er effektiv seit 1833, programmatisch bereits seit 1802, sukzessive die Kinderarbeit verbietet sowie die Frauenarbeit – also Mütterarbeit – verkürzt (1844 auf maximal 12 Stunden) und etwa im Bergbau ganz untersagt.[18] Diese Gesetze bewirken zwar eine enorme Reduzierung der Kinderarbeit, mögen auch die nun nicht mehr ›halbnackt‹ im Bergwerk tätigen Mütter in der gewünschten Sexualmoral bestärkt haben, lösen das Verwahrlosungsproblem aber gerade nicht.

Die Ursache des qualitativen Problems der Menschenproduktion liegt nämlich nicht nur in der Fabrikarbeit als solcher, sondern in der perspektivlosen Existenz des Lohnarbeiters, der seine Kinder für keine konkrete Lebensaussicht zu erziehen imstande und willens ist. So gelten im Jahre 1851 von den 4 908 696 Kindern Englands zwischen 3 und 15 Jahren 3 015 405 als mehr oder weniger streunend.[19] Noch 15 Jahre später, also 1866, befinden sich in Manchester 54 Prozent[20] der Kinder weder in der Schule (immerhin 40 Prozent besuchen bereits eine solche), noch an einem Arbeitsplatz (an dem sich nunmehr nur noch 6 Prozent der Kinder finden), sondern halten sich auf den Straßen oder in den ärmlichen Wohnungen der außerhäusigen Eltern auf. Die Verwahrung dieser Kinder, die sich keineswegs im Sinne der

18 Vgl. zur Fabrikgesetzgebung K. Marx, *Das Kapital* I, S. 294 ff u. 422 ff. Als aktuelle Darstellung verweisen wir auf S. L. Case / D. J. Hall, *A Social and Economic History of Britain: 1700 to the Present Day,* London 1971, S. 45 ff.

19 Vgl. E. G. West, *Education in the Industrial Revolution,* London-Sidney, 1975, S. 24.

20 Vgl. P. Musgrave, *Society and Education in England Since 1800* (1968), London 1976, S. 29.

erforderlichen Fortpflanzungsmoral zu entwickeln und die obendrein als Analphabeten den Anforderungen der Maschinenbedienung nicht zu genügen drohen, werden zum Anlaß des ersten verwirklichten allgemeinen Pflichtschulsystems der Weltgeschichte: der »infant school«. Die Neuzeit schafft sich hier das zweite Bein ihres ›Wunders‹, das darin besteht, eine mehrheitlich aus Besitzlosen zusammengesetzte Gesellschaft zu sein und sich dennoch fortzupflanzen. Nach der Erzwingung der Fortpflanzung erzwingt sie nun auch die Erziehung der Lohnarbeiterkinder in öffentlichen Institutionen. Im Jahre 1870 wird in England für Kinder zwischen 5 und 13 Jahren eine Pflichtelementarschule gesetzlich eingeführt. Im Jahre 1876 erlegt ein weiteres Gesetz den Eltern die Verantwortung für den tatsächlichen Schulbesuch ihrer Kinder auf. Seit 1880 wird schließlich die Anwesenheit der Kinder in der Schule – mit bis 1918 geltenden Ausnahmen nur noch für die über Zehnjährigen – praktisch erzwungen. Die Funktion der Schule besteht – neben der schlichten Aufbewahrung – in der Indoktrinierung der Kinder mit der christlichen Moral sowie in ihrer Einübung in Grundkenntnisse des Rechnens, Schreibens und Lesens.[21] Bereits im Armengesetzgebungs-Bericht von 1834 haben die Ratgeber des englischen Parlaments vorausgesehen, daß der Staat Erzieher werden muß. In der alten Armengesetzgebung von 1601, die, wie gezeigt, unmittelbar nach und als Folge der Beseitigung von Leibeigenschaft entstand, war bereits die Rede davon, daß es Eltern gibt, die nicht »fähig sind, ihre Kinder ordentlich aufzuziehen und zu ernähren«.[22] Das Gesetz steckte sich deshalb das Ziel, die Eltern materiell zu befähigen, ihre Kinder »anständig« aufzuziehen. Sie empfingen Gegenstände des täglichen Lebens- und Arbeitsbedarfs, und es wurde damit gerechnet, daß sie unter dem Konformitätsdruck der meist ländlichen Umgebung ein dem bäuerlichen vergleichbares Arbeits- und Familienleben führen würden.

Das neue Armengesetz von 1834, das bis 1929 in Kraft bleibt, bricht mit dieser Konzeption völlig, vertraut nicht mehr auf traditionelle Tugenden der Eltern als Erzieher, zwingt diese

21 Vgl. D. V. Glass, S. 57 f. Vgl. zum Vorrang der christlichen Familienmoral in den deutschen Schulen des 19. Jahrhunderts die Quellennachweise bei Giese, *Quellen zur deutschen Schulgeschichte seit 1800*, Göttingen 1961, S. 151, 194, 197, 222 etc.

22 Vgl. E. G. West, S. 136.

vielmehr nach Geschlechtern getrennt in Arbeitshäuser und ist sich

> »vollkommen bewußt, daß es für die allgemeine Verbreitung guter Prinzipien und Verhaltensweisen, welche heute benötigt werden, nicht sinnvoll ist, ökonomische Unterstützungen zu geben, sondern sich auf die moralische und religiöse Erziehung zu konzentrieren [. . .], welche umsichtig vom Staat geleistet werden soll. Obwohl dieses Thema nicht zur Aufgabe unserer Kommission gehört [. . .], meinen wir, daß nach der allgemeinen Verbesserung durch eine effektivere Durchführung der Armengesetze, *die wichtigste Aufgabe des Gesetzgebers darin besteht, Maßnahmen für die religiöse und moralische Erziehung der arbeitenden Klassen zu treffen.*«[23]

Dennoch erweist sich gerade die Schutzgesetzgebung für die Kinder als entscheidender Faktor bei der Durchbrechung der Ignoranz in sexuellen und Verhütungs-Angelegenheiten, bei der Durchbrechung der christlichen Familienmoral. War es den Eltern noch bis 1833 möglich, die Kinder bald in die Fabriken zu schicken, sie also selbst für den Unterhalt und vielleicht sogar für denjenigen der noch nicht arbeitsfähigen Geschwister aufkommen zu lassen, so bedeutet bereits das Kinderarbeitsverbot eine schwerwiegende Einkommenseinbuße, gegen die in der Arbeiterschaft auch gekämpft wird. Diese Einbuße verschärft sich dann durch den 1876 zum Gesetz gewordenen Zwang, die Kinder für den Schulbesuch auch materiell auszustatten. 1874 wird mit dem Gesetz über die staatliche Registrierung von Geburten- oder Sterbefällen die Pflicht auferlegt, die Geburt eines Kindes anzugeben. Erst jetzt ist die Überprüfung der Eltern bei der Befolgung der für den Kinderschutz erlassenen Gesetze möglich.[24]

Das Interesse an Informationen über die Verhütung von Nachwuchs, die ja seit 1822 in den Arbeiten von Francis Place vorliegen, wird nun mächtiger als die Furcht vor Strafen für Verbreitung oder Besitz ›obszöner‹ Schriften, als welche Aufklärungsliteratur verfolgt wird. Die hochschnellende Kostenbelastung der Eltern im Gefolge der Kinderschutz- und Schulpflichtgesetze lassen die Suche nach Informationen über Schwangerschaftsverhütung in den arbeitenden Klassen noch dringlicher werden.

---

23 Vgl. N. W. Senior / E. Chadwick, *Reports from Commissioners-Poor Laws* (1834), in: S. G. u. E. O. A. Checkland (Hg.), *The Poor Law Report of 1834*, 1974, S. 496 ff.
24 Vgl. D. V. Glass, S. 416.

Dieses Interesse trifft auf opferbereite Intellektuelle, die solche Informationen mit allen Risiken für die eigene Existenz zu geben bereit sind. Ein Jahr nach dem Gesetz über die elterliche Verantwortlichkeit des Schulbesuchs ihrer Kinder verteilen Annie Besant und Charles Bradlaugh öffentlich eine Schrift, für deren Verkauf der Buchhändler Henry Cook aus Bristol wegen ›Verbreitung obszöner Schriften‹ zwei Jahre Zwangsarbeit erhalten hatte. Es handelt sich um einen Nachdruck von Charles Knowltons (1800-1850) 1832 erstmals anonym erschienenem Buch *Fruits of Philosophy,* das dem Historiker der Geburtenkontrollmethoden Norman E. Himes (1899-1949) – »als die erste wirklich wichtige Untersuchung seit denjenigen von Soranos und Aetios [antike Autoren – d. V.]«[25] über Verhütung bezeichnet wird.

Die Freidenker Annie Besant und Charles Bradlaugh unterrichten die Polizei von ihrer Verteilungsaktion, werden verhaftet und erzwingen so einen Musterprozeß, der nach Revision vor dem höchsten Gericht Englands 1878 mit Freispruch endet. Am 18. Juli 1877 gründen die beiden – noch unter Anklage stehend – die »Malthusian League«[26], die in ihrem ersten Programmpunkt verkündet, für »die Abschaffung aller Strafen auf öffentliche Diskussion der Bevölkerungsfrage zu agitieren, um solche gesetzlichen Bestimmungen zu erlangen, daß es in Zukunft unmöglich sein wird, derartige öffentliche Besprechungen unter dem Begriff eines Vergehens nach dem gemeinen Recht zu verfolgen«.[27] Sie sprechen gegen Malthus' Empfehlung, durch sexuelle Enthaltsamkeit die Kinderzahlen niedrig zu halten, da es

»viele Krankheiten und viele geschlechtliche Laster [verursache]; frühes Heiraten dagegen hat die Tendenz, Keuschheit, häuslichen Komfort, soziales Glück und individuelle Gesundheit zu befördern; aber es bedeutet schwere soziale Verfehlung von Männern und Frauen, wenn sie mehr Kinder in die Welt setzen, als sie angemessen unterbringen, ernähren, kleiden und erziehen können«.[28]

Daraus wird ersichtlich, daß die Neomalthusianer nicht der Familienlosigkeit, sondern dem Familienglück zuarbeiten. Die Familienhaftigkeit des Menschen steht für sie außer Frage. Ihre

25 Vgl. N. E. Himes, S. 227.
26 Vgl. R. Ledbetter, *A History of the Malthusian League 1877-1927* (1932), Columbus/Ohio, 1976.
27 R. Ledbetter, S. XIII.
28 R. Ledbetter, S. 66.

Leidenschaft rührt aus dem Glauben, daß sie gewissermaßen die ersten Menschen seien[29], die über Geburtenkontrolle nachdenken, und damit ebenfalls die ersten, die den Geheimschlüssel zu einem wirklich glücklichen Familienleben in Händen halten. Die Neomalthusianer – als Verhütungsaufklärer verfolgt – liefern somit einen der stärksten Beweise für den ungeheuren Erfolg der Auslöschung des Verhütungswissens im Zuge der Hexenverfolgungen. Diese feiert ihren Triumph darin, daß die Ideologie von der Natürlichkeit des Familienlebens von denjenigen am leidenschaftlichsten verfochten wird, die es mit jenen Mitteln vollkommen machen wollen, deren frühere Zerstörung den Glauben an diese Natürlichkeit erst begründet hat.

1910 versammeln sich 18 europäische Sektionen der neomalthusianischen Bewegung in Den Haag. In fast allen Ländern Europas gehen malthusianische Intellektuelle in die Gefängnisse und erzwingen Musterprozesse.[30] Sie sind indes erst in den siebziger Jahren unseres Jahrhunderts in der Weise erfolgreich, daß nun zwar Verhütung weitgehend betrieben wird, aber der Traum vom glücklichen Familienleben der Verhütenden zerstoben ist und ihren Denkfehler praktisch offenbart.

Im Jahre 1927 tritt die Liga zum letzten Mal zusammen und erklärt ihren Zweck für erfüllt. Im selben Jahre organisiert Margaret Sanger die erste Weltbevölkerungskonferenz in Genf. Sie versucht, die Geburtenkontrolle zu einer Angelegenheit des Völkerbundes zu machen, und erreicht dabei einen entscheidenden öffentlichen Durchbruch. Damit hat ein neues Zeitalter der weltweiten Familienplanung begonnen. Alle Befürworter der Verbreitung von Verhütungswissen predigen zugleich weiterhin die christliche Familie in religiöser oder säkularisierter Ausgestaltung. Die Familienhaftigkeit aller Menschen und damit auch des freien Lohnarbeiters wird nach wie vor als ›conditio humana‹ unterstellt und – meist – auch geglaubt. So versammeln sich denn im Jahre 1965 beinahe alle Staaten der Erde zu einer Konferenz »on *Family* Planning Programs«.[31] Damit ist die christliche Moral

29 1927 schrieb der Neomalthusianer R. B. Kerr aus Anlaß des fünfzigjährigen Bestehens der Liga: »Als der ältere Drysdale 1854 [über Geburtenkontrolle – d. V.] schrieb, gab es ungefähr ein halbes Dutzend Leute in der Welt, die an die Geburtenkontrolle glaubten. Jetzt sind es Millionen.« Vgl. R. Ledbetter, S. 80.
30 Vgl. zu dieser Entwicklung bis 1936 N. E. Himes, Kapitel X ff.
31 Vgl. *Family Planning and Population Programs*, Chicago und London, 1966.

zur Weltmoral erhoben. Der europäischen Zivilisation ist es gelungen, alle Erdteile der industriellen Warenproduktion zu öffnen und zugleich das Gebot zur Familiengründung zu verallgemeinern, ohne das Lohnarbeitergesellschaften nicht überdauern können. Die Weltbevölkerungskonferenz von Bukarest im August 1974 verkündet dann den endgültigen Sieg der Familienplanungsidee[32]:

»Im vorliegenden Aktionsplan wird die Notwendigkeit anerkannt, allen (Ehe-)Paaren die erwünschte Kinderzahl mit dem erwünschten zeitlichen Abstand zwischen den Geburten zu ermöglichen und die sozialen und wirtschaftlichen Verhältnisse auf dieses Ziel auszurichten.« (Punkt 28 des *World Population Plan of Action*)

Der Neomalthusianismus, die Familienplanung, ist damit Welt-Bevölkerungspolitik geworden. Seine bürgerlichen und marxistischen Gegner haben sich ihm angeschlossen. Allenfalls bei der Bestimmung wirklich »maßgerechter Familien«, um die »Weltbevölkerungs-Bombe« zu entschärfen, scheint es noch Probleme zu geben. Doch die Zahlen deuten den Erfolg[33] schon an. Die Lohnarbeiterfamilie scheint weltweit durchgesetzt zu sein.

2. Warum in Frankreich früher als im übrigen Europa die Geburtenraten zurückgehen

Das reale Fortpflanzungsverhalten der Lohnarbeiter hat jedoch bereits im letzten Drittel des 19. Jahrhunderts den Glauben an die Naturhaftigkeit der Familie zu unterminieren begonnen. Der ab 1878 in England – und dann auch in den anderen europäischen Ländern – einsetzende Geburtenrückgang erscheint zwar vorerst als bloße Verringerung der Kinderzahlen. Von Anfang an aber gibt es die gewollte Kinderlosigkeit, die Verwendung der Verhütungsmittel in jener staatlich so gefürchteten Perspektive der Neuzeit. Mit der *Familienlosigkeit* nähert sich der moderne Lohnarbeiter seinem ökonomischen Interesse an. Die folgenden

32 *Weltbevölkerungskonferenz*, UN-Document E/5585 v. 2. 10. 1974, deutsch in: *Zeitschrift für Bevölkerungswissenschaft*, 1. Jg., 1975, Nr. 2, S. 80 ff.

33 Vgl. zuletzt *Vital Rates*, in: *Population Index*, July 1978, Vol. 44, No. 3, S. 601 ff., wo der Fall der Geburtenraten in fast allen Ländern belegt wird. Siehe auch die entsprechenden Übersichten bei W. W. Rostow, S. 26 ff.

Tabellen verdeutlichen den im letzten Drittel des 19. Jahrhunderts beginnenden Geburtenrückgang und machen zugleich sichtbar, daß er sich unter einer immer noch wachsenden absoluten Bevölkerung verbergen kann:

Tabelle F 1 – *Der Rückgang der Kinderzahlen in Großbritannien nach sozioökonomischem Status*[34]

	freie Berufe	Arbeitgeber	Selbständige (ohne Bauern)	Angestellte und Beamte
1890-99	2,80	3,28	3,70	3,04
1900-09	2,33	2,64	2,96	2,37
1915	2,02	2,07	2,13	1,88
1925	1,69	1,71	1,82	1,48
Alle Gruppen = 100				

	Bauern und Pächter	Landarbeiter	Fabrikarbeiter	Alle Gruppen
1890-99	4,30	4,71	5,11	4,34
1900-09	3,50	3,88	4,45	3,53
1915	2,69	2,74	3,54	2,61
1925	2,22	2,62	3,05	2,24

Tabelle F 2 – *Absoluter Bevölkerungsanstieg in Großbritannien zwischen 1891 und 1931*

1891: ca. 33 028 000
1901: ca. 37 000 000
1911: ca. 40 831 000
1921: ca. 42 761 000
1931: ca. 44 795 000.[35]

Der Prozeß des Geburtenrückganges entwickelt sich in Europa nicht überall gleichzeitig. Im vorwiegend kleinbäuerlich bewirt-

34 Vgl. E. A. Wrigley, *Population and History*, London 1969, S. 186 f.
35 Errechnet nach R. K. Kelsall, *Population*, London 1975³, S. 16.

schafteten Frankreich, dessen Produzenten Familie brauchen und zugleich für ihren Zweck klein halten müssen, um sich nicht durch Besitzteilungen zu ruinieren, beginnt er früher. Diese vieldiskutierte Ausnahme bedeutet aber nicht, daß in Frankreich *Kinderlosigkeit* auftritt, bevor dies in anderen Ländern der Fall ist, sondern daß ab etwa 1740 im Pariser Becken und ab etwa 1810 im gesamten Land die Kinderzahlen pro Ehe zurückgehen, d. h. mehr als ein halbes Jahrhundert vor dem übrigen Europa. Die neueste Erklärung für diesen Sachverhalt hat sehr viel Ähnlichkeit mit den Begründungen, die gegenwärtig für Kinderlosigkeit ins Feld geschickt werden. Die »Liebe zum Kind« wird als Ursache für weniger Kinder benannt. So habe man auch damals schon sich über sterbende Säuglinge derart entsetzt, daß man sich bei der Vermehrung aus Humanität Beschränkungen auferlegte:

»Als Ablehnung des Sterbens der Neugeborenen hat sich in Frankreich die Empfängnisverhütung zunächst verbreitet, weil die Kindersterblichkeit dort aufgrund des Ammenwesens zweifellos höher war als in irgendeinem anderen Land Europas. Es ist der zunehmend mörderische Charakter dieser Praxis, der den Eltern sowie den Ammen ihre Verantwortung für den Tod der Kinder zum Bewußtsein brachte und sie dazu führte, diesen Tod zu verweigern, indem sie das Leben verweigerten. Wenn die Eltern in den anderen Ländern Europas ihre Verantwortung später erfaßt haben, so liegt das daran, daß ihre Schuld weniger groß oder weniger offensichtlich und auf jeden Fall weniger leicht zu brandmarken war.«[36]

Die Franzosen werden hier nicht offen als die humansten Europäer dargestellt, sondern als ausgesprochen schuldbewußte Christenmenschen gezeichnet. Nun ist allerdings die These, daß andere städtische Zentren eine sehr viel geringere Säuglingssterblichkeitsrate aufwiesen als Paris, kaum zu verifizieren. Es könnte sehr wohl sein, daß die extrem hohen Todeszahlen in Frankreich nicht Mitleid für die Kinder weckten, sondern vielmehr in einer traditionell gänzlich mitleidslosen Kindestötung ihre Wurzeln hatten.[37] Da diese natürlich ein Bestrafungsrisiko enthielt, bedeutete bessere Verhütung mehr persönliche Sicherheit der Eltern. Weniger also Humanität denn Furcht vor Bestrafung dürfte die

---

36 Vgl. J.-L. Flandrin, *Familien . . .*, S. 278 f.

37 Flandrin liefert hierfür selbst einen Hinweis, wenn er von der »Gleichgültigkeit der Eltern« spricht, die ihre Kinder an Ammen gaben, obwohl oder gerade weil sie wußten, daß durch diese Betreuung die Kindersterblichkeit gewährleistet war. Vgl. S. 233 ff.

französischen Bauern bewegt haben, ihr niemals ganz verschüttetes Verhütungswissen zu reaktivieren. Und weil sie als Bauern sich ohnehin zu vermehren hatten, konnte die staatliche Gewaltanwendung zur Vermehrung in Frankreich durchaus sanfter sein als in stärker kapitalistisch durchwirkten Territorien Europas.

3. Wie die historischen Demographen den Geburtenrückgang erklären

Die historischen Demographen bieten als Erklärung des Geburtenrückgangs in Gesamteuropa wiederum ein Faktorenbündel an:

»Fallende Sterberaten bei Kindern und Neugeborenen, die Bereitschaft des Staates, in der Altersversorgung Verantwortung zu übernehmen, die Einführung verbesserter Geburtenkontrollmethoden, die Emanzipation der Frau und vor allem der ›neue‹ starke Wunsch, materiell und sozial voranzukommen, bewirken zusammen den Fall der Geburtenraten.«[38]

Dabei fällt auf, daß die gleiche Industrialisierung dazu herhalten muß, zuerst die ›Bevölkerungsexplosion‹ und dann einige Jahrzehnte später, den Geburtenrückgang zu begründen:

»Die frühen und späten Stufen der Industrialisierung haben ganz unterschiedliche Auswirkungen auf das Bevölkerungswachstum. Der Beginn der Industrialisierung stimuliert das Bevölkerungswachstum durch die wachsende Nachfrage nach Arbeitskräften und auch durch die Unterminierung der alten sexuellen Zurückhaltung. Aber, sowie der Anstieg des Gesamteinkommens nicht völlig von der wachsenden Bevölkerung aufgesogen wird und sowie die Investitionseinflüsse stark genug sind, das Pro-Kopf-Einkommen garantiert zu erhöhen, hat die Industrialisierung einen *umgekehrten Effekt*. Nunmehr führt eine wachsende Nachfrage nach Arbeitskräften nicht mehr zu einem Geburtenanstieg, sondern zu einer Komforterhöhung.«[39]

Abermals wird der allemal schon vorausgesetzte »natürliche Wunsch nach Ehe und Kindern« (Tranter) unter verschiedenen historischen Bedingungen betrachtet und gerade nicht gefragt, was aus den historischen Veränderungen über das Fortpflanzungsverhalten selbst gelernt werden kann. Infolgedessen mißlingt den Demographen mit der Erklärung des Geburtenrückgangs auch die Erklärung der einzelnen Faktoren in ihrem Bündel.

38 N. Tranter, S. 126.
39 J. Habakukk, S. 58.

So tritt z. B. die *Frauenemanzipation* als rätselhafte Neuerung in die Geschichte ein, wenn sie als ein »Faktor« des Geburtenrückgangs und nicht etwa als ein Phänomen bedacht wird, das – wie der Geburtenrückgang selbst – der Ergründung erst noch bedarf. Woher kommt nun die Frauenemanzipation? Da der Lohnarbeiter keine Söhne benötigt, die ein Erbe mit dem Ziel übernehmen sollen, ihn bei Arbeitsunfähigkeit und Alter zu versorgen, benötigt er an einer Frau auch nicht deren Fähigkeit, Erben zu gebären und aufzuziehen. Der Unterhalt einer Ehefrau wird ebenso wie derjenige von Kindern nach dem staatlichen Verbot ihrer frühzeitigen Ausbeutung ökonomisch ein Minusposten. Allmählich beginnen deshalb männliche Lohnarbeiter auf die Eheschließung zu verzichten, was schwierig bleibt, solange nichtehelicher Geschlechtsverkehr als Vergehen geahndet wird. Ein anderer Weg, Unterhaltskosten zu vermeiden, führt zu einer Sexualpartnerin, mit der zwar die staatliche geforderte Eheform eingegangen wird, die wirtschaftlich aber keine Belastung darstellt, weil sie selbst einer Erwerbstätigkeit nachgeht. In demselben Prozentsatz also, in dem Männer diesen Schritt zur Ehelosigkeit bzw. zur Bindung an eine verdienende Frau tun, verlieren Frauen die Chance, von einem Mann unterhalten zu werden. Wollen sie trotzdem überleben, dann müssen sie selber berufstätig werden, also ihrerseits in die Konkurrenz um die Erwerbsquellen eintreten. Dazu benötigen sie alle diejenigen formalen Rechte – freie Arbeitsplatzwahl, Vertragsmündigkeit, freie Wohnsitzgründung usw. –, die vorher nur ihre Väter oder Ehegatten für sie ausüben konnten. Aus der Not entsteht der Kampf der Frauen um gleiche Rechte. An diesem Kampf sind schließlich auch diejenigen unter ihnen interessiert, die von einem Ehemann aus Privatvergnügen noch unterhalten werden, da sie dieser Versorgung nicht von vornherein sicher sein können. Bevor sie also einen Mann finden, der bereit ist, für sie zu sorgen, müssen sie meist ebenfalls erst einmal auf den Arbeitsmarkt und in die Erwerbstätigkeit, wofür sie auch die entsprechenden formalen Rechte benötigen. Wollen daher die Frauen, die keinen zahlenden Mann finden, nicht nur überleben, sondern ebensogut leben wie beispielsweise Männer in höheren Positionen, dann müssen sie eine ebensogute Ausbildung erhalten wie diese, damit sie um die gutbezahlten Arbeitsplätze erfolgreich konkurrieren können. Aus diesem ›Muß‹ entsteht der Kampf der Frauen um faktische

Gleichheit mit den Männern. Zur faktischen Gleichheit gehört, daß sie nicht etwa durch Kinder gegenüber den Männern im Konkurrenzkampf um die attraktiven Arbeitsplätze benachteiligt sind. Über diese Vermittlung hängen Frauenemanzipation und Geburtenrückgang tatsächlich zusammen, die letztere ist jedoch nicht Ursache der ersteren, sondern beide sind Folgen der Annäherung des Lohnarbeiters, dessen Geschlechtsunabhängigkeit hier deutlich wird, an sein ökonomisches Interesse.

In den USA beispielsweise steigt der Prozentsatz der erwerbstätigen Frauen zwischen 1860 und 1870 – also kurz vor dem Beginn des Geburtenrückganges – um fast 50 Prozent von 10,2 auf 14,8 Prozent der Gesamtzahl aller Erwerbstätigen. Das entspricht einem Anstieg des Anteils der erwerbstätigen Frauen an der Gesamtheit der Frauen von 9,7 auf 13,7 Prozent. Die überwiegende Mehrheit der Frauen kann also noch auf einen männlichen Versorger rechnen. Im Jahre 1970 jedoch liegen die entsprechenden Quoten der selbstverdienenden Frauen bereits bei 42,8 Prozent aller Frauen und bei 42,6 Prozent der Erwerbstätigen.[40] Beide Geschlechter nähern sich also mit nur noch geringem Rückstand der Frau der ökonomischen Bestimmung des Lohnarbeiters, einzig sich selbst erhalten zu müssen.

Der Geburtenrückgang und die ersten Schritte zur Kinderlosigkeit sind Merkmale einer Epoche, in der Europa nicht mehr von Menschen entleert ist, wie im 14., 15. und 16. Jahrhundert, sondern permanent Überschußbevölkerung erzeugt, die auf die Auswanderung verwiesen ist. Die Richter, welche Annie Besant und Charles Bradlaugh freisprechen, sehen keinem realen Bevölkerungsschwund entgegen, und sie mögen die Gewißheit der neomalthusianischen »Täter« vom natürlichen Heirats- und Kindswunsch des Menschen teilen. Tatsächlich kommt es erst knapp hundert Jahre nach dem Urteil von 1877 in europäischen Ländern – vor allem den deutschsprachigen – zu einer absoluten Abnahme der Gesamtbevölkerung.

Im Faktorenbündel für die Erklärung des Geburtenrückgangs finden wir neben der Frauenemanzipation und der sinkenden Säuglingssterblichkeit auch die *staatliche soziale Absicherung* gegen Krankheit, Invalidität, Alter, Arbeitslosigkeit und Verlust des

---

40 Vgl. dazu Brownlee/Brownlee, *Women in the American Economy*, New Haven u. London, 1976, S. 3.

Ernährers (Witwen und Waisen).[41] Wiederum wird zur Ursache des Geburtenrückgangs eine Wirkung des Zerfalls der Lohnarbeiterfamilie erklärt. Nicht weil die soziale Alterssicherung einsetzt, wird auf Kinder als potentielle Stützen im Alter verzichtet, sondern weil Lohnarbeiterkinder sich als Altersversicherer schlecht eignen, also selbst arbeitslos sein können, wenn die Eltern Hilfe brauchen und ohnehin keinen materiellen Vorteil in der Versorgung der Eltern sehen, da sie im Austausch dafür kein Erbe gewinnen können, müssen sich die Lohnarbeiter kollektive Versicherungssysteme schaffen bzw. aufzwingen lassen – letzteres, weil die aktuellen Löhne so knapp bemessen sind, daß eine Abgabe für das ohnehin nicht sicher zu erwartende Rentenalter häufig auf Widerstand stößt. Ist die Sozialversicherung aber einmal geschaffen, dann wirkt sie mit an der Auflösung einer scheinbar selbstverständlichen Lohnarbeiterfamilie, ist doch gerade die benötigte Kontinuität der Generationen *das* Kennzeichen für jene Familie, die nicht erzwungen werden muß, sondern im Interesse des vererbenden Vaters liegt.

Eine weitere Verkehrung von Ursache und Wirkung leisten sich die Demographen bei der Einschätzung der Verbreitung von *Informationen über Schwangerschaftsverhütung*. Sie betrachten die Wiedergewinnung des Verhütungswissens als weiteren besonderen Faktor, welcher aus »Science and Rationalism«[42] erklärt wird. Wir hatten gesehen, daß die Hexenverfolgungen der Neuzeit ebenfalls als Sieg des Rationalismus über die weibliche Irrationalität des Mittelalters gedeutet wurden, aber in Wirklichkeit die Auslöschung des Verhütungswissens zur Gewinnung von Arbeitskräften für eine nicht mehr hauswirtschaftlich beschränkte Ökonomie bezeichnet haben. Sofern nun Geburtenzunahme und Geburtenrückgang gleichermaßen mit der Industrialisierung erläutert werden, dient der Rationalismus als Erklärung einmal für die Zerstörung und ein andermal für die Ausbreitung von Verhütungswissen. Es gibt indes keinen Grund, den Rationalis-

41 Das erste Sozialversicherungssystem wird ab 1883 im Deutschen Reich geschaffen. England übernimmt seine wesentlichen Bestandteile 1911 auch als Folge der Unzulänglichkeit der Armengesetze von 1834, welche die Probleme des »unverschuldet in Not« geratenen Arbeiters nicht lösen konnten, mit Armenhausverhängung also relativ funktionierende Familien zerreißen mußten. Vgl. zur Sozialversicherung B. Schmittmann, Artikel *Sozialversicherung*, in: *Handwörterbuch der Staatswissenschaften*, Jena 1926⁴, Band 7, S. 622.

42 N. Tranter, S. 122.

mus der Jahre 1850 bis 1870, in denen weniger als 20 Prozent der englischen Ehefrauen gelegentlich oder häufig Verhütungsmethoden anwenden, für weniger überzeugungsstark zu halten als den Rationalismus zur Zeit der Weltwirtschaftskrise, in der immerhin fast 75 Prozent aller Ehefrauen über Verhütungspraktiken berichten.[43]

Es zeigt sich somit, daß unter dem extremen wirtschaftlichen Druck, der auf die Eltern nach Durchsetzung des Kinderarbeitsverbotes und der Schulpflicht dadurch ausgeübt wird, daß sie ihre Kinder weiterhin nicht beseitigen, aber ohne Ersatz der zusätzlichen Kosten unterhalten müssen, das Verhütungswissen dringend gesucht wird und selbst strafrechtliche Verfolgung und religiöse Verdammung in Kauf genommen werden.

4. Wie sich der ›natürliche Kindswunsch‹ zu verflüchtigen beginnt[44]

Der Rückgang der Geburten führt bereits seit 1900 – erstmals nachgewiesen für Schweden[44a] – dazu, daß sich die Generationen nicht mehr voll reproduzieren, also Arbeitskräfteimport bald nach der Durchbrechung des Verhütungstabus erforderlich wird, um den kontinuierlichen Zufluß der Lohnarbeiterbevölkerung zu garantieren. Auch in Schweden – noch keineswegs von allen Verhütungsschranken befreit – erweist sich die prekäre Situation einer Gesellschaft, in der nur noch eine kleine Minderheit über vererbungsfähiges Produktiveigentum verfügt. Die Schweden widerlegen praktisch das bis heute verzweifelt verteidigte Dogma vom natürlichen Heirats- und Vermehrungswunsch, von dem auch die schwedische Bevölkerungspolitik – wahrscheinlich die

43 Vgl. dazu J. Matras, *Social Categories of Family Formation*, in: *Population Studies*, XII, 2, 1965, S. 180.

44 Vgl. zu diesem Abschnitt ausführlich R. Knieper, *Kritik der Annahme eines natürlichen Familienbedürfnisses anhand der empirischen Zufriedenheitsforschung*, Universität Bremen, vv. Ms., Februar 1977.

44a Vgl. Beiträge der Demographen H. Hyrenius und E. Hofsten auf dem Hearing des Sozialausschusses des schwedischen Reichstages vom 17. 1. 1978, *Befolkningsfrågan (Die Bevölkerungsfrage)*, Anhang zur Denkschrift dieses Sozialausschusses: *Befolkningsutvecklingen (Die Bevölkerungsentwicklung)*, Reichstagsperiode 1977/78, Nr. 32, S. B4 u. B9.

aufgeklärteste in der Welt – im Jahre 1978 noch ausgeht: »Es muß eine selbstverständliche Zielsetzung sein, daß Menschen nicht aufgrund von Mängeln der schwedischen Gesellschaft auf Kinder verzichten müssen, die sie *eigentlich haben wollen*.«[45] Während der Staat hier darauf setzt, daß Menschen ohne Kinder wegen Vergewaltigung ihrer Natur viel unglücklicher sind als Menschen mit Kindern, veröffentlicht das Stockholmer Statistische Amt im selben Jahr folgende Übersicht über die Struktur von 428 000 Haushalten/Familien[46]:

Tabelle F 3 – *Familienstand und/oder Elternschaft in Stockholm 1977*

Alleinstehende Männer und Frauen ohne Kinder	64,7%
Verheiratete oder unverheiratet zusammenlebende Paare ohne Kinder	19,3%
Verheiratete oder unverheiratet zusammenlebende Paare mit Kindern	10,4%
Alleinstehende Frauen mit Kindern	5,2%
Alleinstehende Männer mit Kindern	0,4%
	100,0%

Die überwältigende Quote von 84 Prozent kinderloser Haushalte in einer der reichsten Städte der Erde, in einem Lande mit überdurchschnittlicher sozialer Absicherung gerade für Eltern, setzt Zweifel am Dogma des Unglücks bei Kinderlosigkeit. Die Sozialwissenschaftler – seien sie Demographen, Historiker, Soziologen, Ökonomen, Psychologen oder Pädagogen; die Reihe läßt sich beliebig verlängern und schließt die Politiker mit ein – berufen sich jedoch durchweg auf dieses Dogma, d. h. sie rechnen auf das Leiden und die Trauer derer, die nicht Eltern sind. Wenn dennoch die empirische Sozialforschung das Verdienst für sich in Anspruch nehmen kann, reichlich Material vorgelegt zu haben, das diesem Dogma widerspricht, so ist dies gewissermaßen gegen ihren Willen geschehen. Als Abfallprodukt

45 *Befolkningsutvecklingen*, a.a.O., S. 35.
46 Bericht Nr. 5/1978:5, über die Familienstruktur am 31. 12. 1976 in Stockholm, zit . n. *Stockholm City*, Nr. 4, 2–15 Nov. 1978, S. 7. Im engeren Stockholm wohnen ca. 10% der schwedischen Bevölkerung.

der Zufriedenheitsforschung wird zur Überraschung der Sozialwissenschaftler die hohe Lebenszufriedenheit der Kinderlosen,
derjenigen also, die eigentlich unglücklich zu sein haben, wahrgenommen.

Nun kann, wer sich empirischer Forschung zur Feststellung
von Zufriedenheit bedient, dies kaum ohne salvatorische Vorbe-
merkung über die Unsicherheit eines solchen Verfahrens tun.
Aussagen zur Zufriedenheit mit der eigenen sozialen Situation,
insbesondere der Familiensituation, unterliegen zwei wesentlichen Vorbehalten, die über generelle Schwierigkeiten der Befragung (Prüfungssituation, Befrager-Vorurteile etc.) hinausweisen.
Erstens kann das Eingeständnis der Unzufriedenheit mit der
eigenen Lage als bedrohlich empfunden werden, gerade wenn das
zur Lebensbewältigung erforderliche Gleichgewicht empfindlich
ist. Zweitens treffen die von hauptsächlich in Familien aufge-
wachsenen Forschern entwickelten Fragen auf Befragte, die ihrerseits in Familien aufgewachsen sind. Über beiden Gruppen hängt
die schwere Glocke der in allen bürgerlichen Gesellschaften
verkündeten Familienpropaganda: »Normalität« des Erwachse-
nenlebens wird insgesamt definiert als Leben in einer Familie.
Wer diese Normalität nicht erreicht oder an ihr scheitert, gilt
rasch als anomal. Die Auskunft, daß übereinstimmend in allen
bisher untersuchten Ländern Geschiedene die mit dem Leben
besonders unzufriedene Gruppe von Befragten bilden (während
Verwitwete darüber rangieren)[47], läßt sich gut so interpretieren,
daß die Geschiedenen selbst den Maßstab der »Normalität« auf
sich anwenden und das Scheitern einer Ehe mit dem Scheitern
ihres Lebens gleichsetzen. In diese Überlegung fügt sich die
Beobachtung, daß

»Personen, die in einer intakten Familie aufgewachsen sind, mit beiden
Eltern bis zum 16. Lebensjahr, gegenwärtig eher dazu neigen, ihr eigenes
Familienleben als befriedigend zu beschreiben als solche, deren Familie
durch Scheidung oder Trennung aufgebrochen worden ist, und es ist
interessant zu sehen, daß Personen, deren Familie durch Tod eines
Elternteils aufgebrochen worden ist, denen mit intakten Familienhinter-

47 Vgl. etwa Campbell/Converse/Rodgers, *The Quality of American Life-Perceptions, Evaluations, and Satisfactions,* New York, 1976, S. 322 ff./397 ff.; vgl.
auch: Kommission der Europäischen Gemeinschaften (Hg.), *Frauen und Männer in
Europa – Vergleich ihrer Einstellung zu einigen Problemen der Gesellschaft,* 1975, S.
137 ff.

grund eher ähneln als denen, die nach Scheidung oder Trennung nicht mehr bestehen«.[48]

Unter diesen Vorbehalten wollen wir die Forschung über Zufriedenheit in *Ehe* und *Familie* untersuchen. Die Trennung ist uns durch die Forschungsergebnisse selbst aufgenötigt, da zwischen dem Zusammenleben von Erwachsenen in oder außerhalb der Ehe und dem Zusammenleben mit Kindern ganz entscheidende Unterschiede für die Zufriedenheit bestehen. Die Ergebnisse lassen sich vorab zusammenfassen: Während das Zusammenleben in dauerhaften, wiewohl nicht notwendig lebenslänglichen Zweierbeziehungen ganz überwiegend als außerordentlich bedeutsam für Zufriedenheit und Lebenssinn erachtet wird, scheint die Existenz von Kindern für die persönliche oder auch Familien-Identität nicht nur nachrangig zu werden, sondern sogar einer positiven Lebenserwartung entgegenzustehen.

In allen untersuchten Ländern weisen geschiedene Männer oder

Graphik F 1: *Zufriedenheit mit dem Familienleben in Abhängigkeit vom Familienstand bei Frauen und Männern*[49]

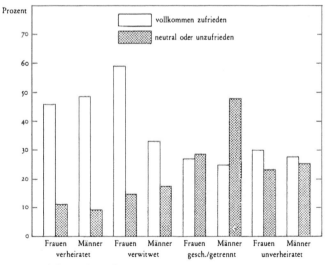

48 Campbell u. a., S. 338 f.
49 Vgl. Campbell u. a., Kapitel 10, Graphik 3.

Frauen das höchste Maß und den höchsten quantitativen Anteil an Unzufriedenheit sowie generellem psychischen Streß auf. Die Gruppe der Alleinlebenden – die nie verheiratet Gewesenen und nicht in Dauerverhältnissen Lebenden – schneidet insgesamt besser ab, wie die Graphik F 1 zeigt.

Eine weitere Übersicht zeigt die höchste Zufriedenheit überhaupt (89 Prozent) bei *kinderlosen* Ehefrauen zwischen 18 und 29 Jahren:

Tabelle F 4 – *Zufriedenheitsindikatoren für Männer und Frauen verschiedener Lebensstadien*[50]

	Gesamt-zufriedenheit mit dem Leben		Anteil an der Gesamtbevölkerung			
	Frauen	Männer	Frauen	N	Männer	N
1. unverheiratet zwischen 18 und 29	57%	46%	7%	82	9%	85
2. verheiratet, 18-29 o. Kinder	89%	72%	4%	45	6%	50
3. verheiratet, jüngstes Kind jünger als 6 J.	65%	64%	18%	228	23%	209
4. verheiratet, jüngstes Kind zw. 6 und 17 J.	67%	65%	18%	225	21%	187
5. verheiratet, jüngstes Kind über 17 J.	69%	66%	17%	218	21%	186
6. verwitwet	56%	50%	18%	220	4%	37
7. verheiratet, über 29, ohne Kinder	69%	75%	4%	50	6%	55
8. unverheiratet, über 29	53%	41%	4%	53	4%	40
9. geschieden oder getrennt	33%	42%	10%	128	6%	52
			100%		100%	

50 Vgl. Campbell u. a., Kapitel 12, Tabelle 2.

Die relativ hohe Zufriedenheit der Unverheirateten scheint allerdings noch stark altersgebunden zu sein – sie nimmt mit steigendem Alter ab:

»Das freie, ungebundene Leben der alleinstehenden Frau (bis 30) und ihrer männlichen Entsprechung scheint für die, die es leben, nicht so attraktiv zu sein, wie man hätte voraussehen können.«[51] Auch »Frauen und Männer über 30, die nie verheiratet waren, beschreiben ihr Leben in sehr negativer Weise«.[52] Zu den »kritischen Elementen« gehört das Gefühl des »Scheiterns der Eheabsichten«, wobei die Frauen ein wenig besser abschneiden. Während ökonomische Erwägungen, Wohnverhältnisse, Lebensstandard, Ersparnisse überdurchschnittlich positiv beurteilt werden, bleibt ein starkes Gefühl von psychischer Unfähigkeit und düsterer Lebensperspektive, die darauf zurückgeführt wird, daß »der Status der Ehe als die natürliche Lebensweise des Menschen angesehen wird«.[53] Bereits hier ist hervorzuheben, daß das Vorhandensein von Kindern ausdrücklich aus dieser »natürlichen Lebensweise« ausgeklammert bleibt.[54] Verwitwete Personen (»es gibt natürlich [!] mehr verwitwete Frauen als Männer«[55]), sind als letzte Gruppe der Alleinlebenden zu betrachten, da sie sich zwar im unteren Teil der Zufriedenheitsskala einordnen, aber deutlich über geschiedenen Personen, im Vergleich mit denen sie höhere Zufriedenheit dokumentieren. Nach Indikatoren für psychischen Streß stufen sie sich sogar über dem allgemeinen Frauendurchschnitt ein, »und wir vermuten, daß [. . .] deutliche Differenzen bleiben und daß der Verlust des Gatten durch Scheidung tatsächlich schädlichere Konsequenzen für eine verheiratete Frau hat als sein Verlust durch den Tod«.[56] Die Tabelle F 5 über Indikatoren für psychischen Streß in verschiedenen Lebensstadien (Männer und Frauen) verdeutlicht diese Aussage.

Obwohl wir uns hier auf die in den USA angestellten Untersuchungen konzentrieren, da sie am ausführlichsten sind, weisen – bei allen kulturellen Unterschieden – die europäischen Studien weitgehend gleiche Ergebnisse auf (vgl. Tabelle F 6).

51 Campbell u. a., S. 402.
52 Campbell u. a., S. 417.
53 Alles nach Campbell u. a., S. 418 f.
54 Campbell u. a., S. 418.
55 Campbell u. a., S. 413.
56 Campbell u. a., S. 414 f.

Tabelle F 5 – *Lebenszufriedenheit nach Alter und Familiengröße*[17]

| | Anteil derjenigen, die | | | | | |
	meinen, das Leben ist hart	sich gefesselt fühlen	sich immer gehetzt fühlen	sich über Rechnungen sorgen	Angst haben	sich vor einem Nervenzusammenbruch fürchten
	Frauen					
1. unverheiratet, 18–29	35	19	16	33	58	18
2. verheiratet, 18–29, o. Kinder	18	4	13	20	47	7
3. verheiratet, jüngstes Kind unter 6	28	25	28	46	46	19
4. verheiratet, jüngstes Kind zw. 6 + 17	24	11	28	38	46	15
5. verheiratet, jüngstes Kind über 17	15	12	17	24	43	10
6. verwitwet	23	12	12	29	41	11
7. verheiratet, über 29, o. Kinder	8	12	25	24	50	18
8. unverheiratet über 29	19	13	26	39	51	8
9. geschieden oder getrennt	42	20	34	63	60	25
Summe aller Frauen	24	15	23	36	47	15

	Anteil derjenigen, die meinen, das Leben ist hart	sich gefesselt fühlen	sich immer gehetzt fühlen	sich über Rechnungen sorgen	Angst haben	sich vor einem Nervenzusammenbruch fürchten
	Männer					
1. unverheiratet, 18–29	27	15	13	22	44	13
2. verheiratet, 18–29, o. Kinder	34	14	24	38	36	12
3. verheiratet, jüngstes Kind unter 6	34	25	23	47	43	12
4. verheiratet, jüngstes Kind zw. 6 + 17	30	14	29	44	38	11
5. verheiratet, jüngstes Kind über 17	25	7	21	24	36	8
6. verwitwet	28	6	8	27	22	0
7. verheiratet, über 29, o. Kinder	20	11	18	22	30	7
8. unverheiratet über 29	23	10	5	28	39	13
9. geschieden oder getrennt	25	15	12	35	29	8
Summe aller Männer	28	15	21	35	38	10

Tabelle F 6 – *Europäische Gemeinschaft: Zufriedenheit nach Familienstand*[58]

	Vollauf zufrieden	In etwa zufrieden	Eher nicht zufrieden	Ganz und gar nicht zufrieden	Keine Antwort	
Familienstand						
– ledig	15	58	19	5	3	100
– verheiratet	22	58	14	4	2	100
– zusammenlebend	27	49	12	4	8	100
– geschieden	10	44	33	11	2	100
– getrennt	10	35	39	12	4	100
– verwitwet	14	53	21	9	3	100

Unter allen Fragestellungen und durch alle Altersgruppen bekunden die in Dauerverhältnissen Zusammenlebenden höhere Zufriedenheitswerte. Hier besteht allerdings ein Unterschied zwischen den USA und Europa: während dort die Zufriedenheit am höchsten bei Verheirateten ist, wird sie hier von den unverheiratet Zusammenlebenden übertroffen. Dieser Umstand wird aus der Interpretation der US-Zahlen erklärlich. Die Autoren schreiben:

»Es ist kaum überraschend, daß die meisten verheirateten Personen ihre Ehe in außerordentlich positiver Weise schildern. [...] Dies mag in einer Gesellschaft paradox erscheinen, deren Scheidungsrate die höchste der westlichen Welt ist; aber diese hohe Scheidungsrate selbst trägt zu der gefundenen Verteilung bei. Wenn die Scheidung leicht ist, ist es unwahrscheinlich, daß Personen, deren Ehe vollständig unbefriedigend verläuft, dauernd zusammenbleiben werden. Die negative Seite der Zufriedenheits-Verteilung ist ausgedünnt durch die Auflösung solcher Ehen.«[59]

In Europa, wo der Eheauflösung im allgemeinen höhere kulturelle und rechtliche Barrieren entgegenstehen, gilt der höchste Freiwilligkeitswert für nicht-institutionalisierte Dauerverhältnisse. Das zentrale Kriterium der Beurteilung auflösbarer Dauerbeziehungen in ihrer Eignung zur Verwirklichung persönlicher

57 Vgl. Campbell u. a., Kapitel 12, Tabelle 5.
58 Kommission der Europäischen Gemeinschaften, S. 140.
59 Campbell u. a., S. 322.

Zufriedenheit kommt darin zum Ausdruck, daß der hohen Zufriedenheit in nicht-institutionalisierten Dauerbeziehungen eine überwiegend positive Einschätzung solcher Beziehungen in der Gesamtbevölkerung entspricht: Während noch 1967 weniger als die Hälfte der bundesdeutschen Männer (48 Prozent) die »wilde Ehe« befürworteten, waren es 1973 bereits 78 Prozent; die wirkliche Bewußtseinsrevolution erfolgte freilich bei den Frauen, bei denen die Befürwortung von 25 auf 92 Prozent anstieg.[60]

Aus dem gleichen Grunde hat Schweden, das die geringste Eheschließungsrate der entwickelten Welt aufweist, 1977 die Termini »eheliche« bzw. »nichteheliche« Kinder abgeschafft und das gemeinsame Sorgerecht auch für nie verheiratet gewesene Eltern eingeführt, da der Anteil der – traditionell formuliert – ›nichtehelichen‹ Kinder bereits 1976 bei knapp 34 Prozent gelegen hat.[61] In Schweden gibt es mithin eine staatlich erzwungene Familie erstmals seit Beginn der Neuzeit nicht mehr. Man kann heiraten, wenn man es möchte, aber es folgt kein veränderter Rechtsstatus mehr daraus. Die Veränderung des Anteils der unverheiratet mit Männern zusammenlebenden Frauen an allen Frauen zwischen 1965 und 1975 in Schweden geht aus der Tabelle F 7[62] hervor.

Wir sehen, daß trotz der voll tolerierten Möglichkeit, unverheiratet zusammenzuleben, die Zahl der Alleinlebenden bei den über 25jährigen – wie Stockholm am markantesten zeigt – ebenfalls wächst. Selbst von den Müttern unter dem 25. Lebensjahr, die gegenwärtig ca. 40 Prozent aller Kinder in Schweden gebären, sind weniger als die Hälfte verheiratet.[63]

Insgesamt erweist sich das Leben in Dauerbeziehungen dennoch als der wichtigste singuläre Faktor für Zufriedenheit. Lebensstandard, Ausbildung, Wohnverhältnisse etc. fallen dabei ebenso zurück wie etwa die Tatsache der Erwerbstätigkeit von Frauen: Hausfrauen und verheiratete erwerbstätige Frauen stufen sich in den USA auf beinahe gleichen Zufriedenheitsskalen ein.[64]

60 Vgl. Institut für Demoskopie Allensbach, zit. n. *Frankfurter Rundschau* vom 18. 2. 1976.

61 J. Trost / B. Lewin, *Att sambo och gifta sig (Unverheiratetes Zusammenleben und Verheiratetsein),* S. O. U., 1978:55, Stockholm 1978, S. 44.

62 Vgl. *Befolkningsutvecklingen,* Anhang S. B III.

63 Vgl. *Dagens Nyheter* vom 20. 1. 1978, S. 2.

64 Vgl. Campbell u. a., S. 422 ff.; für die in Europa ähnlichen Ergebnisse vgl.

Tabelle F 7 – *Familienstand schwedischer Frauen 1965 und 1975*

	1965		1975		
Frauen im Alter von:	ver- heiratet	allein- stehend	ver- heiratet	unverhei- ratet zusammen- lebend	allein- lebend
	%	%	%	%	%
15–19	4	96	1	7	92
20–24	43	57	23	28	49
25–29	78	22	60	15	25
30–34	86	14	75	6	19
35–39	86	14	80	3	17
40–44	85	15	81	2	17

Einen signifikanten Zufriedenheitsabfall bekunden unverheiratete erwerbstätige Frauen: »Die Unzufriedenheiten scheinen sich eher aus der Tatsache des Alleinseins [nicht zu verwechseln mit Alleinwohnen – d. V.] denn aus der Erwerbstätigkeit herzuleiten.«[65] Dies wird von Forschungen des Jahres 1977 noch bestätigt. Sie zeigen,

»daß unverheiratete [nicht zu verwechseln mit partnerlosen – d. V.] junge Frauen mit Hochschulausbildung und guten Gehältern die am wenigsten despressive Gruppe« der amerikanischen Bevölkerung ausmachen. Umgekehrt gehören »verheiratete Frauen mit kleinen Kindern zu den depressivsten Menschen überhaupt«.[66]

Einzig die hier ausführlich zitierte Studie von Campbell u. a. hat den Einfluß von Kindern auf die Zufriedenheit der Erwachsenen detailliert zu erforschen gesucht. In dem Bericht der EG-Kommission fehlt er vollständig, ohne daß Gründe dafür angegeben sind. Wir wissen allerdings aus anderen Untersuchungen, daß der Streit über Kinder und Geld – dies wiederum meist verbun-

Kommission der Europäischen Gemeinschaften, S. 59 ff.; auch H. Pross, *Die Wirklichkeit der Hausfrau,* 1974, Köln.
65 Campbell u. a., S. 422.
66 Vgl. N. Friday, *My Mother – My Self,* New York, 1978, S. 303.

den mit Ausgaben für Kinder – die Hauptursache für Meinungsverschiedenheiten in Ehen darstellen.

In der deutschen Untersuchung zur »Wirklichkeit der Hausfrau« finden sich nur einige allgemeine Äußerungen darüber, daß mit der Zunahme der Kinderzahl das Gefühl von »Erschöpfung und Depression« steigt und daß erst wieder kinderreiche »Senioren«, d. h. Personen, deren Kinder nur noch zu Besuch kommen, sich »besonders positiv über ihre gegenwärtige Lebenssituation«[67] äußern.

Wir sind also hauptsächlich auf die Ergebnisse von Campbell u. a. verwiesen. Sie fassen zusammen:

»Zufriedenheit mit der Ehe hängt in gewissem Umfang mit der Zahl der Kinder in der Familie zusammen, obwohl die Beziehung nicht in der Richtung liegt, *wo die allgemeine Erwartung sie vermuten könnte. Den höchsten Grad ausgedrückter Befriedigung finden wir in Familien ohne Kinder im Hause.*

Er sinkt leicht aber beständig mit der wachsenden Anzahl von Kindern, bei Männern und Frauen in gleicher Weise. Die Menschen ohne Kinder im Haus bilden eine sehr heterogene Gruppe, zusammengesetzt aus jungen Paaren, die die Familienbildung noch nicht begonnen haben, älteren Paaren, die freiwillig oder unfreiwillig kinderlos sind und Leuten, deren Kinder erwachsen sind und sie in einem ›leeren Nest‹ zurückgelassen haben . . . Alle diese Gruppen unterscheiden sich positiv von Familien mit einem oder mehreren Kindern im Haus.«[68]

Von allen Befragten in dieser von 1975 datierenden Studie hat sich die junge (18-29jährige), verheiratete kinderlose Hausfrau als in ihrer allgemeinen Zufriedenheit »außerordentlich beeindruckend«[69] erwiesen. Die kinderlose Lebenssituation scheint zumindest bis zum Jahre 1975 die unter allen Alternativen besonders erstrebenswerte gewesen zu sein. Von ihrem männlichen Partner unterscheidet sich die zitierte zufriedene Frau positiv vor allem dadurch, daß sie weniger streß-anfällig und subjektiv weniger belastet, insbesondere durch finanzielle Sorgen, ist. Ebenfalls im obersten Teil der Skala der Zufriedenheit rangieren die kinderlosen Ehepaare, die älter als 29 Jahre sind. Die Männer erreichen gerade in diesem Alter ihre höchste Zufriedenheit. Die »Tatsache, daß diese Ehen nach herrschenden kulturellen Normen als uner-

67 H. Pross, S. 243/244.
68 Campbell u. a., S. 325 f.
69 Campbell u. a., S. 403.

füllt zu bezeichnen sind«[70], hat auf die Zufriedenheit keinerlei Auswirkungen. Männer und Frauen klagen relativ wenig über psychischen Streß, sind zufrieden mit ihrem Lebensstandard und betonen die harmonische Existenz innerhalb ihrer sogenannten Familie (die hohen Scheidungsraten dokumentieren, daß aus fehlender Harmonie dann rasch Konsequenzen gezogen werden).

»Die Abwesenheit von Kindern trägt offensichtlich zum seelischen Frieden auf finanziellem Gebiet bei. [...] *Elternschaft ist eindeutig nicht wesentlich für ein Familiengefühl und die Befriedigung, die aus diesem Gefühl erwächst. [...] Es ist besonders beeindruckend, daß die Frauen in diesen kinderlosen Familien, die ihre ihnen von der Gesellschaft traditionell zugeordnete wichtigste Rolle nicht gelebt haben, mindestens ebenso positiv über ihre Lebenserfahrung urteilen wie solche Frauen, die Kinder geboren haben.«[71]*

Von den Ehepaaren mit Kindern sind am zufriedensten diejenigen, deren Kinder älter als 18 Jahre sind und in der Regel das elterliche Haus verlassen haben:

»Die Periode, welche oft düster als die des ›leeren Nestes‹ gekennzeichnet wird, scheint einer der positivsten Lebensabschnitte zu sein. [...] Ehefrauen, die den Status des ›leeren Nestes‹ erreicht haben, rangieren hoch in ihren Antworten auf unsere Maßstäbe für generelle Zufriedenheit, sie werden nur übertroffen von jungen, kinderlosen Ehefrauen.«[72]

Die Gruppe der in jeder Hinsicht besonders unzufriedenen Ehepaare wird gebildet von jenen, die ein oder mehrere Kinder unter 6 Jahre haben. Das betrifft nicht nur den Lebensstandard und den Stand der Ersparnisse, sondern auch das Zusammenleben der Partner. Die Zweifel von Pross, daß Kinder als »Kitt für die Ehe«[73] taugten, verstärken sich bei detaillierter Befragung:

»Die Gegenwart von Kindern reduziert das Zusammenleben, die Möglichkeit, Dinge gemeinsam zu tun; häufiger als bei anderen Paaren denken beide Partner an Beziehungen zu anderen und an Scheidung; trotz der Tatsache, daß dies eine ziemlich bedrohliche Frage zu sein scheint, geben 2 von 5 Müttern zu, sie wären wenigstens manchmal froh, von den Verantwortlichkeiten der Mutterschaft frei zu sein.«[74]

70 Campbell u. a., S. 415.
71 Campbell u. a., S. 416 f.
72 Campbell u. a., S. 410 f.
73 H. Pross, S. 242.
74 Campbell u. a., S. 408.

Erst wenn die Kinder in die amerikanischen Ganztagsschulen eingeschult werden, beginnt die allgemeine Zufriedenheit der Eltern zu steigen.

5. Wie durch vielfältige Bevölkerungspolitiken die Menschenproduktion in Gang gehalten werden soll

Die staatliche Bevölkerungspolitik der Neuzeit zwischen 1450 und 1920 konzentriert sich auf die strafrechtliche Verfolgung nichtehelicher und nicht fortpflanzungsorientierter Sexualität unter Beförderung der christlichen Moral einer zum Selbstzweck erhobenen Familie. In der ersten Hälfte dieser Periode wird eine bis dahin unbekannte Sexualmoral durchgesetzt, d. h. Verhütungswissen und – vor allem offene Bekundungen weiblicher – Sexuallust werden weitgehend unterdrückt: »Erst im 18. Jahrhundert verglommen die Scheiterhaufen, auf denen blühendes Weiberfleisch zur höheren Ehre der Kirche geröstet wurde.«[75]

Wir haben gezeigt, daß sich hinter der ›höheren Ehre‹ die Entschlossenheit verbirgt, einen neuerlichen Menschenmangel, wie es das Rom der Spätantike erlebt hat, zu verhindern, d. h. einer von der familialen Einzelwirtschaft losgelösten Ökonomie die erforderlichen Arbeitskräfte dauerhaft zu sichern. Ab dem 18. und dem 19. Jahrhundert gelangen die höchstdifferenzierten Strafgesetze zur Erzwingung von Nachwuchs und seiner Aufzucht zur Vollendung. Die ›polizey‹-staatliche Kontrolle genügt nun, um die einmal durchgesetzte Familienmoral stabil und wirksam zu halten. Das staatliche Mittel bleibt Gewalt, deren Kosten jedoch verringern sich beträchtlich. Der Aufwand für polizeiliche Verfolgung und für die Bestrafung der Gesetzesbrecher ist im Vergleich zur modernen Bevölkerungspolitik niedrig. Die größte Polizeitruppe arbeitet ohnehin unentgeltlich: Die Eltern, welche die Sexualität ihrer Töchter zerstören, um ihnen über die Keuschheit die Aussicht auf einen unterhaltswilligen Ehemann offenzuhalten, besorgen bereits am Kleinkind, was bei den erwachsenen Frauen der frühen Neuzeit durch Folter und Tötung erreicht wurde.[76] Nancy Friday zeigt, daß auch die Mütter »Polizisten«

75 Vgl. E. Fuchs, *Illustrierte Sittengeschichte*, Erster Band, *Renaissance*, München 1909, S. 488.
76 N. Friday, S. 260.

sind: »Mütter erziehen ihre Töchter zu Dummköpfen, weil sie an die Göttlichkeit der Unschuld glauben. Was die Sexualität anbetrifft, sind alle Mütter katholisch. Sie beten für die Unschuld der Töchter und beten im gleichen Moment um einen Mann für ihre unaufgeklärten makellosen Mädchen.«[77] Damit einher geht die Erziehung der Söhne zu Männern, deren höchster Stolz es ist, gute Versorger zu sein. Sie verdienen sich die Liebe der Mütter durch Identifikation mit jenen Männern, welche als versorgende Gatten gesucht werden. Noch in den siebziger Jahren unseres Jahrhunderts antworten rund 80 Prozent der US-Amerikaner auf die Frage des »American Council of Life Insurance« »Was verkörpert für Sie Männlichkeit?« mit »Ein guter Versorger«. Sexualität rangiert auf dieser Prioritätenliste ganz unten.[78] Ihre Unterdrückung in der Form der Onanieverfolgung bleibt pädagogischer Hauptkampfplatz bis in die jüngste Gegenwart.

So wie bis zum Abschluß der »Hebammen-Hexen«-Verbrennungen potentiell jede Frau und nicht nur die Hebamme als Manipulatorin der Geburtsvorgänge selbst verdächtig ist, so bedeutet der Sieg der neuen Familienmoral, daß Hebammen und potentiell alle Frauen ›Polizey‹ im eigenen weiblichen Lager werden, die abweichende Geschlechtsgenossinnen denunziert und die eigenen Töchter domestiziert.

Während im letzten Drittel des 19. Jahrhunderts die Eltern nicht nur für das Gebären und Ernähren ihrer Kinder während der ersten Lebensjahre verantwortlich gemacht, sondern kraft besonderer Gesetze zu langjährigen, kostenintensiven Unterhaltsleistungen gezwungen werden, erobern sich die ersten von ihnen das Verhütungswesen des Mittelalters zurück, das nun, aufgrund des wissenschaftlichen Fortschritts, allerdings qualitativ und quantitativ enorm gesteigert wird. Sie machen erstmals die Erfahrung einer Existenz mit wenigen Kindern und in kleinen Minderheiten sogar die der Kinderlosigkeit. Das spezifisch Christliche der Familie, obwohl noch in keiner Weise öffentlich angegriffen, beginnt zu zerfallen. Die Familie wird wieder von den Einzelnen manipulierbar. Sie erlernen die Mittel, ihr wirtschaftliches Interesse auch bei der Fortpflanzung ins Spiel zu bringen. Es dauert dennoch nach Gründung der Malthusian

77 N. Friday, S. 249 f.
78 Ebenda.

League im Jahre 1877 fast ein Jahrhundert, bis der Zusammenhang von Glück und Kinderlosigkeit bzw. von Frustration und Familienleben eine selbstverständliche Denkmöglichkeit wird: Eine neuere Untersuchung zum Geburtenrückgang in der Bundesrepublik Deutschland stellt allgemein fest, »daß bei jungen Leuten Kinder erst auf Platz 26 einer Skala von ›Glücksfaktoren‹ stehen«.[79]

Das letzte Drittel des 19. Jahrhunderts ist gekennzeichnet durch Überbevölkerung und Auswanderung. Die Perspektive »zu wenig Arbeitskräfte« steht nicht real vor den Richtern, die auf Bestrafung einer öffentlichen Diskussion über die Begrenzung der Kinderzahl in der Arbeiterschaft auf 4 statt bisher 6 oder 8 und mehr Kinder erstmals verzichten. Daß die Geburtenraten tatsächlich bereits seit etwa 1876 sinken, wird erst in den achtziger Jahren sichtbar. Die Malthusianer selbst, welche – wie gezeigt – nicht Familienlosigkeit, sondern gemäßigte Kinderzahlen predigen, sind es ja, die sich von zu geringen Kinderzahlen distanzieren, also befürchten, daß sie schärfer verfolgt werden, sollte sich Familienlosigkeit als Resultat ihrer Verhütungspropaganda nachweisen lassen.[80]

»Den Geburtenrückgang erstmalig nachzuweisen, statistisch aufzudecken und in diesem Sinne zu ›ent‹decken, war mir (Julius Wolf – d. V.) um die Jahrhundertwende vorbehalten. Er war aber auch noch damals so geringfügig, daß man über seine Feststellung zur Tagesordnung überging. Wuchs doch auch noch immer die Geburtenzahl, die erst in der Periode 1901/5 [im Deutschen Reich – d. V.] ihren Höhepunkt erreichte.«[81]

Tatsächlich gehen die Regierungen nicht zur Tagesordnung über, sondern erkennen sogleich die Gefahr für ihr System. Der Neomalthusianismus, also die Propaganda für die Verringerung der Menschenproduktion (die zweite Weltbewegung nach dem Lohnarbeiterkapitalismus, die von England ihren Ausgang nimmt), kürzt für die anderen Nationen die englische Bevölkerungsentwicklung ab. England verliert somit seine besondere Rolle. Von ihm ist für unser Thema im weiteren nichts Außergewöhnliches mehr zu lernen. Auf dem Gebiet der Bevölkerungs-

79 Vgl. *Der Geburtenrückgang – ein deutsches Problem*, Papier der CDU-Bundesgeschäftsstelle vom 13. 12. 1978, S. 6.

80 Vgl. D. V. Glass, *Population Policies . . .*, S. 43 f.

81 J. Wolf, Artikel *Bevölkerungsfrage*, in: A. Vierkandt (Hg.), *Handwörterbuch der Soziologie*, Stuttgart 1931, S. 61.

politik wird Großbritannien selbst zum Schüler anderer Nationen.

5a) Warum Marxisten mit Christen und Staat eine ›unheilige Allianz‹ eingehen

Überall in Europa verringern sich die Geburtenzahlen pro Frau. Diese gebrauchen zunehmend Verhütungsmittel. Die Verhütungsmittel werden deshalb zum zentralen Angriffsobjekt der Regierungen und ihres staats-›polizeylichen‹ Apparates. Das Kindestötungsverbot selbst, das ab 318 unserer Zeitrechnung unter Konstantin zum Gesetz aller abendländischen Territorien zu werden begann, wird dabei von niemandem öffentlich in Frage gestellt. Die Erlaubnis zur Abtötung der Leibesfrucht wird ebenfalls kaum gefordert. Die Information über Verhütungsmittel aber stößt auf nicht weniger Abscheu und Feindschaft als später die Abtreibung. In England bekämpfen nicht nur Staat und Kirche die Intellektuellen, die den Arbeitern die gesuchten Informationen vermitteln, sondern auch die in der »Socialist League« zusammengeschlossenen Marxisten wie Edward Aveling und die Marx-Tochter Eleanor. Lediglich die »Fabians« – insbesondere Sidney und Beatrice Webb sowie Bernhard Shaw – machen sich zu Fürsprechern der Verhütungsaufklärung.[82] Auf dem Kontinent spricht Wilhelm Liebknecht, der Führer der deutschen Sozialdemokratie, der bestorganisierten und größten marxistischen Bewegung der Erde, 1876 empört von »schmutzigen Praktiken«, mit welchen die bürgerlichen Ökonomen die Arbeiter gegen ihre besseren Interessen aufwiegelten.[83] Seit 1900 führt das Deutsche Reich den Kampf gegen die modernen Verhütungsmittel, in dem bestraft wird, wer »Gegenstände, die zu unzüchtigem Gebrauch bestimmt sind, an Orten, welche dem Publikum zugänglich sind, ausstellt oder solche Gegenstände dem Publikum ankündigt oder anpreist«.[84] Höchstrichterliche Entscheidungen von 1901, 1903 und 1904[85] weisen sämtliche neomalthusianischen Vorstöße, die Verhütungsmittel von den »unzüchtigen Gegenständen« auszunehmen, zurück.

82 R. Ledbetter, S. 87 ff., insbes. S. 93 u. 102.
83 W. Liebknecht, *Zur Grund- und Bodenfrage*, Leipzig 1876², S. 121.
84 § 184 Abs. 1, Satz 3 StGB i. d. Fassung v. 25. 6. 1900.
85 Vgl. *RGST* 34, 365 (1901); 36, 312 (1903); 37, 142 (1904).

In den USA, wo seit der Einwanderung Robert Dale Owens, dessen *Morals of Philosophy* 1830 in New York erscheint, die neomalthusianische Bewegung zu wirken beginnt, aber wegen der bäuerlichen Familienstruktur der USA lange irrelevant bleibt, wird mit den »Comstock Laws« von 1873 die Verbreitung und Propaganda für Verhütungsmittel unter Strafe gestellt.[86] 1911 schafft Schweden[87] entsprechende Gesetze; 1920 bzw. 1922 folgen Frankreich und Belgien.[88] 1926 führt Italien unter Mussolini, der noch 1913 für neomalthusianische Ideen eingetreten war, ebenfalls Gesetze gegen die Verbreitung von Verhütungsmitteln ein.[89]

Ungeachtet dieser gesetzlichen Maßnahmen wird in der Öffentlichkeit der Kampf um die Verwendung der Verhütungsmittel von der Arbeiterschaft – diese ist der erste Adressat der von den marxistischen Sozialisten verteidigten Ächtung der Verhütungsmittel – weitergeführt. In Deutschland engagieren sich seit den sechziger Jahren des 19. Jahrhunderts insbesondere sozialistische Neomalthusianer in dieser Auseinandersetzung. Julius von Kirchmann (1802-1884), Reichstagsabgeordneter von 1871 bis 1876 und Freund von Karl Rodbertus (1805-1875), dem Autor der *Sozialen Briefe an von Kirchmann* (1850-51), »der im Jahre 1866 im Berliner Arbeiterverein den Arbeitern die Beschränkung auf Erzeugung von zwei Kindern empfahl«, wird wegen »»verwerflicher und unsittlicher Ausführungen‹ vom Obertribunal in Berlin seines Amtes als Vizepräsident des Oberlandesgerichts zu Ratibor und aller Pensionsansprüche für verlustig erklärt«.[90] Der neomalthusianische Sozialist Anton Menger erörtert 1906 den Verzicht auf Geburten in der Arbeiterschaft und findet keinen in ihrem Interesse liegenden Grund dafür, daß sie sich überhaupt vermehren:

»Doch ist es zweifellos, daß eine Beschränkung der Kindererzeugung in der Gegenwart und in der Zukunft das sicherste Mittel ist, um den Volksmassen eine Verbesserung ihrer Lebenshaltung zu gewährleisten. Schon gegenwärtig, unter der Herrschaft des Privateigentums, wird von

86 Vgl. N. E. Himes, S. 316.

87 Vgl. R. Liljeström, *A Study of Abortion in Sweden*, Stockholm 1974, S. 38.

88 Vgl. D. V. Glass, *Population Policies . . .*, S. 159.

89 Vgl. D. V. Glass, *Population Policies . . .*, S. 231.

90 Vgl. H Soetbeer, *Die Stellung der Sozialisten zur Malthusschen Bevölkerungslehre*, Berlin 1886, S. 99.

den Arbeitern bei ihren Lohnstreitigkeiten am häufigsten der Streik als Kampfmittel angewendet, durch den sie dem Lohnherrn für eine bestimmte Zeit ihre ›Hände‹ und damit sein arbeitsloses Einkommen entziehen. Jedes *ungeborene Proletarierkind ist aber mit einem Arbeiter zu vergleichen, der durch sein ganzes Leben streikt und streiken kann,* ohne die Leiden und Bedrängnisse einer solchen Handlungsweise zu erdulden. Deshalb haben die Volksmassen in jenen Ländern, in denen sie sich als die bewegende Macht in Staat und Gesellschaft fühlen, darauf verzichtet, durch unbedachte Kindererzeugung den Reichen fortwährend Sklavenhände im Überfluß zu liefern.«[91]

Mit dieser Erkenntnis treten die neomalthusianischen Sozialisten in offenen Widerspruch zu den führenden marxistischen Sozialisten ihrer Zeit, die dem Phänomen des Geburtenrückgangs ablehnend gegenüberstehen und damit Kautskys These bestätigen, daß »dem [marxistischen – d. V.] Sozialismus eine Theorie der Bevölkerung fehle«.[92] Anschaulich belegt dies der folgende Bericht von 1917, der vom Standpunkt der katholischen Soziallehre dieses Dilemma der Sozialdemokratie genüßlich schildert:

»Der theoretische Begründer der Sozialdemokratie (i. e. Marx) glaubt zwar, Malthus überwunden und einen Ausweg aus den Spannungen zwischen Kulturentwicklung und Bevölkerungsbewegung gefunden zu haben, wo jener keinen mehr sah. Praktisch jedoch ging in der Parteibewegung die Auffassung andere Wege. In den letzten Jahren begegneten wir in verstärktem Maße neomalthusianischen Gedankengängen, in Rede und Literatur. Der Erfolg muß groß gewesen sein, da 1913 in allem Ernst der Versuch gewagt wurde, auf dem Willen zur Geburtenbeschränkung ein theoretisches System des Kampfes wider den Klassenstaat aufzubauen. In diesem Zusammenhang machte namentlich der Züricher Anarchist Dr. Brupbacher viel von sich reden. Das Schlagwort ›Gebärstreik‹ wurde damals geprägt und das Thema in Volksversammlungen, auch in Frauenversammlungen, ausgiebig, unter großem Zulauf und nie gekannter Zustimmung, erörtert. Am 22. und 23. Juli 1913 kam es in Berlin zu öffentlichen Auseinandersetzungen, deren Verlauf keinen Zweifel mehr darüber bestehen ließ, daß der Neomalthusianismus auf dem Siegeszug sich befindet. Es stritten Verkünder der neuen Theorie des Klassenkampfes durch Geburtenbeschränkung mit Vertretern der reinen marxistisch-sozialistischen Theorie. Klara Zetkin als Frau vertrat den letzteren Standpunkt:

›Ihr sagt: Weniger Geburten bedeute weniger Arbeiter, also geht es den andern besser – der Klassenstaat holt sich Kulis. Ihr gebt dem Klassenstaat

91 A. Menger, *Volkspolitik,* Jena 1906, S. 49 f. Hervorhebung von uns.
92 Vgl. L. Elster, S. 779.

keine Soldaten mehr – er erhöht die Dienstzeit und ändert die Tauglichkeitsbedingungen. Die Soldaten aber, die ihr *ihm* nehmt, die nehmt ihr auch dem Proletariat, das diesen Klassenstaat umwerfen will. Die Arbeiterfamilie glaubt in der Kinderzahl die eigentliche Ursache ihrer prekären Lage erkennen zu müssen – sie verwechselt Ursache und Wirkung. Nicht die Kinderzahl ist Ursache, sondern das nicht ausreichende Einkommen. Die Arbeiterfrau würde durch die Kinderzahl behindert, an der Arbeiterbewegung teilzunehmen – das sei aber mehr Sache des Charakters, der geistigen Regsamkeit und Gesundheit. Es sei nicht bewiesen, daß, wenn in der Familie nur ein Kind oder nur zwei Kinder vorhanden wären, diese geistig und körperlich höher ständen. Wie schön auch die Redensarten sein mögen, womit man die vorliegende Kinderbeschränkung rechtfertigt – es sei weiter nichts als ein Ausweichen vor dem Kampf mit dem Leben. Man möge nicht vergessen: Wo man die größten Opfer verlangt, da entfaltet sich auch die schönste Kraft. *Wir wollen nicht Feigheit und Kleinmut ein Ruhebett bereiten. Die Elternliebe muß sich umsetzen in den gewaltigsten Kampf dafür, daß alle Kinder genug Brot haben für den Leib und für den Geist.‹* Mit Murren und Unruhe ward Klara Zetkin angehört, indes die Reden von Dr. Moses mit beispiellosem Beifall gelohnt wurden. ›Ich bin betrübt und beschämt‹, sagte unter anderem eine Diskussionsrednerin, ›daß die Anschauungen des sel. Malthus hier von einem Sozialdemokraten vorgetragen worden sind und ein solches Echo im Saale gefunden haben‹, und Rosa Luxemburg meinte: ›Die heutige Versammlung ist ein tiefbeschämendes Beispiel dafür, wie sehr die sozialistische Aufklärung in Berlin noch vernachlässigt ist. [. . .] Es ist ein trauriger Beweis für die Oberflächlichkeit und Flachheit der Auffassung, daß eine Losung wie die des Dr. Moses hier Beifall finden kann. Da muß man sich fast denken, daß Marx und Lassalle in Deutschland umsonst gepredigt haben‹.«[93]

Die effektive Übereinstimmung zwischen der religiösen Aufklärung, welche – wie gezeigt – Predigt der christlichen Familienmoral ist, und der »sozialistischen Aufklärung«, in der marxistische Intellektuelle »größte Opfer« predigen, d. h. die Übereinstimmung in der Bekämpfung von Geburtenkontrolle unter den Arbeitern preist ausdrücklich ein führender Bevölkerungstheoretiker der deutschen Katholiken. Er wendet sich direkt gegen die neomalthusianischen Sozialisten:

»Es war nicht bloß ein Wortspiel, wenn sie mit dem ›Geburtenstreik‹ drohten und wenn in den letzten Jahren noch der Versuch der Mehrheit

93 Vgl. J. Joos, *Industrielle Arbeiterfrage und Bevölkerungsfrage*, in M. Faßbinder (Hg.), *Des Deutschen Volkes Wille zum Leben*, Freiburg/Breisgau 1917, S. 390 f. Vgl. sehr ähnliche Erfahrungen für die Schweiz die Aufzeichnungen des von K. Zetkin und R. Luxemburg verketzerten F. Brupbacher, *60 Jahre Ketzer – Selbstbiographie* (1935), Zürich 1973, insbes. S. 100–103 u. 301 ff.

des Reichstags zur Einschränkung der Verbreitung der Antikonzeptionsmittel als ›Gebärzwang‹ gestempelt und als ein bewußter Anschlag der besitzenden Klassen gegen die Arbeiter hingestellt wurde, zu dem Zwecke, dem ›Klassenstaat‹ ›Kanonenfutter‹ und den Arbeitgebern billiges Ausbeutungsmaterial zu liefern. Die Wirkungen dieser Auffassungen sind denn auch nicht ausgeblieben. Sie haben sich in den von der Sozialdemokratie beherrschten Gegenden und Klassen so stark geltend gemacht, daß in den letzten Jahren auch hier eine gesunde Reaktion eingesetzt hat, indem die *ernstern Führer doch stutzig geworden sind und mit Nachdruck jede Gemeinschaft des Sozialismus mit diesen Bestrebungen ablehnten.*«[94]

Diese »Gemeinschaft« wird auch vom historisch ungleich wichtiger werdenden Flügel der marxistischen Internationale, den russischen Bolschewiki, zurückgewiesen. Lenin, der sich einerseits gegen die *Bestrafung* der Arbeiter – jedenfalls in der Epoche des Kapitalismus – wegen Nachwuchsverhütung wendet[95], verdammt andererseits rigoros jede Geburtenkontrolle innerhalb der Arbeiterschaft, da die von den Eltern hier und jetzt nicht benötigten Kinder trotz des Elends zu Kämpfern für die sozialistische Zukunft gemacht werden sollen. In einem Kommentar zu einem russischen Ärztekongreß, auf dem Straflosigkeit der Abtreibung und die Zulassung von Verhütungsmitteln gefordert worden sind, schreibt er:

»Herr Astrachan rief unter stürmischem Beifall aus: ›Wir sollen die Mütter überreden, Kinder in die Welt zu setzen, damit sie in den Unterrichtsanstalten verdorben werden, damit sie als Rekruten ausgelost werden können, damit sie zum Selbstmord getrieben werden!‹ [...] Vom Standpunkt der Arbeiterklasse gesehen, läßt sich kaum ein augenfälligerer Ausdruck des ganzen reaktionären Wesens und der ganzen Jämmerlichkeit des ›sozialen Neomalthusianismus‹ finden. [...]

›Kinder in die Welt setzen, damit sie verdorben werden . . .‹ Nur dazu? Warum nicht dazu, daß sie besser, einmütiger, bewußter, entschlossener als wir den *Kampf führen*, gegen die bestehenden, unsere Generation verderbenden und zugrunde richtenden Lebensbedingungen?

Hierin eben liegt der grundlegende Unterschied zwischen der Mentalität des Bauern, des Handwerkers, des Intellektuellen, des Kleinbürgers überhaupt, und der Mentalität des Proletariers.«[96]

---

94 Vgl. F. Hitze, *Geburtenrückgang und Sozialreform* (1917), Mönchengladbach 1922, S. 17. Hervorhebung von uns.

95 Vgl. W. I. Lenin, *Arbeiterklasse und Neomalthusianismus* (*Prawda* vom 16. 6. 1913), in: Lenin, *Werke*, Bd. 19, S. 227.

96 W. I. Lenin, S. 225 f.

Hier wird nicht mehr analysiert, sondern ein Intellektueller verkündet als Dogma, was er als »Mentalität der Arbeiterklasse« benötigt. (Wir werden noch sehen, was mit Arbeitern geschieht, die von ihrer marxistisch-leninistischen Mentalität gar nichts ahnen.) Lenin weiß also, daß die Menschen Nachwuchs kalkulieren, und er fürchtet die Kalkulation des Arbeiters am meisten. Der »klassenbewußte« Arbeiter darf nicht über die Fortpflanzung nachdenken, sondern hat, »unendlich weit von diesem Standpunkt« weg und statt dessen »glühender Optimist« zu sein:

> »Eben darum – und nur darum – sind wir unbedingte Feinde des Neomalthusianismus, dieser Strömung für das verknöcherte, egoistische Spießerpärchen, das erschreckt murmelt: Wenn wir uns nur selber, mit Gottes Hilfe, irgendwie durchschlagen, auf Kinder verzichten wir aber besser.«[97]

Wir sehen, daß die Theoretiker der sozialistischen Planwirtschaft die zunächst blutig durchgesetzte und dann gewaltsam erhaltene christliche Familie so nötig brauchen wie ein Verdurstender das Wasser. Sie müssen für ihr Überleben in der Arbeiterschaft noch unerbittlicher kämpfen als die Verteidiger der kapitalistischen Ökonomie, da sie für ihre Bewegung ausschließlich auf Lohnarbeiter setzen können, während der politische Gegner immerhin die Eigentümer auf seiner Seite hat, welche auch ohne gewaltsame Nachhilfe, aus Vererbungs- und Selbsterhaltungsinteresse Familien gründen. Und sie scheitern schließlich wie diese an der herkulischen Aufgabe, durch Gewalt und moralische Appelle – für die klassenlose Gesellschaft dort und das paradiesische Himmelreich hier – einen Interessenzusammenhang zwischen den Lohnarbeitergenerationen herzustellen, also einen bewußten Fortpflanzungswillen zu kreieren. Die Kontinuität der unheiligen Allianz zwischen Marxisten und Christen weit über die Epoche Lenins hinaus beschreibt Kurt Tucholsky im Jahre 1931:

> »Kinder im Mutterleibe soll man beseitigen, wenn die soziale Indikation das erfordert oder sie gar nicht erst entstehen lassen und ich wünschte, die Töchter der Arbeiter wären frei und könnten sich Blumen ins Haar winden: frei von Kirche und wirtschaftlicher Sklaverei. Frei auch von kommunistischer Theologie, die drauf und dran ist, den Sinn ihrer

97 W. I. Lenin, S. 227.

Anhänger erst so zu erweitern und dann so zu verengen, wie es die katholische mit ihren Leuten schon getan hat.«[98]

Japan, das einzige nichtchristliche hochentwickelte Land der Erde – außer Israel –, legalisiert, nachdem es durch Übernahme des jüdisch-christlichen Kindestötungsverbotes im 19. Jahrhundert zu einem enormen Bevölkerungswachstum gelangt ist, im Jahre 1949 die Abtreibung und vermittelt vielleicht am reinsten die Identität der neuzeitlich-abendländischen Familienmoral über die Parteiungen hinweg: In Japan stimmen allein die Christen und die Kommunisten gegen die soziale Freigabe der Abtreibung bei wirtschaftlichen Schwierigkeiten der Mutter.[99] Mögen also die marxistischen Parteien viele Stimmen in der Arbeiterschaft gewinnen, bei der Abstimmung mit Penis und Vagina verlieren sie ebenso wie ihre bürgerlichen Kontrahenten. »Antichrist« und »Malthusianismus« als Beschwörungen gegen die Empfängnisverhütung in der Arbeiterschaft werden gleichermaßen wirkungslose »Teufel«.

5b) Warum die staatliche Abtreibungsbestrafung nur zögernd liberalisiert wird

Während die öffentliche Auseinandersetzung um das Für und Wider von Verhütungsmitteln geführt wird, entwickelt sich die Abtreibung, die öffentlich zu fordern ganz allgemein als Verletzung des Tötungstabus bis ins 20. Jahrhundert hinein so gut wie unmöglich ist, zur quantitativ wohl entscheidenden Methode der Geburtenkontrolle. Der wirtschaftliche Druck auf die Eltern mit den Kindesschutzgesetzen ist durch Verlängerung der Schulpflicht im 20. Jahrhundert noch gewachsen, dem Verhütungsinteresse materiell also weitere Nahrung gegeben. Daß die Zunahme der verbotenen Abtreibungen erheblich gewesen sein muß, geht aus Untersuchungen hervor, die nach der Jahrhundertwende in europäischen Ländern durchgeführt worden sind.[100]

98 Zit. n. K.-H. Janßen, *Sittenwächter unterwegs*, *ZEIT-Magazin* Nr. 41 vom 6. 10. 1978.

99 M. S. Teitelbaum, *International Experience with Fertility at/or near Replacement Level*, in: *Commission on Population Growth and the American Future*, Vol. 1, Washington D. C. 1972, S. 653 f.

100 Vgl. dazu D. V. Glass, *Population Policies . . .*, S. 50 ff.; für das Deutsche Reich vgl. M. Faßbinder, *Das Bevölkerungsproblem – das Problem der Gegenwart*

Wir erinnern uns, daß auf der Synode von Konstantinopel im Jahre 692 außerhalb des jüdischen Gesetzes die Gleichsetzung von Abtreibung und Mord erstmals normiert und damit das kirchliche Kindestötungsverbot vollendet war. Die familial organisierte Bauernökonomie des Mittelalters ermöglichte dann die stillschweigende Duldung einer Durchbrechung des Abtreibungsverbotes, da die Gefahr der Entvölkerung praktisch nicht bestand. Erst in der Epoche der Herausbildung der neuzeitlichen Familie, d. h. der Nötigung der Menschen, Kinder zu haben, die sie selbst nicht brauchen, wird mit dem Dekret Sixtus' V. vom Jahre 1588 die Todesstrafe für Abtreibung von neuem der europäischen Bevölkerung – diesmal als unausweichliches Gesetz – in Erinnerung gebracht. Als staatliches Gesetz war es mit der *Carolina* aus dem Jahre 1532 (Art. 133) für den größten Teil Europas verbindlich geworden.

In der Blüte des Bevölkerungswachstums nach der Mitte des 19. Jahrhunderts, welche auch die Freisprüche für die Neomalthusianer begünstigt hat, ist die Todesstrafe für Abort weitgehend abgeschafft. Das Verbot selbst und strenge Gefängnisstrafen für Abtreibung oder ihren Versuch werden beibehalten. Bis in die zweite Hälfte des 20. Jahrhunderts gilt das über die Vereinten Nationen als allgemeines Menschenrecht auf Leben mit Weltgeltung versehene christliche Kindestötungsverbot absolut. Im Jahre 1949 wird von der Weltgesundheitsorganisation als Pflicht der Ärzte immer noch definiert, »menschliches Leben *vom Zeitpunkt der Konzeption bis zum Tod* zu bewahren«.[101] Ab 1962 heißt es nur noch »menschliches Leben«, ohne den Zusatz des Zeitpunkts der Empfängnis. Der Beginn menschlichen Lebens wird damit wiederum Gegenstand menschlicher Erwägung, allerdings innerhalb der Schwangerschaftszeit. Das Verbot, Kinder zu töten, bleibt uneingeschränkt in Kraft.

Daß freilich bis heute kaum eine Regierung entwickelter Länder sich wirklich vorstellen kann, ohne jede Gewaltanwendung die Lohnabhängigen zu ausreichender Nachwuchsproduktion auf

und der Zukunft, in: Ders. (Hg.), S. 27 ff.; für England vgl. R. Sauer, *Infanticide and Abortion in the 19th Century Britain,* in *Population Studies,* Vol. XXXII, No. 1, März 1978, S. 81 ff.

101 Vgl. dazu ausführlich O. Steiger, *Wann wird wirklich Leben getötet?,* in: *Deutsches Panorama* Nr. 10, 11.-24. 5. 1967, S. 28 ff., wiederabgedruckt in: *Frankfurter Rundschau,* Nr. 197 v. 25. 8. 1979, Dokumentation, S. 14.

Dauer zu bewegen, läßt sich dadurch belegen, daß nirgendwo eine totale Selbstbestimmung der Eltern über die Leibesfrucht positives Recht geworden ist. Indem dieser Sachverhalt keineswegs überall mehr mit dem »Gebot der unbedingten Heiligkeit des Lebens von Anfang an« – so zuletzt Papst Johannes Paul II. – begründet wird, ist die bevölkerungspolitische Zwangslage aller Gesellschaften unterstrichen, die einen Zusammenhang existentiellen und persönlichen Interesses zwischen den Generationen nicht zu schaffen vermögen, in denen die Mehrheit der Arbeitskräfte ausgebeutet und ohne produktives Eigentum ist.

Die größere Zufriedenheit eines kinderlosen oder kinderarmen Lebens spricht sich unter diesen Arbeitskräften sehr schnell herum, die Fortpflanzungsraten gleichen die Sterberaten nicht mehr aus. Unter den staatlichen Reaktionen darauf lassen sich bei der Abtreibung *zwei* Entwicklungslinien unterscheiden.[102]

Die *erste Entwicklungslinie* – kennzeichnend für die meisten westlichen Demokratien – durchläuft eine lange Etappe der Abbruchsliberalisierung, ist niemals frei von staatlicher Besorgnis vor dem Versiegen des Arbeitskräftezuflusses, wechselt allmählich aber auf die materielle Ersetzung der Aufzuchtskosten durch Verstaatlichung der Erziehung in Krippen, Kindergärten und Schulen und direkte Zahlungen an die Eltern oder auch nur an die Mutter über. Am klarsten verfolgt Schweden diese Linie. Dort wird 1938 die Verbreitung und Propagierung von Verhütungsmitteln erlaubt. Zugleich wird neben der eugenischen und ethischen erstmalig in der Neuzeit die sozialmedizinische Indikation zum Schwangerschaftsabbruch zugelassen. 1965 erwägt die Regierung die Freigabe des Abbruchs bis zur 12. Schwangerschaftswoche. 1975 schließlich verschwindet der Tatbestand Abtreibung aus dem schwedischen Strafgesetzbuch. Bis zur 12. Woche ist der Abbruch völlig frei; alle späteren Termine werden unter gesundheitsrechtlichen Vorschriften behandelt.[103]

---

102 Vgl. dazu auch R. Knieper / O. Steiger, *Wandel der Familie unterschätzt*, in: *Frankfurter Rundschau* vom 2. 2. 1977 (Nr. 27), S. 13.

103 Zum Vorbildcharakter der schwedischen Entwicklung für die westlichen Demokratien vgl. O. Steiger/U. Damm, *Der Stand der gegenwärtigen Abtreibungsdebatte in Schweden* I.II., in: *Vorgänge* 11. 1966, S. 447 ff. u. 12, 1966, S. 491 ff., sowie O. Steiger / E. Sommer, *Schweden: Entwurf eines neuen Abtreibungsgesetzes*, in: *Vorgänge* 6, 1972, S. 177 ff., sowie die Gesetzesvorlage der schwedischen Regierung Nr. 70 vom 8. 3. 1974, Drucksache des Schwedischen Reichstags 1974, 1. Sammlung.

Exemplarisch für die *finanzielle Entschädigung* der Erziehungskosten wird der französische Staat, dessen lange Zeit mehrheitlich bäuerlichen Bürger – wie gezeigt – die Verhütung niemals völlig verlernt hatten. Ab 1932 wird Familiengeld gezahlt, dessen Höhe sich nach der Kinderzahl bemißt. Dagegen wird das Anbieten von Verhütungsmitteln erst 1975 völlig frei. Die Abtreibungs-Regelung erreicht nicht die Liberalität des schwedischen Modells.[104]

Wir schließen keineswegs aus, daß bei Versagen der materiellen Lösung in Verbindung mit Gewaltverzicht oder doch geringem Druck wieder auf die reine Gewalt zurückgegriffen wird. Im ungewöhnlich liberalen Holland beispielsweise, wo die Geburten von ca. 250 000 im Jahre 1969 auf weniger als ca. 180 000 im Jahre 1976 gefallen sind, haben sich wegen des Zerfalls der christlichen Familienmoral und des Geburtenrückgangs zum erstenmal seit der Reformation die verschiedenen christlichen Bekenntnisse wieder in einer politischen Partei zusammengeschlossen, die sozialdemokratische Regierung gestürzt und u. a. die Erschwerung der relativ liberalen Abtreibung zum Programm erhoben.[105]

Die *zweite Entwicklungslinie* umfaßt die sozialistischen Länder sowie das Deutsche Reich und seine Nachfolger. Sie ist durch ein Hin und Her zwischen Gewaltverminderung oder Gewaltverzicht und neuerlicher Gewaltanwendung gegen Schwangerschaftsunterbrechung oder Verhütungsmittelverbreitung gekennzeichnet. Alle dieser Entwicklung verpflichteten Länder geben inzwischen ebenfalls Geld direkt an die Eltern und finanzieren verstaatlichte Kinderaufzucht. Unter ihnen haben die CSSR[106], Ungarn, Rumänien, Bulgarien und Polen[107] die gewaltsame Ver-

---

104 Zur näheren Information für die nationalen Besonderheiten verweisen wir für den Zeitraum zwischen den Weltkriegen auf D. V. Glass und für die Zeit nach 1945 auf B. Berelson (Hg.), *Population Policies in Developed Countries*, 1976; für das Beispiel Frankreichs s. D. V. Glass, a.a.O., für die Zeit nach 1945 D. Leuschner, *Die Bedeutung des französischen Familienlastenausgleichssystems für die Geburtenentwicklung in Frankreich nach dem zweiten Weltkrieg*, Diss. Bochum 1968.

105 Vgl. dazu etwa die Ankündigungen der Regierung Van Agt v. 2. 2. 1979.

106 Vgl. A. Heitlinger, *Pro-natalist Population Policies in Czechoslowakia*, in: *Population Studies*, Vol. XXX, No. 1, März 1976, S. 123 ff.

107 Zu den anderen RGW-Ländern vgl. J. Berent, *Causes of Fertility Decline in Eastern Europe and the Soviet Union* I u. II, in: *Population Studies*, Vol. XXIV, No. 1, März 1970, S. 35 ff., und No. 2, Juli 1970, S. 247 ff., sowie M. Macura, *Population*

folgung der Abtreibung, welche nach der Entstalinisierung weitgehend liberalisiert worden war, wieder eingeführt und seitdem in ungeschönter bevölkerungspolitischer Absicht beibehalten. Sie nehmen Gesundheitsrisiken der Frauen durch illegale Abtreibungen, welche einst zum zentralen Argument der Marxisten gegen die Abort*bestrafung* gedient hatte, bewußt in Kauf. Die Nichtbestrafung des Schwangerschaftsabbruchs im revolutionären Rußland ab 1920 war damit begründet worden, daß es »die Gesundheit der Frauen vor ungebildeten und gewinnsüchtigen Räubern«[108] zu schützen gelte. Unter Stalin[109] war die Wiederbestrafung des Abbruchs mit den erwiesenen schädlichen Folgen von Abtreibungen gerechtfertigt worden. Daß dieses Argument nur vorgeschoben ist, um die neuerliche Arbeitskräfteschaffung zu legitimieren, läßt sich zumindest für die Zeit ab 1956 für die RGW-Länder, die erst seit 1966 von neuem bestrafen, eindeutig belegen. Die gefährlichen illegalen Abtreibungen verschwinden in der Zeit der Liberalisierung seit 1956 weitgehend. Eine Geburt ist für die Gesundheit der Frau ungleich gefährlicher als ein legaler, also mit ärztlicher Kunst hervorgerufener Schwangerschaftsabbruch.[110]

Als exemplarisch für die *zweite Entwicklungslinie* kann Rumänien gelten, wo nach neuerlichem Einsperren der bis dahin hochgelobten ärztlichen ›Frauenbefreier‹ die Geburtenrate, welche auf 13,5‰ im November 1966 gefallen war, 9 Monate später – im Juli 1967 – auf 38,7‰ hochschnellte, wie aus der Graphik F 2 ersichtlich wird.

Im Jahre 1976 jedoch haben die Bürger Rumäniens sich so weit auf die Abtreibungsverfolgung eingestellt, daß sie trotz des

Policies in Socialist Countries of Europe, in: *Population Studies*, Vol. XXVIII, No. 3, November 1974, S. 369 ff.

108 Vgl. A. Brockhaus, Artikel *Sowjetunion*, in: H. Blei (Hg.), *Abtreibung und Schwangerschaftsunterbrechung in den osteuropäischen Ländern*, Herrenalb/Schwarzwald 1962, S. 49.

109 A. Brockhaus, S. 53. Zum beginnenden Arbeitskräftemangel vgl. J. Stalin, *Rechenschaftsbericht an den XVIII. Parteitag über die Arbeit der KPdSU(B)* v. 10. 3. 1939, in: ders., *Fragen des Leninismus*, Moskau 1947, S. 680-733, insbes. S. 704 f.

110 Vgl. zum Nachweis für die relative Ungefährlichkeit legaler Abbrüche und das Verschwinden illegaler Abbrüche O. Steiger, *Zur Frage nach Auswirkungen der Freigabe des Schwangerschaftsabbruchs in Ostblockländern* I. u. II., in *Vorgänge* Nr. 7/8 1972, S. 246 ff., und Nr. 9, 1972, S. 295 ff.

Graphik F 2 – *Lebendgeborene auf 1000 Einwohner für Rumänien 1964 bis 1970*[111]

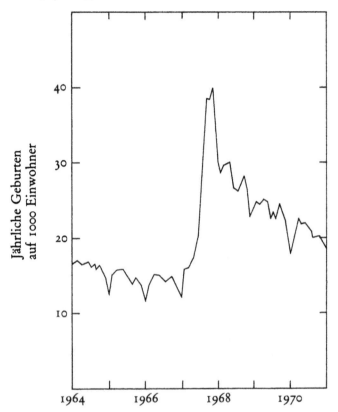

gleichzeitigen Verbots sicherer Verhütungsmittel – wie Pille und Spirale – die Geburtenrate auf 19,5‰ halbiert haben.[112]

Neben der sozialistischen Republik Rumänien hat insbesondere die Voksrepublik Ungarn vorgeführt, welche weiteren Methoden

111 Vgl. M. S. Teitelbaum, *Fertility Effects of the Abolition of Legal Abortion in Romania*, in: *Population Studies*, Vol XXVI, 1972, No. 3, S. 405 ff./408.

112 Vgl. dazu V. Ghetau, *L'évolution de la fécondité en Roumanie*, in: *Population* 1978, Nr. 2, S. 426 ff./428, Tabelle 2.

angewendet werden, um die Geburtenraten zu steigern. In großer Nähe zu den christlichen Kirchenstrafen und öffentlichen Anprangerungen aus der »Zeit der Verzweiflung« des 16. und 17. Jahrhunderts werden bis zur nachstalinistischen Liberalisierung (also zwischen 1951 und 1955) unter fachgerechter Anleitung der Gesundheitsministerin Anna Ratko (Ratko-Ära) Verurteilungen wegen Fremd- und Selbstabtreibung mit Namensnennung in der Presse verbreitet. Verbände – Gewerkschaften, Frauenvereinigungen und Rotes Kreuz – werden zu Massenkampagnen gegen Abtreibung mobilisiert. Der Parteisekretär Mátyás Rákosi – durchaus ein moderner Jean Bodin des sozialistischen Ungarn, allerdings ohne dessen »göttlichen« Beistand – erklärt 1953: »Auf diesem Gebiet [dem des Bevölkerungszuwachses] verursachen die gewissenlosen Ärzte und Hebammen größte Schäden wie [...] das Überhandnehmen der Schwangerschaftsunterbrechungen [...], in welchem Zusammenhang wir eine Reihe von Maßnahmen treffen werden.«[113] In diesen Formulierungen klingt der wohlbekannte Duktus aus der Zeit der Hexenverfolgungen von neuem auf.

Die DDR, auf deren Gebiet 1947 die Abtreibung bei ethischer, eugenischer und sozialmedizinischer Indikation erlaubt wurde, agiert 1950 wieder restriktiv und erklärt ausdrücklich:

»Im Interesse des Gesundheitsschutzes der Frau, und der *Förderung der Geburtenzunahme* ist eine künstliche Unterbrechung der Schwangerschaft nur zulässig, wenn die Austragung des Kindes das Leben oder die Gesundheit der schwangeren Frau ernstlich gefährdet, oder wenn ein Elternteil mit schwerer Erbkrankheit belastet ist. Jede andere Unterbrechung der Schwangerschaft ist verboten und wird nach den bestehenden Gesetzen bestraft.«[114]

Erst 1972 wagt die DDR-Staatsführung den Verzicht auf gewaltsame Nachwuchserzwingung und verknüpft damit bis 1976[115] das bestausgebaute materielle Entschädigungssystem für Eltern sowie die in der Welt am weitesten vorangetriebene staatliche Erziehung in Krippen (60 Prozent der 0-3jährigen) und

---

113 Vgl. E. Schweißguth, Artikel *Ungarn*, in H. Blei (Hg.), S. 153.
114 Vgl. § 11, Abs. 1 des Gesetzes über den Mutter- und Kinderschutz und die Rechte der Frau vom 27. 9. 1950, GBL der DDR, S. 1037. Hervorhebung von uns.
115 Vgl. zu den einzelnen Regelungen bis 1976 die Dokumentation *Zur Bevölkerungs- und Familienpolitik der Deutschen Demokratischen Republik*, in: *Zeitschrift für Bevölkerungswissenschaft*, 3. Jg., 1977, No. 1, S. 91-201.

Kindergärten (über 90 Prozent der 3-6jährigen). Die Freigabe des Schwangerschaftsabbruchs in der DDR folgt also keineswegs einer endlich erreichten Privatisierung der Geschlechts- und Generationsbeziehungen (Engels), sondern formuliert offen bevölkerungspolitische Prioritäten. Der Einzelne soll sich nicht darauf zurückziehen dürfen, daß es sinnlos sei, Kinder zu haben, ohne ihnen eine Zukunft versprechen zu können. Da die Identität persönlicher und gesellschaftlicher Interessen behauptet ist,

>»kann die Gesellschaft *erstmals* mit vollem Recht auch die Beachtung bevölkerungspolitischer Erfordernisse in der Familienplanung des einzelnen erwarten. Jeder weiß, daß Staat und Gesellschaft das Beste geben, um seiner Familie und seinen Kindern ein sinnerfülltes Leben zu sichern«.[116]

Das Schwanken zwischen Verschärfung und Verminderung von Gewalt, zwischen Verstaatlichung von Erziehung und Wiederbelebung des Familienlebens wird historisch von der Sowjetunion initiiert. Die dort seit 1917 praktizierte und seit 1920 legalisierte Freigabe der Schwangerschaftsunterbrechung erfüllt das revolutionäre Versprechen, die Bestrafung, nicht die Bekämpfung der Geburtenkontrolle in der Arbeiterklasse abzuschaffen. Damit durchbricht mit Sowjetrußland – nach der kurzen Episode der Französischen Revolution – zum ersten Mal ein Land mit christlicher Bevölkerung das umfassende Verbot der Nachwuchsbeseitigung. Die Emanzipation vom Christentum hat zur Folge, daß die nach erheblichem Geburtenrückgang 1936 wiedereingeführte Verfolgung und Bestrafung des Schwangerschaftsabbruchs nicht mehr mit der »Heiligkeit des Lebens« begründet wird, sondern auf offen bevölkerungspolitische Argumente (Arbeitskräfte-Bedarf) rekurriert und als humanistische Hilfskonstruktion – wie gezeigt – den Gesundheitsschutz der Frau ins Feld führt. Offensichtlich besteht zu diesem Zeitpunkt keine politisch einflußreiche Gruppe mehr, die sich gegen das herrschende Konzept beschleunigter Industrialisierung, für welche die Bauernschaft die notwendigen abhängigen Arbeiter liefern soll, stemmt. Eine sozialistische Gesellschaftsformation, die von neuem ein Band existentiellen Zusammenhangs zwischen den Generationen knüpft, ohne auf die Einzelbauernwirtschaft zurückzufallen, er-

116 Vgl. A. Grandke, *Festigung der Gleichberechtigung und Förderung bewußter Elternschaft – Zum Gesetz über die Unterbrechung der Schwangerschaft*, in: *Neue Justiz* 1972, S. 314 f.

scheint als denkunmöglich, so daß die gewaltsame Menschenproduktion der Neuzeit weitergeht. Diese Position wird von einem Mitglied des damaligen obersten Gerichtes der UdSSR, Solz, unverblümt ausgesprochen: Solz schlägt vor, Frauen, die auf Mutterfreuden verzichten, zu bestrafen.[117] Die Entstalinisierung bringt eine neuerliche Liberalisierung der Abtreibung, die bisher nicht, wie in anderen RGW-Ländern (außer der DDR) wieder zurückgenommen worden ist. Doch weder die bis heute unzulänglichen Verhütungsmittel (»Galoschen«) noch die inzwischen vorangeschrittene Erziehungsverstaatlichung und Geldleistung an die Eltern, noch Gewalt oder Liberalität in der Abtreibung haben den 1926 einsetzenden Rückgang der Geburtenzahl pro Frau verhindern können.[118]

Das *bürgerliche Deutschland*, welches das Pendel zwischen Gewaltverringerung und Gewaltverschärfung während seiner faschistischen Epoche bis zur Wiedereinführung der Todesstrafe ausschlagen läßt, erreicht auf lange Sicht keine anderen Ergebnisse als die sozialistischen Staaten. Zwar verzeichnet das Deutsche Reich von 1933 bis 1938 einen bemerkenswerten Geburtenanstieg, der sich einer Mischung aus repressiven, sozialstaatlichen und propagandistischen Maßnahmen verdankt: »abkinderbare« Ehestandsdarlehen und sogar die Aussicht auf massenhaften Wiedergewinn einer bäuerlichen Existenz durch Ostkolonisation – stets Voraussetzung einer rasch wachsenden familial orientierten Bevölkerung – haben kaum Wirkungen gezeigt. Nach weitgehend übereinstimmender Meinung hat der zu verzeichnende Geburtenanstieg seinen Grund vorwiegend in der erneuten staatlichen Gewaltanwendung: in der erheblichen internen Verschärfung der Strafverfolgung bei Abtreibung und Verhütung, während gleichzeitig die nationalen Grenzen geschlossen werden.[119] Etwa der Lage in Rumänien von 1966 vergleichbar erfährt die abtreibungsgewohnte deutsche Bevölkerung eine Art Schock und

---

117 G. Heinsohn/R. Knieper, S. 110, m. w. Nachweisen.

118 Vgl. zur Bevölkerungspolitik der KPdSU J. Chin, *Manipulating Soviet Population Ressources*, London 1977. Zu den Statistiken vgl. ebendort S. 66 und zu den verschiedenen Völkern der SU S. 71.

119 Vgl. im einzelnen G. Heinsohn/R. Knieper, S. 93 ff. sowie D. V. Glass, S. 268 ff; M. A. Macciochi, *Jungfrauen, Mütter und ein Führer*, Berlin 1976; T. Mason, *Zur Lage der Frauen in Deutschland 1930-1940: Wohlfahrt, Arbeit und Familie*, in: *Gesellschaft 6*, Frankfurt/M. 1976, S. 118 ff.

benötigt mehrere Jahre, um sich mit Hilfe anderer Verfahren der Nachwuchsverhütung mit der neuen Situation zu arrangieren.

Das nach den Verhütungskampagnen im späten 19. Jahrhundert immer wieder zu beobachtende Scheitern einer aktiven Bevölkerungspolitik, die sich auf die Bestrafung der Abtreibung stützt, verhindert nicht, daß sie ständig reaktiviert wird. Das Schicksal des Versuchs einer Liberalisierung im Jahre 1974 in der zweiten parlamentarischen Epoche des bürgerlichen Deutschland macht dies deutlich. Die CDU/CSU, welche das NSDAP-Konzept – unter Absehung von der Todesstrafe – im wesentlichen beibehält, bringt durch Verfassungsklage das sozial-liberale Gesetz einer relativ weitgehenden Freigabe der Abtreibung im Jahre 1975 zu Fall. Die Richtermehrheit beim Bundesverfassungsgericht argumentiert ein weiteres Mal mit dem christlichen Tötungsverbot und der »Schöpfungsordnung«[120], kann aber ihre wirkliche Absicht der Menschenproduktion nicht verbergen. Das Gericht will »das sich entwickelnde Leben [. . .] auch gegenüber der Mutter« schützen[121]:

> »Sie [die Frauen – d. V.] lehnen die Schwangerschaft ab, weil sie nicht willens sind, den damit verbundenen Verzicht und die *natürlichen* mütterlichen Pflichten zu übernehmen. [. . .] Die Schwangerschaft ist diesen Frauen nach den oben wiedergegebenen Grundsätzen zumutbar.«[122]

Dennoch hat 1978 die Bundesrepublik mit 9,4‰ die geringste Geburtenrate, welche in der Neuzeit jemals gemessen wurde. In Anbetracht dieser Entwicklung gewinnen Stimmen an Lautstärke und politischer Resonanz, die in scheinbar transzendenter Emphase die christliche Tradition beschwören. Ein beeindruckendes Beispiel dafür bieten die organisierten deutschen Katholiken, die – obwohl im statistischen Durchschnitt nicht fruchtbarer als andere Gruppen – mit der Losung überraschen: »Gott braucht Menschen!«[123] Unter Wiederbelebung der alten Mussolini-Klage – »mehr Särge als Wiegen«[124] – wird unverändert der elterlichen Zwecksetzung mit einer göttlichen Problemlösung entgegengewirkt. Es muß kein Zufall sein, daß die Parole »Gott braucht

120 BVerfGE (1975), S. 1 ff./67.

121 BVerfGE, S. 42.

122 BVerfGE, S. 56.

123 H. Maier, Bayerischer Kultusminister, Abschlußkundgebung des Deutschen Katholikentages 1978, zit. n. *Frankfurter Rundschau* Nr. 214 v. 27.9. 1978, S. 19.

124 Vgl. M. A. Macciochi, a.a.O.

Menschen« von Hans Maier formuliert worden ist. Dieser Kenner der neuzeitlichen Polizey-Wissenschaft[125] mag durchaus gewußt haben, daß ohne menschliche Gewalt diese »göttliche Forderung« nicht durchzusetzen ist. Während also noch immer himmlische Ermahnungen zur Fortpflanzung an die Ohren der Deutschen gelangen, können sich 94 von 100 der so überirdisch Angesprochenen nicht vorstellen, daß irdische Freuden wie Urlaubsreisen, schönes Wohnen und finanzielle Sorglosigkeit ihren Reiz behalten, wenn man Kinder hat.[126]

5c) Wie der Staat über finanzielle Anreize die Menschenproduktion auch jenseits der Familie in Gang zu halten versucht

Weder der ›Wille des Herrn‹ noch die ›Stimme der Natur‹ vermögen in den entwickelten Gesellschaften mit Lohnarbeit langfristig den Arbeitskräftezufluß zu gewährleisten. Materielle Entschädigungen sollen deshalb die lückenlose Anwendung der Verhütungsmittel unterlaufen und zu Gebär- und Aufzuchts-»Arbeit« bereit machen. Dieser Lösungsversuch verbreitet sich auf der Welt ungeachtet einer jeweils autokratisch-klerikalen, parteikommunistischen oder bürgerlich-parlamentarischen Staatsführung. Er erscheint in den verschiedensten Formen: als Kindergeld, Erziehungslohn, Steuererleichterung bzw. Steuererschwerung für Kinderlose, Sozialhilfe, Ehestandsdarlehen, Krankengeld usw.[127] Meßbarer Erfolg jedoch scheint diesen Maßnahmen nur dann beschieden zu sein, wenn das Kinderhaben in gleicher Höhe wie eine volle Erwerbstätigkeit bei gleichzeitiger Freistellung von ihr entlohnt wird.

Finanzielle Prämien auf das Gebären werden in der Neuzeit zuerst in Frankreich (seit 1918[128]) in Gestalt der Familienausgleichskassen verwirklicht. Es ist dies ein Versuch, einen dem

125 Vgl. etwa H. Maier, *Die ältere deutsche Staats- und Verwaltungslehre (Polizeywissenschaft)*, Neuwied-Berlin, 1966.

126 Allensbachumfrage, zit. n. *Westfälische Nachrichten* v. 13. 10. 1978.

127 Vgl. G. Heinsohn/R. Knieper, passim, sowie ähnlich später H. Schubnell, *Gesetzgebung und Fruchtbarkeit*, Wiesbaden 1975.

128 Vgl. Conseil Économique Et Social, *La situation démographique de la France et ses implications économiques et sociales: Bilan et perspectives (Rapport Sullerot)*, in: *Journal Officiel de la République Francaise*, 10. 8. 1978, S. 845 ff. sowie D. Leuschner, S. 21 ff.

Kapitalismus äußerlichen Familienlohn à la Cantillon einzuführen, der ab 1941 so hoch angesetzt wird, daß ein Mann mit Frau und drei Kindern zusätzlich zum Lohn ein Einkommen bezieht, das über dem Durchschnittslohn liegt. Am langfristigen Geburtenverhalten der Franzosen wird freilich deutlich, daß nicht die Einkommenshöhe, sondern die Einkommensquelle über die Familienhaftigkeit entscheidet, der Staat so für seine Zwecke sinnlose Ausgaben tätigt. Der Tiefstand der französischen Geburtenraten liegt im Jahre 1941: 13,1‰; die Kurve steigt auf 21,3‰ im Jahre 1947 und liegt 1976 mit 13,6‰ schon fast wieder beim Ausgangspunkt. Die Effektivität all dieser Maßnahmen resümiert Margaret Wynn: »Ein harter Beweis dafür, daß Besteuerung oder Kindergeld die Geburtenraten beeinflussen, fehlt. [. . .] Die Studien zeigen nicht, daß die gewünschte Familiengröße mit steigendem Einkommen ebenfalls zunimmt.«[129]

Obwohl Geldzuwendungen als Freisetzung des »natürlichen Kindswunsches« von allen besonderen materiellen Belastungen deklariert werden, nehmen die Betroffenen sie bestenfalls als alternative Einkommensquelle wahr. Ein Indiz dafür ist, daß überwiegend solche Frauen sich von dem Angebot verlocken lassen, deren sonstige Erwerbsarbeit monoton, gesellschaftlich verachtet ist und ohne Qualifikationsverlust jederzeit wieder aufgenommen werden kann. Die deutlichsten Daten dazu liegen bisher für die ungarische Volksrepublik vor.[130] In der DDR, welche die Höhe des zeitlich begrenzten Erziehungslohnes ab dem zweiten Kind am meisten den Durchschnittslöhnen angenähert hat, scheint sich zu bestätigen, daß sich hier keineswegs die von materiellen Beschränkungen befreite »natürliche Kindesliebe« ausdrückt, sondern vielmehr die Wahrnehmung einer attraktiveren kurzfristigen Einkommensquelle zur »Mutter« der Kinder wird.[131]

Die Staatsführung der DDR hat zur entgoltenen Mutterschaft Zuflucht genommen, weil die staatliche Kinderaufzucht in Krippen und Kindergärten, wo ebenfalls Erwachsene gegen Entgelt an

129 Vgl. M. Wynn, *Family Policy* (1970), 1972, S. 294 sowie ähnlich *Rapport Sullerot*, S. 830 ff.
130 Vgl. dazu R. Andorka, *Determinants of Fertility in Advanced Societies*, London 1978, S. 350 ff., insbes. S. 356.
131 Vgl. I. Kolb, *Baby-Boom nach Plan*, in: stern-magazin Nr. 31 vom 27. 7. 1978, S. 13 ff./14.

Kindern arbeiten, sich immer offensichtlicher und praktisch nicht behebbar zerstörerisch auf die nachwachsende Generation auswirkt[132]: Die international am weitesten entwickelte Krippenerziehung sollte bevölkerungspolitisch und pädagogisch neue Maßstäbe setzen. Sie sollte die biologische Reproduktion der Gesellschaft bei voller Emanzipation der Frau zur Erwerbstätigkeit mit der Ausbildung einer wissenschaftlich erzogenen und deshalb allseitig entfalteten Persönlichkeit verbinden. Der gesellschaftstheoretisch und psychologisch geschulte Erzieher sollte die Borniertheit bloßer Elternschaft überwinden. Wenn jetzt diese in der Geschichte der Arbeiterbewegung stets gesehene Borniertheit von neuem in die Verantwortung für die frühkindliche Sozialisation genommen wird, dann nicht deshalb, weil sie für gefahrlos gehalten wird, sondern weil die »wissenschaftlich angeleitete« Erziehung gescheitert ist. Da den Eltern jedoch die Einkommensquelle »Erziehungslohn« bereits dadurch erschlossen ist, daß sie Kinder haben, ohne daß besondere Erziehungs-Haltungen erzwungen werden können, vermag die bevölkerungspolitische Wende die Gleichgültigkeit gegenüber den Kindern – als zentrale Ursache der Verwahrlosung – lediglich zu mildern: Das regelmäßigere Zusammensein verstärkt die Rücksichtnahme, d. h. die Schuldgefühle gegenüber den Kindern, welchen der »wissenschaftliche«[133] Erzieher leichter entkommt.

Die bevölkerungspolitischen Mittel verstaatlichter Früherziehung und bezahlter Elternschaft setzen sich in allen entwickelten kapitalistischen und staatssozialistischen Gesellschaften allmählich durch. Die DDR zeigt lediglich die planvollste, quantitativ fortgeschrittenste Praxis und erleichtert wegen der exemplarischen Zuspitzung die Einsichten in die Folgen dieser nun überall vorrangigen bevölkerungspolitischen Mittel. Wo immer die Menschenproduktion gewaltsam erzwungen oder aufgrund finanzieller Prämien angeregt wird, scheitert die Herstellung eines sozialisationswirksamen Bandes zwischen den Generationen. Dauerhafte existentielle Solidarität kann so nicht zustande kommen. Erst die wirkliche gegenseitige Zuständigkeit nötigt die Erwachsenen

132 Vgl. I. Weigl, *Zum Spracherwerb bei Krippenkindern*, Berlin (DDR) 1977.
133 Zum herrschenden Mißverständnis der Erziehungswissenschaft über ihre praktischen Fähigkeiten vgl. G. Heinsohn / B. M. C. Knieper, *Kann Wissenschaft Erziehung anleiten?*, *Sozialmagazin*, 2. Jg., Nr. 4, 1977, S. 52 ff.

zu sorgsamem Umgang mit den Kindern, verleiht den ›Kleinen‹ eine angstvermindernde Machtposition gegenüber den ›Großen‹.[134]

134 Vgl. dazu G. Heinsohn, *Liebe ist in gewissem Sinne überflüssig. Die Aufhebung der Eigentümer- und Lohnarbeitererziehung im Kibbutz oder: Die relative Irrelevanz der sozialpädagogischen Kompetenz gegenüber der Gesellschaftsstruktur,* in: *Sozialmagazin,* 4. Jg., Nr. 8/1979, S. 50 f. Vgl. als wichtige Vorarbeit G. Heinsohn / B. M. C. Knieper, *Das Desinteresse lohnabhängiger Pädagogen als zentrales Problem der Erziehung,* in: Bruder u. a., *Kritik der pädagogischen Psychologie,* Reinbek 1976.

G. Wie der Glaube an den ›natürlichen Heirats- und Fortpflanzungswunsch‹ zur Fallgrube der Analysen wird oder: Das familistische Scheitern der Wissenschaft vom Geburtenrückgang[1]

Zum dritten Mal innerhalb des von uns analysierten Geschichtszeitraumes ergibt sich nun das Problem, Geburtenrückgang zu erklären. Die römischen Theoretiker der Kaiserzeit wußten, daß die Sklaven-Latifundien die Familienwirtschaft durch die billigere Produktion verdrängten und damit die Menschenquelle zum Versiegen brachten. Der politischen Führung gelang es nicht, den Zerfall durch gegensteuernde bevölkerungspolitische Gesetzgebung aufzuhalten. Sie bereitete jedoch die Durchsetzung des allgemeinen Kindestötungs- und Abtreibungsverbotes im Feudalismus vor. In der langen Phase des Mittelalters reifte die aus dem Zerfall Roms hervorgegangene jüdisch-christliche Heiligung des kindlichen Lebens und der strikt monogamischen Sexualität zu einem Ideal, keineswegs aber zur allgemein praktizierten Moral.

Den Theoretikern des Bevölkerungsschwunds in der spätmittelalterlichen Krise wurde dieses Ideal zur Waffe: die mörderische Verfolgung von Abtreibung und Kindesaussetzung, verstärkt durch die weitgehende Zerstörung des Verhütungswissens durch das Töten von Millionen von Frauen, trieb die Menschen in einen von individuellen Interessen abgekoppelten Kinderreichtum, aus welchem die Arbeitskräfte für die moderne, nicht-familiengebundene merkantilistische und kapitalistische Wirtschaft Europas und seine weltweite Kolonisationstätigkeit rekrutiert wurden. Die Theoretiker dieser Bevölkerungsexplosion verkannten jedoch deren Ursachen, da sie selbst im Dogma der Natürlichkeit von Heirat und Fortpflanzung befangen waren, der angsterzeugende

---

1 Zum Kapitel G – mit Ausnahme der Abschnitte 3 b u. 3 c – vgl. G. Heinsohn / O. Steiger, *The Bancruptcy . . .*, sowie Dies., *The Economic Theory of Fertility. An Alternative Approach for an Economic Determination of Procreation*, Diskussionsbeiträge zur Politischen Ökonomie Nr. 22, Universität Bremen 1979. Diese Arbeiten gründen sich auf Diskussionspapiere beider Verfasser aus dem Sommersemester 1976. Die Abschnitte 3 b u. 3 c beruhen weitgehend auf einem unveröffentlichten Papier, das R. Knieper u. O. Steiger im Wintersemester 1976/77 zur Diskussion gestellt haben.

Terror der bis ins 18. Jahrhundert währenden Hexenjagden in ihnen also fortwirkte.

Die Theoretiker des neuerlichen Geburtenrückgangs vom späten 19. Jahrhundert an bleiben ebenfalls weitgehend dem familistischen Dogma treu. Einige formulieren die Ahnung, daß Lohnarbeit und Familienleben zueinander im Widerspruch stehen, ohne allerdings die – ökonomisch gesehen – »prinzipielle Familienlosigkeit des freien Lohnarbeiters«[2] erkennen zu können.

1. Wie erste Zweifel an einem Fortpflanzungstrieb des Menschen in die ökonomische Analyse eingehen (Karl Kautsky, 1880, 1910, Paul Mombert, 1907, und Lujo Brentano, 1909)

Karl Kautskys (1854-1938)[3] erste Überlegungen zur Bevölkerung sind in seiner 1880 erschienenen Schrift *Der Einfluß der Volksvermehrung auf den Fortschritt der Gesellschaft* niedergelegt. Er erkennt das Malthussche Gesetz als wirksam an. Er bestreitet nicht, daß durch die Einschränkung der Vermehrung die Lage der Arbeiter sich bessern müßte, führt allerdings ebenfalls das Marxsche Argument von der relativen Überbevölkerung, der industriellen Reservearmee, gegen Malthus ins Feld. Im Unterschied zu Marx nimmt Kautsky jedoch die *absolute* Bevölkerungszunahme wahr, die aus der technischen »Überzähligmachung« nicht erklärbar ist. Mit Malthus ist er sich einig, daß dagegen etwas unternommen werden muß, verwirft allerdings das Mittel »sittlicher Enthaltsamkeit«, weil dieses mehr Unglück schaffe, als es zu verhindern vermöge:

1. Die Ehen würden sehr spät geschlossen, die Kinder entsprechend häufig früh verwaisen;

2 Vgl. zur ersten gerafften Formulierung dieser Annahme G. Heinsohn/R. Knieper, *Erziehungsrechtsreform in der Bundesrepublik*, in: *Kritische Justiz*, Heft 1, 1974, S. 12-27, sowie G. Heinsohn, *Die Zerstörung des Kindswunsches und die Emanzipation der Frau*, in: *päd. extra*, Heft 17, 1974, S. 9-11. Als erste ausführliche Entwicklung dieser Annahme verweisen wir auf G. Heinsohn / R. Knieper, *Theorie des Familienrechts*, wovon ein Teilvorabdruck ebenfalls in *päd. extra*, Heft 17, 1974 erschien.

3 Für die übrigen sozialistischen Autoren, die häufig genug noch hinter F. Engels u. K. Marx zurückfallen, verweisen wir auf H. Soetbeer, passim.

2. die unehelichen Geburten und die damit einhergehende Kindesvernachlässigung würden zunehmen;
3. sexuelle Enthaltsamkeit, also fehlende Geschlechtsbefriedigung, mache krank. Er fragt: »Sind die sozialen Nachtheile, welche die heutige Ehe mit sich führt, größer als die fysiologischen Nachteile der Ehelosigkeit? Ist der Hunger mächtiger, als die Liebe?«[4]

Einer damals weitverbreiteten Statistik über den Zusammenhang von Ehelosigkeit und Kriminalität, Geisteskrankheit, Selbstmord und frühem Tode folgend, schreibt er:

»Groß sind die Nachtheile des ehelichen Lebens im Vergleich mit dem Zölibat, aber größer noch sind seine Vortheile. Die Möglichkeit der Eheschließungen verringern, heißt die Summe menschlichen Glückes verringern; diese Möglichkeit vergrößern, heißt die Summe menschlichen Glückes vergrößern. *Der Malthus'sche Vorschlag ist daher nicht geeignet, auch nur im Mindesten das Glück des Proletariers zu befördern; im Gegentheil, er strebt, es zu verringern. Unangekränkelt von Malthus'scher Gedankenblässe mögen die Arbeiter sich den Freuden der Liebe hingeben und heiraten, wie sie bisher gethan: nicht blos der Instinkt, nicht blos ein widerstrebendes Gefühl, sondern auch die Wissenschaft spricht über den Malthus'schen Vorschlag das Todesurtheil.*«[5]

K. Kautsky wird unter Sozialisten und Marxisten deshalb bedeutungsvoll, weil er zu befürworten wagt, was etwa Louis Blanc »Gotteslästerung«[6], Friedrich Engels »Scheußliche Blasphemie gegen die Natur«[7] und Wilhelm Liebknecht »schmutzige [. . .] Praktiken, welche von sämtlichen bürgerlichen Ökonomen mehr oder weniger unverhüllt befürwortet«[8], werden, genannt hatten. Kautsky empfiehlt *den präventiven geschlechtlichen Verkehr,* die Anwendung einer Methode, durch welche die eheliche Umarmung unkräftig gemacht wird«.[8a] Er schlägt das Mittel vor, das Malthus bewußt verworfen hatte. Kautsky macht deutlich, daß Verhütungstechniken zwar keineswegs die soziale Lage der Arbeiter revolutionieren können, aber epochenübergreifend – also

4 K. Kautsky, *Der Einfluß der Volksvermehrung auf den Fortschritt der Gesellschaft,* Wien 1880, S. 89.
5 K. Kautsky, S. 99.
6 H. Soetbeer, S. 101.
7 F. Engels, *Umrisse . . .,* S. 518.
8 K. Liebknecht, S. 121.
8a K. Kautsky, *Der Einfluß . . .,* S. 182.

auch im Sozialismus – angewendet werden müssen, um jeweils optimale Verhältnisse zu erreichen. Er lockert die neuzeitliche christliche Moral, indem er das ›Laster‹ der Verhütung gutheißt, und hält zugleich an ihr fest, indem er die Sexualität unverändert streng an die Ehe bindet. Die Empfehlung der Verhütung birgt freilich immer noch ein persönliches Risiko. Für Kautsky besteht dieses nicht nur gegenüber dem Staat, sondern auch gegenüber der politischen Bewegung, welcher er sich anschließt und unter deren Druck er im Jahre 1910 seine Aufforderung zum präventiven Geschlechtsverkehr in der Arbeiterschaft, also zur Schwangerschaftsverhütung, nicht wiederholt.[9] Er verkündet nun, daß der Neomalthusianismus mit dem Sozialismus unvereinbar sei, und konzentriert sich statt dessen auf die – wie er meint – unterm Kapitalismus gefesselte landwirtschaftliche Produktivität, welche, einmal auf ihre mögliche Höhe gebracht, Nahrungsmittelmangel ausschließe.[10] Das heißt, er greift Malthus nun in seinem Bevölkerungsgesetz selbst an und kann dafür an der Vorstellung einer »natürlichen schrankenlosen Vermehrung« für alle Zeiten, einschließlich der Epoche des Sozialismus, festhalten, welche die Nahrungsgrenze niemals überschreiten werde. Für die Phase des Sozialismus selbst hält er es jedoch für möglich, daß »französische« Zustände einreißen, daß also Kinderlosigkeit als Massenerscheinung eintrete. Gegen diese gelte es dann, die »Sittlichkeit« zu mobilisieren.[11] Er setzt dabei auf einen früheren Hinweis von Friedrich Engels. Engels hatte ihm 1881 geschrieben:

»Sollte aber einmal die kommunistische Gesellschaft sich genötigt sehn, die Produktion von Menschen ebenso zu regeln, wie sie die Produktion von Dingen schon geregelt hat, so wird gerade sie und allein sie es sein, die dies ohne Schwierigkeiten ausführt.«[12]

Wir hatten bereits gesehen, daß Lenin die Ablehnung des Neomalthusianismus im politischen Tageskampf zur Geltung bringt. Was als marxistisch-leninistische Bevölkerungstheorie formuliert wird, ist damit im wesentlichen umschrieben. Das tatsächliche Gebärverhalten in den bürgerlichen Gesellschaften

9 Vgl. K. Kautsky, *Vermehrung und Entwicklung in Natur und Gesellschaft*, Stuttgart 1910, etwa S. 253 f.
10 Vgl. K. Kautsky, *Vermehrung . . .*, S. 242 f.
11 Vgl. K. Kautsky, *Vermehrung . . .*, S. 256 und 260.
12 F. Engels, Brief an Kautsky vom 1. 2. 1881, in: Marx-Engels *Werke* 35, S. 151.

ebenso wie im Staatssozialismus kann mit den bescheidenen Mitteln dieser Theorie nicht untersucht, sondern nur verurteilt oder mit Hilfe der dargestellten Maßnahmen – also Bestrafung und Prämiierung – bekämpft werden. Wird dennoch versucht, zum Geburtenrückgang Hypothesen zu formulieren, setzt man auf die ›Natur‹:

> »Selbstverständlich hat die Verringerung der Geburtenzahl unter dem Einfluß sozialer Faktoren ihre Grenzen, die von der biologischen Seite der menschlichen Natur bestimmt sind. Gesellschaftliche Motive können weder den natürlichen Instinkt der Arterhaltung unterdrücken, noch dem Menschen das Elternglück ersetzen.«[13]

Wo Marxisten-Leninisten auf eine solche Hoffnung nicht zurückgehen, findet sich lediglich die Übernahme der seit Anfang des Jahrhunderts von den Deutschen P. Mombert (1907) und L. Brentano (1909) entwickelte und in den siebziger Jahren von US-Ökonomen wieder formulierte These[14], daß bei steigendem Lebensstandard die materiellen Ansprüche wachsen und auf Kosten von Kindern verwirklicht werden.[15] Die Erklärungskraft dieser nunmehr in der Wissenschaft herrschenden Vorstellung wird uns im folgenden beschäftigen.

Wie gezeigt wird seit der Jahrhundertwende – von J. Wolff »entdeckt« – der Geburtenrückgang erkannt, während zugleich die absoluten Bevölkerungen wachsen. Daran schließen sich mehrere Untersuchungen an, welche einen Zusammenhang zwischen Wohlstandswachstum und Verringerung der Kinderzahl herzustellen suchen. Der Nationalökonom Paul Mombert weist anhand der erhöhten Spartätigkeit in Relation zur ehelichen Fruchtbarkeit zwischen 1885 und 1900 als erster nach, daß dieser

13 J. N. Guseway, *Sozialphilosophische Fragen der Demographie*, 1. Teil, in: *Sowjetwissenschaft/Gesellschaftswissenschaftliche Beiträge* 6, 1975, S. 633 – zit. n. dem DDR-Standardwerk *Marxistisch-leninistische Bevölkerungstheorie* von P. Khalatbari, Berlin 1977.
14 Brentanos Argumentation lag bereits 1910 in englischer Sprache vor, so daß die Nichtkenntnis des Originals bei den heutigen angelsächsischen Vertretern dieser Theorie jedenfalls nicht aus Verständigungsschwierigkeiten zu erklären ist. Vgl. L. Brentano, *The Doctrine of Malthus and the Increase of Population during the Last Decades*, in: *The Economic Journal*, 1910, S. 371-391.
15 Vgl. die Arbeiten der sowjetischen Demographen V. S. Stešenko und U. P. Piskunov von 1968 u. 1974, zit. n. J. Chin, S. 129, die ebenfalls mit der Mombert-Brentanoschen These operieren.

Zusammenhang für die gesamte Gesellschaft – in diesem Falle das Deutsche Reich – gilt und nicht auf bestimmte Schichten oder Gruppen oder etwa nur auf die Städte beschränkt bleibt.[16] Zur Erklärung präsentiert er die folgenden Thesen:

»Erst mit der Verbesserung seiner wirtschaftlichen und sozialen Verhältnisse beginnt der Mensch ökonomisch zu denken und für die Zukunft zu sorgen. Wo Not und Elend herrscht, Unbildung und Unkultur zu Hause sind, der Mensch von der Hand in den Mund lebt, jede Möglichkeit, sich und die Seinen vorwärts zu bringen, vollständig ausgeschlossen sieht, fehlt jeder Antrieb, irgendwie an die eigene Zukunft und diejenige der Kinder zu denken.

Mit zunehmendem Wohlstand und steigender Bildung tritt eine Änderung ein. Die Möglichkeit und der Ehrgeiz, sich und die Seinen heraufzuarbeiten, beginnt sich zu zeigen, und mit dem Steigen der Möglichkeit wächst das Streben, dieselbe auszunutzen. Mit der Mehrung des Wohlstandes und der Bildung erweitert sich der Bedürfniskreis des Menschen, und in dem Maße, in dem die Ansprüche über das zum Leben dringend Notwendige hinausgehen, in dem der Mensch emporkommt, wachsen Besonnenheit und Selbstbeherrschung und die Sorge für die wirtschaftliche Zukunft und die eigene Bequemlichkeit. Damit entsteht das Streben, einer allzu großen Vermehrung der Familie vorzubeugen.«[17]

An diesem Konnex zwischen »*Fortpflanzungstrieb* [. . .], sozialer Stellung und Wohlstand«[18] hebt er hervor, daß es sich um eine willentliche Änderung des »Fortpflanzungstriebes« handele, wodurch er dessen Naturhaftigkeit implizit bereits in Frage stellt:

»[Statistisch] sicher steht nur fest, daß der *Rückgang des Fortpflanzungstriebes* jedenfalls in weit stärkerem Maße als derjenige der Zeugungsfähigkeit und des Geschlechtstriebes zur Erklärung der neuzeitlichen Verminderung der Fruchtbarkeit herangezogen werden muß. *Aus dem Gesagten ging bereits hervor, daß es nicht darauf ankommt, daß der Wohlstand als solcher steigt, sondern daß mit dem Steigen desselben auf das Denken und Wollen des Menschen ein ganz bestimmter Einfluß in dem genannten Sinne ausgeübt wird.*

Der Einfluß des Einkommens oder allgemeiner des Wohlstandes ist also nur ein *mittelbarer*. Nicht, weil gewisse Leute mehr Einkommen haben als andere, ist bei diesen die Fruchtbarkeit in der Regel geringer, sondern weil als Folgen des höheren Einkommens und der damit zusammenhän-

---

16 Vgl. dazu P. Mombert, *Studien zur Bevölkerungsbewegung in Deutschland in den letzten Dezennien*, Karlsruhe 1907, S. 95.

17 P. Mombert, S. 168 f.

18 P. Mombert, S. 168 (Hervorhebung im Original).

genden höhren gesellschaftlichen Stellung in der Regel sich die obengenannten wirtschaftlichen Erwägungen Bahn zu brechen pflegen.«[19]

Der Nationalökonom L. Brentano macht sich aufgrund seiner Kenntnis der Mombertschen Funde von der Vorstellung eines »Fortpflanzungstriebes« oder der »natürlichen Arterhaltung« ebenfalls ein Stück weit frei:

»Es gibt aber keinen Fortpflanzungstrieb. Nicht um ihre Art zu erhalten, erzeugen die Menschen Nachkommen. Dieses Motiv findet sich höchstens bei Dynasten- und Adelsgeschlechtern und auch da nur in seltenen Fällen: Auch ist diese Zahl so gering, daß es für die Zunahme der Bevölkerung gleichgültig ist, wie sie sich verhalten. Die enorme Mehrzahl der Menschen erzeugt Kinder nicht um eines abstrakten Zweckes willen, wie dies die Erhaltung der Gattung wäre; zwei höchst konkrete Bedürfnisse sind es, was zur Zunahme der Bevölkerung führt, das Geschlechtsbedürfnis und die Kinderliebe.«[20]

Das »Geschlechtsbedürfnis« sei dem Manne eigen und könne nur als Nebeneffekt Fortpflanzung nach sich ziehen, während die Kinderliebe der von ihm weiterhin als asexuell aufgefaßten Frau[21] dann doch als Natureigenschaft für die Fortpflanzung bestimmt wird:

»Was das Weib den Mann suchen läßt, sind [...] zwei natürliche Eigenschaften, die sich in allen gesellschaftlichen Verhältnissen geltend machen. [...] Von [diesen] [...] ist die elementarste die Kinderliebe. [...] Während die Kinderliebe beim Mann nur wenig entwickelt ist, ist sie beim Weibe so stark, daß sie sogar Abneigung gegen den Mann zu überwinden vermag, gibt es doch Frauen, die offen erklären, daß sie um jeden Preis Kinder zu haben wünschen. *Wenn es beim Manne überwiegend der Geschlechtstrieb ist, was zur Fortpflanzung führt, so ist es beim Weibe die Kinderliebe.* Die andere natürliche Eigenschaft, welche die Frau in ihren Beziehungen zum Mann leitet, ist die Eitelkeit, einen Mann sich zu Füßen zu sehen.«[22]

Beide Faktoren, die für die Zeugung zusammenkommen müssen, sieht Brentano Einflüssen der Wohlstandsentwicklung aus-

19 P. Mombert, S. 170 f. (Hervorhebung von uns).
20 L. Brentano, *Die Malthus'sche Lehre und die Bevölkerungsbewegung der letzten Dezennien*, in: *Abhandlungen der III. Klasse der Königlichen* (Bayerischen – d. V.) *Akademie der Wissenschaften*, XXIV. Band III. Abt., 1909, S. 565 ff./579.
21 L. Brentano, *Die Malthus'sche* ..., S. 580 f.
22 L. Brentano, *Die Malthus'sche* ..., S. 581 (Hervorhebung von uns).

gesetzt. Diese können die »natürliche Kinderliebe« der Frau »verfeinern«, was sich in ihrer Beschränkung auf wenige Kinder und in der zusätzlichen Beschäftigung mit anderen Genüssen auswirke. Die »Verfeinerung« könne selbstverständlich nicht bis zur Kinderlosigkeit vorangetrieben werden, da die ›Natur‹ dieser Liebe fraglos unterstellt bleibt. Der Mann wiederum, dem die Frau lediglich den Geschlechtstrieb befriedigt, wenn er sie materiell instand setzt, die natürliche Kinderliebe zu verwirklichen, findet bei sich diesen Trieb – so sein Wohlstand wächst – in Konkurrenz mit anderen Genüssen, deren Realisierung wiederum die Kinderzahl zu reduzieren nötigt. Diese Hypothesen bindet Brentano in den Rahmen einer ökonomischen Theorie:

»Mit zunehmendem Wohlstand und zunehmender Kultur wächst die Mannigfaltigkeit der Bedürfnisse der Menschen, und mit dem Auftreten anderer Bedürfnisse macht sich auch hinsichtlich der Befriedigung des Geschlechtstriebes das Gossensche Gesetz geltend, wonach der nach der größten Summe des Wohlgefühls strebende Mensch mit der Befriedigung eines Bedürfnisses da abbricht, wo ein Fortfahren in seiner Befriedigung ihm geringeren Genuß bereiten würde, als die Befriedigung eines anderen Bedürfnisses, auf das er sonst verzichten müßte. Der Mensch bricht mit der Kindererzeugung da ab, wo die Mehrung der Kinderzahl ihm geringere Befriedigung schafft, als andere Genüsse des Lebens, die ihm sonst unzugänglich würden, oder als die Befriedigung, die es ihm gewährt, daß seine Frau nicht dem Siechtum verfällt, daß er keine mit Krankheit belastete Kinder auf die Welt setzt oder seinen Kindern eine bessere Ausrüstung für den Kampf ums Dasein zu verschaffen vermag.«[23]

Brentano beruft sich hier auf das *zweite* Gossensche Gesetz, das Gesetz vom Grenznutzenausgleich, das in der damaligen Haushaltstheorie, die auf der Grenznutzenanalyse aufbaute, eine entscheidende Rolle spielte (vgl. die Graphik G 1).

Vorausgesetzt ist hierbei zugleich die Gültigkeit des ersten Gossenschen Gesetzes, das Gesetz vom abnehmenden Grenznutzen, d. h. in unserer Darstellung fallen bei einem bestimmten Einkommen (E_o) sowohl die Grenznutzen des Bedarfs nach Kindern (GN^K) als auch der damit konkurrierenden Bedürfnisse (GN^B) bei wachsender Kinderzahl (X^K) bzw. Menge der anderen Bedürfnisse (X^B). Von beiden Bedürfnissen wird jene Quantität X^K_o bzw. X^B_o nachgefragt, bei der ihre jeweiligen Grenznutzen gleich sind. d. h. $GN^K_o = GN^B_o$.

23 L. Brentano, *Die Malthus'sche . . .*, S. 606.

Graphik G 1 – *Brentanos Erklärung des Geburtenrückgangs mit Hilfe des 2. Gossenschen Gesetzes*

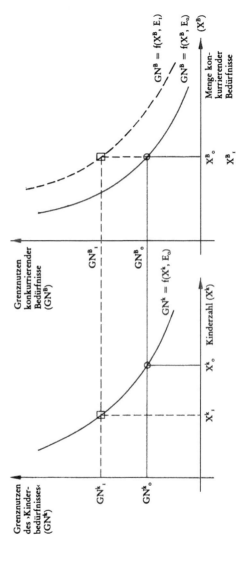

Bei einem höheren Einkommen ($E_1 > E_0$) steigt der Grenznutzen der mit dem ›Bedürfnis nach Kindern‹ konkurrierenden Bedürfnisse von GN^B_0 auf GN^B_1. Unter der Annahme, daß der Grenznutzen für das ›Kinderbedürfnis‹ unverändert bleibt und keine größere Menge der konkurrierenden Bedürfnisse nachgefragt wird ($X^B_0 = X^B_1$), kann jetzt der höhere Grenznutzen der anderen Bedürfnisse mit denjenigen nach Kindern nur ausgeglichen werden, wenn die Zahl der Kinder sich von X^K_0 auf X^K_1 vermindert. Wir werden noch zeigen, daß diese Darstellung sich von derjenigen der amerikanischen Familienökonomen nur formal unterscheidet, die statt mit der Grenznutzen-Analyse mit der Indifferenzkurvenanalyse der Hicksschen Konsumenten-Theorie operieren.

L. Brentano beschränkt den ökonomischen Rationalismus der Eltern nicht auf deren eigene Bedürfnisse, sondern er bezieht auch die Bedürfnisse der Kinder in die Erklärung mit ein, indem er das Verhalten der Eltern als Ausdruck einer »verfeinerten Kinderliebe« deutet:

> »Mit fortschreitendem Wohlstand pflegen sich die Menschen über das blinde Waltenlassen der animalischen Instinkte zu erheben, und damit werden sich die Eltern mehr und mehr bewußt, daß sie dafür verantwortlich sind, was für Menschen und ob sie deren viele oder wenige in die Welt setzen.«[24]

2. Wie durch die Unterscheidung zwischen Einkommensquelle und Einkommenshöhe als Faktoren der Fortpflanzung neue Einsichten gewonnen werden (Rudolf Goldscheid, 1911; Johannes Müller, 1924, und Rudolf Heberle, 1936, sowie Alva und Gunnar Myrdal, 1934)

Im Unterschied zu den Konsumententheoretikern erkennt der Sozialist Rudolf Goldscheid (1870-1931), daß die Verringerung der Kinderzeugung ohne ihre Beziehung zur gesellschaftlichen Reproduktion nicht zureichend begriffen werden kann. Er nimmt die *politische* Kontroverse wahr, die sowohl in hohen Kinderzahlen als auch in ihrer Abnahme zum Ausdruck kommt. Goldscheid kümmert sich nicht mehr um die Frage der marxistischen Arbeiterparteien, ob man präventiven Geschlechtsverkehr oder

---

24 L. Brentano, *Die Malthus'sche . . .*, S. 603.

Ehelosigkeit predigen solle, sondern geht von der Schwanger-schaftsverhütung, dem Geburtenrückgang aus und versucht ihn zu erklären:

»Die Abnahme der Zeugungslust, die Schwächung des Fortpflanzungs-willens ist kein rein individualistisch zu begreifendes Phänomen, sondern eine Anpassungserscheinung, d. h. eine bis zu einem noch näher zu bestimmenden Grade notwendige Korrelation des gegenwärtigen techni-schen und ökonomischen Reproduktionsprozesses.«[25]

Den Zwang in dieser Anpassungserscheinung macht er in der notwendigen Konkurrenz der Arbeiter untereinander aus:

»Desgleichen wäre es eine bedeutsame soziologische Einsicht, wenn sich etwa erweisen ließe, daß die Ausbreitung und Verbesserung der Verkehrsmittel und die damit verbundene größere Beweglichkeit der Menschen, wie sie namentlich der kapitalistische Großbetrieb erfordert, den Rückgang der Geburtenziffern erheblich beschleunigt. Es würde sich daraus ergeben, daß angesichts der gegenwärtigen Wirtschaftsbedingun-gen, trotz erhöhtem standard of life, eine große Kinderzahl eine schwere-re Last ist, als ehemals zu Zeiten stärkerer Seßhaftigkeit, schon wegen der erfreulichen Fortschritte hinsichtlich der Bekämpfung der Kinderarbeit. Der Kinderarme ist so heute jedenfalls in bezug auf Arbeitsgelegenheit wesentlich im Vorteil gegenüber dem Kinderreichen, wie es ja auch eine unbestreitbare Tatsache ist, daß unser ganzes heutiges Arbeitssystem den Ledigen vor dem Verheirateten begünstigt.«[26]

Diese Erkenntnis befähigt ihn zur Kritik an unangemessenen Maßnahmen gegen den Geburtenrückgang:

»Sinken z. B. die Geburtenziffern angesichts ganz veränderter sozialer Gesamtlage und läßt sich etwa beobachten, daß die Kinderzahl mit Absicht klein gehalten wird, so meint man, was willensgemäß erzielt wurde, müßte willensgemäß auch leicht wieder aufgehoben werden können.«[27]

Die bewußte Verringerung der Kinderzahl führe dazu, daß man versucht, »die überwiegende Mehrheit der Probleme der *Men-schenökonomie* durch Polizeimaßregeln und Erweiterung von *Papierrechtsbestimmungen* zu lösen. Aber schließlich wird doch die Ahnung aufdämmern, daß auch die großartigste Ausgestal-

25 R. Goldscheid, *Höherentwicklung und Menschenökonomie – Grundlegung der Sozialbiologie*, Leipzig 1911, S. 407. Für den Hinweis auf diese ganz unbekannte Arbeit von Goldscheid danken wir Stephan Leibfried, Universität Bremen.
26 R. Goldscheid, S. 416 f.
27 R. Goldscheid. S. 405.

tung polizeilicher Verordnungen total unfähig ist, die Kausalität aufzuheben«.[28] Statt dessen folgert er:

»Werden die Massen zu Volk, zu Volk im besten und höchsten Sinne des Wortes, dann sind sie nicht länger bereit, alle Lasten für die Güter, die sie dem Staat in ihren Kindern schenken, ausschließlich aus Eigenem zu tragen und *haben noch weniger die Neigung, es sich noch als ›Schuld‹ anrechnen zu lassen, wenn sie unbezahlten Mehrwert mit ihrer gesteigerten Reproduktionsleistung schaffen.* Sie ziehen es vielmehr vor, diese erheblich einzuschränken. Und dem Staat liegt es dann ob, sich darüber klar zu werden, wie er sich aus dem Dilemma zieht, entweder einer Überflutung des Landes mit Einwanderern tiefstehender Kultur und fremden Rasseelementen ruhig zuzusehen, oder sich zu *systematischer Familienpolitik* zu erheben, durch die die Menschen wieder Freude daran bekommen, viele Kinder in die Welt zu setzen. Systematische Familienpolitik, aufgebaut auf *umfassender Familienforschung, auf genauester Genealogie der Arbeitsgeschlechter* ist aber unmöglich, solange man die Ausgaben für Sozialpolitik nur für die faux frais der Produktion hält, statt zu begreifen, daß sie die *produktivsten Investitionen für die Menschenökonomie* sind, die neben der Güterökonomie ebenso unentbehrlich ist wie die Landwirtschaft neben der Industrie.«[29]

Wiewohl hier Familienforschung erst gefordert wird, behauptet Goldscheid noch vor ihrem Beginn die prinzipielle Lösbarkeit des Problems »Wiederherstellung der Freude am Kinder-in-die-Welt-Setzen«. Eine gelingende Erziehung dieser Kinder soll durch bessere staatliche Institutionen gewährleistet werden:

»Die unzureichende Produktivität unserer Schule verweist uns so aufs Energischste darauf hin, daß eine neue, unter total veränderten Verhältnissen aufwachsende Generation auch wesentlich veränderte, technisch höher stehende Schulen verlangt, daß die Intensivierung der Wirtschaft Intensivierung der Berufsvorbereitung wie der allgemeinen Bildung erfordert, *daß [. . .] großzügigste Schulpolitik den allerwichtigsten Zweig aller Industrie- und Agrarförderung, ja der gesamten Wirtschaftspolitik überhaupt darstellt.*«[30]

Eine deutsch-nationale Analyse des Geburtenrückganges aus dem Jahre 1924, die von dem Direktor des thüringischen Statistischen

28 R. Goldscheid, S. 421 (Hervorhebung von uns).

29 R. Goldscheid, S. 420 f.

30 R. Goldscheid, S. 525. Goldscheid erweist sich hier als vollgültiger Vorläufer der Bildungsreformhoffnungen der sechziger Jahre, deren Nichteinlösbarkeit inzwischen evident ist.

Landesamtes, Johannes Müller, stammt, steht den Aussagen des Sozialisten Goldscheid näher als der liberalistischen Konsumenten-Theorie, auf die er sich stützt. Müller schaut ebenfalls auf die Einkommensquelle der Eltern und nicht allein auf die Einkommenshöhe. In Auseinandersetzung mit der Mombert-Brentanoschen Wohlstands-Hypothese untersucht er an den gesellschaftlichen Strukturen, welche ökonomischen Veränderungen bei wachsendem Wohlstand für Eltern bzw. Kinder eintreten:

»Schon rein privatwirtschaftlich betrachtet, haben die Verhältnisse das Großziehen von Kindern zu einer immer kostspieligeren Sache werden lassen. Kinder waren früher schon in verhältnismäßig jungen Jahren brauchbare Mithelfer, nicht nur in der Landwirtschaft, wo sie auch heute noch als billige Arbeitskräfte geschätzt sind, auch in dem früher noch einfacher arbeitenden städtischen Handwerk fanden sich mannigfache Arbeiten und Verrichtungen, in denen auch Kinder mit Vorteil und ohne Schädigung ihrer Gesundheit Verwendung finden konnten. Rechnet man hinzu, daß in diesen Kreisen die Kinder nach vollendeter Schulausbildung oft noch geraume Zeit im elterlichen Haushalt und Berufszweig mitzuarbeiten pflegten, so brachten sie alles in allem wohl nicht unerhebliche Einnahmen in den elterlichen Haushalt ein. Erst die Industriearbeiterschaft und der geistig arbeitende Mittelstand haben im eigenen Hause und Berufe keine nutzbringende Verwendung mehr für ihre Kinder. Für diese Schichten bedeuten sie *eine reine Belastung*, es sei denn, daß sie in einer ihre Gesundheit schädigenden Weise zur Arbeit herangezogen werden. Und da die sozialpolitische Gesetzgebung und alle die sonstigen, den Kinderschutz fördernden Maßnahmen diesen Ausweg immer mehr verbaut haben, so ist das Debetkonto der Kinder immer mehr angeschwollen, und zwar in einem für die Volksgesamtheit immer drückenderen Umfange, je größer der Anteil der Industriearbeiterschaft und des modernen Mittelstandes an der Gesamtbevölkerung wurde. Also schon die Tatsache der Industrialisierung eines Volkes an sich ist, wenigstens unter den wirtschaftlichen Verhältnissen des europäischen Staatenkreises, der zur Erörterung steht, wohl geeignet, in der Richtung einer verhältnismäßigen Kleinhaltung der Kinderzahl zu wirken.«[31]

Müller fragt nun nicht, warum im 19. Jahrhundert die Vermehrung der Industriearbeiter durchaus funktioniert hat, sieht aber, daß der private Generationenvertrag für die lohnabhängigen Schichten prinzipiell nicht existiert:

31 Vgl. J. Müller, *Der Geburtenrückgang*, Jena 1924, S. 59, vgl. auch seinen Artikel *Geburtenrückgang* in: *HdWB. der Staatswissenschaften*, Jena 1927⁴, 4. Band, S. 641 ff., bes. 644 f.

»Die Jungen sind längst nicht mehr so abhängig von den Alten, sind weniger deren Erben, schaffen sich vielmehr ihre Lebensstellung in weit größerem Umfange selbst; je weniger die Alten aber den Jungen mitgeben können, je mehr diese ihr Schicksal in ihre eigene Hand nehmen müssen, um so mehr wächst auch ihr Selbständigkeitssinn. Müssen sie sich ihren Platz im Erwerbsleben selbst erobern, haben sie hier ihren Eltern weniger zu verdanken, so haben sie auch immer geringere Neigung, ihre Eltern in deren Alter zu unterstützen oder gar entferntere Verwandte bei sich aufzunehmen, was ihnen durch die sozialpolitische Gesetzgebung mit ihren Alters- und Invalidenrenten noch erleichtert worden ist.«[32]

Anders als Mombert und Brentano sieht Müller, daß die Belastung der Eltern nicht von der Anzahl der Kinder bestimmt wird, sondern daß *jedes* Kind – also auch das Einzelkind – eine ökonomische Belastung darstellt:

»Das Kind ist, *rein verstandesmäßig betrachtet,* eine unwirtschaftliche Kapitalanlage, ein Störenfried der häuslichen Ruhe, ein Bleigewicht für das berufliche Fortkommen, ein Hindernis für Vergnügungen. So hat der Verstand dem Kinde den Krieg erklärt und je mächtiger seine Stellung im Leben des Volkes wurde, desto gefährlicher wurde die Lage des Kindes.«[33]

Gegen diese Anwendung des »Verstandes« bei der Geburtenkontrolle verfällt Müller dann doch auf die Beschwörung der Natur, auf die ›Weiblichkeit‹. Damit fällt er hinter seine Analyse zurück:

»Auch die Frau hat ein Wort mitzureden, auch heute noch, vielleicht jetzt mehr als früher. Und ist der Mann mehr Verstandesmensch, so haben bei der Frau Gemüt und Herz noch mehr Macht und sie wird den verstandesmäßigen Überlegungen des Mannes ein Gegengewicht bieten können.«[34]

Er sieht aber auch die ›Natur‹ der Frau als verkümmerbare Potenz, die nur erhalten werden könne, wenn ihr die ökonomischen Hindernisse aus dem Wege geräumt werden.[35] Damit hat er die Formel erfaßt, mit welcher seitdem alle Bevölkerungspolitik operiert. Sie hält am ›natürlichen Kindeswunsch‹ fest und konzentriert sich mehr und mehr auf seine optimale Freisetzung durch finanzielle Absicherung von Elternschaft, in der Tendenz

32 Vgl. J. Müller, S. 65.
33 J. Müller, S. 62.
34 Ebenda.
35 Vgl. J. Müller, bes. S. 70.

also durch die Verwandlung derselben in ein Gewerbe, das in der Konsequenz auf natürliche Wünsche nicht mehr angewiesen ist, im realisierten Einkommensinteresse allerdings diese weiterhin am Werke zu sehen vermeint.

Ähnlich wie Müller analysiert 1936 Rudolf Heberle, der allerdings nicht auf die Natur an sich setzt, auch Gewaltmaßnahmen und finanzielle Anreize nicht für die Steigerung der Kinderzahlen vorschlägt, sondern sagt:

»Jeder Schritt aus der reinen Marktwirtschaft heraus würde [. . .] bevölkerungspolitisch günstigere Bedingungen schaffen.«[36]

Hier wird schon geahnt, daß ohne einen neuerlichen existentiellen wirtschaftlichen Zusammenhalt zwischen Generationen eine vertretbare Bevölkerungspolitik nicht zustande kommen kann. Es wird dann jedoch vorschnell geschlossen, daß jede nicht-kapitalistische Gesellschaft automatisch auch die Basis eines solchen Zusammenhalts abgibt. Die Erfahrungen der Nationen des ›real existierenden Sozialismus‹ haben diesen Schluß widerlegt.

1934 – Schweden hat die bis dahin niedrigste Geburtenrate der Erde (13,7‰) – begründen der schwedische Nationalökonom Gunnar Myrdal (geb. 1898) und die Soziologin Alva Myrdal (geb. 1902) eine solche Bevölkerungspolitik. Sie folgen in ihrer Analyse der Linie, die wir bei Goldscheid, Müller und Heberle gefunden haben, versprechen sich nichts von staatlichen Gewaltmaßnahmen oder der Zurückdrängung der Frauen in die ökonomisch sinnlos gewordene Hausarbeit. Sie fordern statt dessen:

»Man muß die Extrakosten des Kinderhabens verringern, um das Hindernis, welches Kinder heute im ständigen Streben der Familien nach höherem Lebensstandard darstellen, zu verkleinern. Und man muß die Behinderung der Frauen in ihrem neuen sozialen Leben durch Kinder minimieren.«[37]

Die Myrdals sind sich bei diesen Forderungen des Problems bewußt, das ohne die Annahme eines natürlichen Fortpflanzungswillens aufträte. Sie ahnen die Ratlosigkeit, vor der sie dann stünden und die unter Bevölkerungsexperten meist verdrängt

36 Vgl. R. Heberle, *Soziologische Theorie der Geburtenbeschränkung*, in: H. Harmsen / F. Lohse (Hg.), S. 276 ff., 277.

37 A. Myrdal / G. Myrdal, *Kris i befolkningsfrågan (Die Krise in der Bevölkerungsfrage)*, Stockholm (1934), 1935³, S. 138.

wird. Sie schlagen eine Einkommensumverteilungs-Politik und staatliche Erziehungseinrichtungen (Kindergärten, Ganztagsschulen etc.) vor, wie sie heute nicht nur in Schweden zu guten Teilen verwirklicht sind, und formulieren:

»Beim Studium der praktischen Probleme der positiven Bevölkerungspolitik *gehen wir von einer natürlichen Neigung junger Menschen aus, zu heiraten und Kinder zu gebären.* Dieses muß merkwürdigerweise unterstrichen werden. Es gehört nämlich zu den Eigentümlichkeiten der gegenwärtigen bevölkerungspolitischen Gedankenverwirrung in unserem Land, daß Autoren, die sich ernsthaft damit beschäftigen, die Ursachen herauszufinden, warum junge Menschen nicht länger dieser Neigung folgen und auch die Mittel zur Beseitigung dieser Ursachen aufzeigen, gerne beschuldigt werden, die Existenz dieser natürlichen Neigung nicht gesehen zu haben! *Würde es jedoch diesen Willen nicht geben, würde selbstverständlich nichts helfen; darüber braucht nicht gestritten zu werden.*«[38]

Im Jahre 1978 hatte Schweden die geringste Eheschließungsrate der entwickelten Welt. Zugleich war es das erste westliche Land, dessen Brutto-Reproduktionsrate nach dem Zweiten Weltkrieg (kurz vor Finnland) unter 2 fiel, d. h. pro schwedischer Frau werden seit 1969 weniger als 2 Kinder geboren. Inzwischen wurde es überholt: Die Bundesrepublik Deutschland erreichte bereits 1975 nur noch eine Bruttoreproduktionsrate von 1,45 (seit 1971 unter 2). Unter einer Rate von 2 liegen seit 1972 Dänemark, USA, Österreich, Schweiz und die DDR, seit 1973 Holland und Belgien, seit 1974 England und Wales sowie Japan, seit 1975 Frankreich, Kanada und Norwegen etc.

In einigen sozialistischen Ländern war die Rate von 2 teilweise schon zu Beginn der 60er Jahre unterschritten worden (Ungarn 1960, Rumänien 1962 bis 64, Bulgarien 1969, CSSR 1968, Lettland nach 1965, ähnliches gilt für Litauen, Estland, Rußland, Ukraine und Weißrußland), dann aber durch die besprochenen

---

38 A. Myrdal / G. Myrdal, S. 202 (Hervorhebung d. V.). Ähnlich formuliert G. Myrdal einen »natural urge to get married and have children« – in: *Population Problems and Policies,* in: *The Annals of the American Academy of Political and Social Science,* Mai 1938, S. 208. A. Myrdal äußert sich in gleicher Weise in *Nation and Family,* London 1945, S. 107.

Für den angelsächsischen Raum wird die entsprechende Position durch A. M. Carr-Saunders, *World Population – Past Growth and Present Trends,* Oxford 1936, vertreten. Er behauptet, daß der Fortpflanzungswunsch des Menschen unausrottbar ist und geradezu als »Elterninstinkt« zu bezeichnen sei (vgl. Kapitel 17).

Mittel der Gewalt und Prämiierung wieder hochgetrieben worden.[39]

3. Wie der ›natürliche Fortpflanzungstrieb‹ im Faschismus entmystifiziert und in der neueren Bevölkerungstheorie wieder tabuisiert wird

Die Bevölkerungstheorie nach dem Zweiten Weltkrieg erreicht das analytische Niveau, das die hier skizzierten Konzepte aufweisen, nicht mehr. Ausführlich werden wir das am Beispiel der USA, wo der größte wissenschaftliche Apparat zum Einsatz kommt, und an der Bundesrepublik Deutschland darlegen, deren Demographen vor der Erklärung der weltweit geringsten Geburtenrate stehen.

3a) Warum der sog. Babyboom kein Aufbäumen der Natur gewesen ist

Der theoretischen Unzulänglichkeit mag zugute gehalten werden, daß alle hochentwickelten Nationen in den vierziger oder fünfziger Jahren eine absolute Zunahme der Geburten im Vergleich zu den dreißiger Jahren zu verzeichnen haben, allerdings nirgendwo der rückläufige Trend seit dem späten 19. Jahrhundert tatsächlich umgekehrt wird. Die Zunahme der Geburtenzahl kann keineswegs als Verringerung der Krise der lohnabhängigen Familie in dieser Zeit gedeutet werden. Nicht so sehr pro Frau steigen nämlich die Geburtenzahlen, sondern mehr Frauen werden Mütter, d. h. mehr Frauen erhalten die Chance zur Flucht aus dem Zölibat, denn teilweise bis in die siebziger Jahre bleibt nicht-eheliche Sexualität strafbar. Diese Chance ist Ausdruck der Einkommensverbesserung oder der Einkommensstabilisierung, die insbesondere dem hauswirtschaftlichen Personal eine relativ sichere freie Lohnarbeit oder die Ehe mit einem in seinem Einkommen nun besser gesicherten Lohnarbeiter ermöglicht. In dem Land mit dem ausgeprägtesten »Babyboom« – den USA – entfallen mehr

---

39 Vgl. zu den Zahlen: *Population*, 1978, Heft 3, S. 714 f.; *Population Index*, 1978, Heft 2, S. 376 ff., sowie *Befolkningsutvecklingen*, 1977/78: 32, S. 4 i. V. m. S. B 109. Für die Zahlen zum Ostblock vgl. *Population Index*, 1978, Heft 2; R. Andorka, S. 132 f., sowie J. Chin, S. 69.

als 50 Prozent der Mehrgeburten auf Neumütter. Pro Mutter erhöht sich die durchschnittliche Kinderzahl nur um 15 %,[40] d. h., daß statistisch jede zweite Mutter ein Kind mehr bekommt als die Mütter in der Zeit davor, bzw. daß bei 50 Prozent aller Mütter ein »Babyboom« nicht stattfindet.

Dennoch bleibt ein aufzuklärender Rest, der vielleicht darin besteht, daß die in den zwanziger und dreißiger Jahren bereits deutlich gewordene Krise der Familie in der Nachkriegsgeneration gerade auch als kriegsbedingte Krise rationalisiert werden kann und deshalb ein entschlossener Sprung zurück in die zerfallende Form gerechtfertigt erscheint, also mit dem Ende des Krieges auch der Zerfall der Familie an sein Ende gekommen sein könnte. Dieser Sprung ist dann Ausdruck der Unsicherheit, wie denn in nicht-familialer Existenz Sexualität bzw. Unterhalt (für die Frauen) gesichert werden kann. Die Zunahme der Kinderzahl erwiese sich so gerade als trotziger Verzweiflungsakt gegenüber der Ungewißheit familienlosen Lebens und keineswegs als Beweis für die Kraft der Institution Familie. Um die Möglichkeit eines Lebens ohne Familie voll zu erfassen, braucht es Lernzeit und die Distanz von Scheinursachen ihres Zerfalls, die in Kriegen oder Katastrophen gesehen werden. Eine Bestätigung für diese These gibt Schweden, das am Zweiten Weltkrieg nicht teilgenommen hat und wo die Zunahme der Geburten fast ausschließlich auf das Konto von mehr Müttern, d. h. mehr verheirateten Frauen geht, also Ausdruck der Flucht aus dem Zölibat[42] und wiederum nicht Indikator für eine der Familie an sich zukommende Attraktivität ist.

3b) Warum die NS-Bevölkerungstheoretiker die humanistische Maske der ›polizey‹-staatlichen Menschenproduktion fallenlassen

An der Bevölkerungstheorie nach dem Zweiten Weltkrieg fällt zusätzlich auf, daß sie selbst hinter den Erkenntnisstand der faschistischen Analysen zurückfällt. Das gilt insbesondere für die deutschen Demographen, wie wir noch zeigen werden. Ihre

---

40 Vgl. zu den US-Zahlen *The Commission on Population Growth . . .*, Vol. 1, S. 40.
42 Für die schwedische Entwicklung vgl. G. Guteland u. a., *The Biography of a People*, Stockholm 1974, Figur A 1 und Tabelle A 1.

Hilflosigkeit dürfte nun direkt vom Faschismus beeinflußt sein, sind es doch seine bevölkerungspolitischen Maßnahmen – von der Ausrottung staatlich nicht erwünschten Lebens bis zur Menschenzuchtanstalt in staatlicher Regie –, die nach seiner Niederlage zu einer Tabuisierung der Demographie in den deutschsprachigen Ländern und ihrer eugenischen Komponente überall in der Welt führen.[43]

Der Faschismus, insbesondere der Nationalsozialismus, hat innenpolitisch entscheidendes Gewicht auf die Bevölkerungsvermehrung gelegt und dabei nicht ohne Analyse der Ursachen ihrer Stagnation gearbeitet. In der Bundesrepublik findet unsere These von der Ruinierung des Analysestandards durch den Faschismus ihre genaue Bestätigung – der Umschwung von analytischer Schärfe zum Verzicht auf Analyse überhaupt läßt sich mitunter an ein und demselben Wissenschaftler beobachten.[44]

Der international bekannteste deutsche Rassehygieniker, F. Burgdörfer, stellt 1929 in der Auswertung empirischen Materials fest, daß ein mehrfach systematisierbares Gefälle des Geburtenrückganges besteht: Es zeige sich am deutlichsten in Großstädten, während die Situation auf dem Lande günstiger sei[45] – insgesamt jedoch gebe es eine Tendenz zur Vereinheitlichung nach unten. Bei der Untersuchung der »Volksschichten« kommt er zu dem Ergebnis:

»Am weitesten fortgeschritten in der Beschränkung der Kinderzahl ist die geistige Oberschicht des Volkes (Gelehrte, freie Berufe, höhere Beamte usw.); ihnen am nächsten steht die Angestelltenschaft (einschließlich der mittleren Beamtenschaft), dann folgen die selbständigen Gewerbe- und Handeltreibenden. Über dem Durchschnitt stehen einstweilen noch die Arbeiter sowie die selbständigen Landwirte.«[46]

43 Vgl. zu dieser weltweiten Zurückhaltung: M. Wingen, *Bevölkerungspolitische Leitvorstellungen in der gegenwärtigen wissenschaftlichen und politischen Diskussion*, in: B. Külp/H.-D. Haas (Hg.), *Soziale Probleme der modernen Industriegesellschaft*, Schriften des Vereins für Socialpolitik, N. F., Bd. 92, 1. Halbband, Berlin-München 1977, S. 440 ff.

44 So wirkt der führende NS-»Rassenhygieniker« H. Harmsen nach dem Krieg als angesehener »Sozialhygieniker« in der Bundesrepublik weiter. Zur Bedeutung Harmsens in der Nachkriegszeit vgl. H. W. Jürgens, *Zur Lage der Bevölkerungswissenschaft in der Bundesrepublik Deutschland*, in: Zeitschrift für Bevölkerungswissenschaft, Bd. 1, Heft 1, 1975, S. 9.

45 Vgl. F. Burgdörfer, *Der Geburtenrückgang und seine Bekämpfung*, Berlin 1929. S. 46 ff. und 63 ff.

46 F. Burgdörfer, S. 81 ff.

Und wiederum fällt ihm eine »bemerkenswerte Angleichung des Niveaus in allen Bevölkerungsschichten« nach unten auf.[47] In der Interpretation dieser Entwicklung mischen sich kulturelle, wirtschaftliche und soziale Erwägungen, wobei die bevölkerungspolitischen Erwartungen bedeutsame Einsichten jedoch verstellen:

> »Gewiß ist es richtig, daß derartige wirtschaftliche Erwägungen erst auf dem Boden einer rationalistischen Weltanschauung, die alles Handeln nach dem wirtschaftlichen Vor- oder Nachteil richtet, zur vollen Auswirkung kommen konnten. Mit dem Schwinden der lebendigen Religiosität und ihren starken familienbauenden Kräften, mit dem Überhandnehmen individualistisch-egoistischer Lebensauffassung, die den persönlichen Vorteil und Lebensgenuß als höchstes Ziel und das Leben als persönlichsten Besitz betrachtet und jede Verpflichtung gegen Vergangenheit und Zukunft des eigenen Geschlechts ablehnt, wurde erst der Boden bereitet, auf dem die wirtschaftlichen Erwägungen zum beherrschenden Prinzip für die Regelung der Nachwuchsfrage wurde.
>
> Damit soll nicht gesagt sein, daß nicht auch in früheren geburtenfreudigeren Zeiten *wirtschaftliche Erwägungen* eine wichtige Rolle gespielt hätten. Sie waren *immer,* zwar nicht allein entscheidend, so doch *in hohem Maße mitentscheidend.* Aber die wirtschaftlichen Verhältnisse haben sich geändert, wir sind aus einem überwiegenden Landvolk ein überwiegendes Stadtvolk geworden und damit haben sich auch die Wirkungen der wirtschaftlichen Argumente geändert. Für den Bauern bedeutet eine größere Kinderzahl die Hoffnung auf eine frühzeitige Arbeitshilfe und darum ist er im allgemeinen geburtenfreudiger eingestellt als der Städter, für den die Aufzucht und Erziehung einer größeren Kinderzahl keinerlei Vorteil, sondern ausschließlich eine wirtschaftliche Last bedeutet und oft mit schwerer Sorge und Entbehrung verbunden ist, gar nicht zu reden von dem persönlichen Verzicht auf äußeren Lebensgenuß, den eine kinderreiche Familie von den Eltern fordert.
>
> Es ist so, wie J. Graßl gelegentlich sagte: Motive für die höhere eheliche Fruchtbarkeit der Bauernfamilien sind keineswegs edler oder anders als die Motive zur Einschränkung der Kinderzahl bei den Städtern. Fast immer sind es – soweit überhaupt die ratio mitspricht – egoistische, wirtschaftliche: das eine Mal ein Lucrum, das man erwartet, das andere Mal ein Damnum, das man verhütet.«[48]

Wie lauten nun die Folgerungen aus Burgdörfers Feststellungen und Interpretationen? Hören wir dazu den Rassehygieniker H. Paull:

47 F. Burgdörfer, S. 89.
48 F. Burgdörfer, S. 176 f. (Hervorhebungen von uns).

»Doch ich glaube gezeigt zu haben, daß die Wege, welche das französische Volk zur Wendung seines Schicksals eingeschlagen hat, nicht zum Ziele führen können. Man will mit budgetmäßigen Mitteln der Familie Pflästerchen auflegen, man will oder kann nicht erkennen, daß die Aufgabe viel größer ist, als daß sie aus dem Steuersack eines sowieso schon steuerlich überlasteten Volkes gelöst werden könnte: *Die Familie verlangt nicht mehr und nicht weniger, daß sie wirtschaftlich und sittlich durch Besitz im Industriestaate verankert werde, wie sie es einstmals im Agrarstaate durch den Besitz von Grund und Boden gewesen ist.«*[49]

Die NS-Propaganda mit dem zentralen Konzept der intakten bäuerlichen Familie – also der Existenzform einer Minderheit – erscheint als Versuch, der nicht-bäuerlichen Bevölkerung eine besondere Zielsetzung zu geben, und verrät zugleich die ganze Hilflosigkeit dieses Versuchs. Die Materialisierung dieser vorerst bloßen Predigt zur Verheißung deutscher Kolonisierung des Ostens durch arische Großbauern oder Grundbesitzer mag dann durchaus die Motivation einzelner Deutscher zur Familiengründung beeinflußt haben. Insgesamt jedoch kann sie auch während der Erfolge der faschistischen Kriegsführung – die Statistiken belegen das – nicht sonderlich viel bewirkt haben.

Die Ohnmacht bloßer Propaganda wird von den NS-Ideologen stets wahrgenommen, und sie haben denn auch Zwangsmaßnahmen nicht allein gegen die östlichen Nachbarn, sondern auch gegen die Deutschen selbst entschieden befürwortet. Vor allem sollte die Ehe als beste und billigste Institution zur Aufzucht von Kindern[50] durch ein strenges Ehescheidungsrecht[51] und die Diskriminierung unehelicher Kinder[52] gestärkt werden. Die individuelle Geburtenkontrolle sollte erschwert werden:
– durch Aufrechterhaltung und Verschärfung des Abtreibungsverbots[53];
– durch Zurückdrängen des öffentlichen Anbietens von Verhütungsmitteln, mit der Ausnahme des Kondoms, bei dem der

49 H. Paull, *Die Lebenskrise des Deutschen Volkes*, Berlin–Bonn 1930, S. 79 f.

50 Bereits M. v. Gruber, *Ursachen und Bekämpfung des Geburtenrückganges im Deutschen Reich*, München 1924, S. 52, rechnet aus, daß die Aufzucht von Kindern in einer Arbeiterfamilie sehr viel weniger kostet als in gesellschaftlichen Einrichtungen.

51 M. v. Gruber, S. 51, sowie H. Harmsen, *Praktische Bevölkerungspolitik*, Berlin 1931, S. 29.

52 H. Harmsen, *Praktische . . .*, S. 30, u. M. v. Gruber, S. 54.

53 H. Harmsen, *Praktische . . .*, S. 35 f.

eugenische Gesichtspunkt der Geschlechtskrankheitenverhütung im Vordergrund steht[54];
– durch Verbot der »Sterilisierung vollwertiger Menschen«.[55]

Soweit umfassende sozialpolitische Forderungen erhoben werden, entbehren sie nicht der illusionslosen und differenzierten Einschätzung:

»Utopische Forderungen, die darauf hinauslaufen, die vollen Aufzuchts- und Erziehungskosten auf die Allgemeinheit zu übernehmen, oder gar das Kinderkriegen zu einem rentablen Geschäft zu machen, sind selbstverständlich abzulehnen, selbst wenn wir finanziell dazu in der Lage wären. Eine solche Anreizpolitik würde vielleicht einen quantitativen, kaum aber einen qualitativen Erfolg haben. Kinder, die nur um des materiellen Gewinnes willen in die Welt gesetzt werden, mögen lieber ungeboren bleiben. [...] Dieser (Familien)Ausgleich [...] muß in großzügiger, umfassender Weise durchgeführt werden, und zwar in einem Ausmaß, *daß grundsätzlich jedes gesunde, fortpflanzungsfähige Ehepaar, das guten Willens ist, einer ausreichenden Anzahl von Kindern* – das sind mindestens 3 bis 4 pro Ehe – *das Leben schenken kann, ohne damit von wirtschaftlicher und sozialer Verelendung bedroht zu werden oder Gefahr zu laufen, aus der überkommenen gesellschaftlichen Schicht herabzusinken.* Wird diese Gefahr, die heute vielfach in entscheidendem Maße geburtenhemmend wirkt, gebannt, wird durch solche Ausgleichsmaßnahmen dem kinderreichen Ehepaar im wesentlichen die gleiche Lebenshaltung und der gleiche Lebenszuschnitt wirtschaftlich ermöglicht, den das kinderlose oder kinderarme Ehepaar *seiner* Gesellschaftsschicht inne hat, so ist damit zu rechnen, daß auch in den *kulturell und gesellschaftlich führenden Schichten* wieder eine stärkere Fruchtbarkeit der Ehen eintritt.«[56]

In dieser Stellungnahme kommt die Einsicht zum Ausdruck, daß ein materielles Gebär-Anreiz-Programm noch keine gelingende Sozialisation, keinen realitätstüchtigen Nachwuchs garantiert; es wird eine Ahnung davon deutlich, daß alle Sozialprogramme dem Strukturproblem nicht zu Leibe rücken: das empirische Material hatte ja offenbart, daß die entschiedenste Geburtenkontrolle von der oberen Schicht der Lohn- und Gehaltsabhängigen geübt wird und daß gerade die sozial Benachteiligten die höchsten Geburtenzahlen aufweisen – ein unübersehbarer Hinweis auf die Kurzgriffigkeit aller Sozialpolitik, die immer wieder

54 H. Harmsen, *Praktische ...*, S. 36 ff.
55 E. H. Stoll, *Aufgaben der Bevölkerungspolitik*, Jena 1927, S. 13.
56 F. Burgdörfer, S. 179 f.

dazu verführt, an den ›Willen des Volkes zum Leben‹ zu appellieren.[57] Endlich wird die eugenische Komponente deutlich: die Sozialpolitik soll an der Stärkung des Zeugungswillens in den oberen Schichten orientiert sein und »minderwertige Eltern« eher entmutigen.

Wir hatten gezeigt, daß im 19. Jahrhundert, von England (F. Galton) sich ausbreitend, die Rassenhygiene als Reaktion auf den massenhaft gesetzten, aber qualitativ vernachlässigten Nachwuchs der Arbeiter entwickelt wird. Sie ist Ausdruck des Nicht-Verstehens der Vernachlässigung und der Unkenntnis der wirklichen Ursache der Bevölkerungsexplosion. Sie lebt von der Angst, daß ein mehrheitlich ›geistig minderwertiges Volk‹ heranwachse – dominiert von »eine[r] entmenschte[n], degradierte[n], intellektuell und moralisch zur Bestialität herabgewürdigte[n], körperlich kränkliche[n] Rasse«.[58] Allein die Durchbrechung der Generationenabfolge in der Arbeiterbevölkerung, so glauben die Analytiker, könne die Verdummung ganzer Nationen aufhalten. Diese Angst hat ihre logische Konsequenz in der Befürchtung, daß die Oberschichten sich nicht – als »gesunde Race« betrachtet – ausreichend vermehren oder durch Vermischung mit den anderen ›herabsinken‹. Für die NS-Bevölkerungstheoretiker stellt sich deshalb die Frage, wie die Deutschen als internationale ›Oberschicht‹ zur Vermehrung veranlaßt werden können. Ein Vertreter der faschistischen Biologie setzt dabei auf die Erforschung von »Unfruchtbarkeit«, geht also automatisch davon aus, daß »die gewollte Beschränkung nur eine nebensächliche Rolle spielt«.[59] Es gibt nach dieser Meinung wohl Unfruchtbarkeit, nicht aber gewählte Kinderlosigkeit. Die darin gebundene Vorstellung, daß diejenigen, welche Kinder nicht wollen, die Unfruchtbarkeit als Schutzbehauptung vorbringen müssen, um geistigem oder physischem Terror zu entgehen, bleibt in der Bevölkerungsstatistik, welche ja die »natürliche Vermehrung« als zentrale Kategorie verwendet, bis heute unverändert gültig. Sie wird also einen Erfahrungswert von etwa 10 Prozent Unfruchtbaren, die Kinder ebenso naturleidenschaftlich wünschten wie alle anderen, bis in

57 Vgl. etwa F. Burgdörfer, S. 192.
58 F. Engels, *Die Lage* . . ., S. 295.
59 L. Welsmann, *Die Ursachen des Zeugungsrückganges bei den Völkern des Abendlandes*, in: H. Harmsen, F. Lohse (Hg.), *Bevölkerungsfragen* . . ., S. 371 ff./374.

die weitere Zukunft mit sich fortschleppen. Angesichts der Tatsache, daß die Kinderlosigkeit in vielen Großstädten des Westens und des industrialisierten Ostens bei mehr als 30 Prozent[60] der Erwachsenen liegt, wird dabei allmählich die statistische Kategorie der »natürlichen Fruchtbarkeit« oder Unfruchtbarkeit in der Demographie selbst Zweifeln ausgesetzt sein.

3c) Wie die bevölkerungstheoretische Debatte der Bundesrepublik Deutschland eine ökonomische Erklärung zu vermeiden sucht

Der bevölkerungspolitische Rassismus, welcher im Deutschen Reich zum Völkermord an Juden und Zigeunern und zum Massenmord an sogenannten Geisteskranken und Homosexuellen greift, hat in den westlichen Ländern durchweg die staatliche Manipulation bei der Nachwuchsgewinnung in Legitimationsschwierigkeiten gebracht. Diese Manipulation – insbesondere durch Festhalten am jüdisch-christlichen Moralgesetz als staatlichem Recht – ist dabei nicht aufgehoben worden; aber die Zuflucht zu neuerlichen Gewaltmaßnahmen bleibt für die Regierungen schwierig. Das hat Auswirkungen auf die Analytiker, die das ökonomische Desinteresse der Lohnabhängigen am Nachwuchs vorerst nicht in den Blick nehmen, weil sie zumindest ahnen, daß die neuerliche Empfehlung einer gewaltsamen Durchbrechung der wirtschaftlichen Interessen der Bevölkerungsmehrheit sie notwendig ins faschistische Fahrwasser brächte. Sie flüchtet sich deshalb in den scheinbar ganz unschuldigen »natürlichen Kindeswunsch«. Sie fragen nicht, wie eine Gesellschaft beschaffen sein muß, in der die Vermehrung gewaltlose Selbstverständlichkeit werden kann, sondern fallen auf eine Stufe zurück, die ebenfalls bloß Resultat eines ungeheuerlichen kirchlich-staatlichen Massenmordes an den Frauen (Hebammen) der frühen Neuzeit gewesen ist.

Weiß der Rassenhygieniker Burgdörfer – wie fast alle Analytiker der Zwischenkriegszeit –, daß »wirtschaftliche Erwägungen [. . .] immer [. . .] doch in hohem Maße mitentscheidend waren«, so arbeiten die jetzigen Denker zum Geburtenrückgang mit

---

60 Vgl. zu dieser Quote zuletzt: C. F. Westoff, *Marriage and Fertility in the Developed Countries*, in: *Scientific American*, Vol. 239, No. 6, Dezember 1978, S. 35 ff./39.

Faktorenbündeln, in denen die wirtschaftliche Motivation selbst nicht mehr auftaucht, obwohl sie es mit einer Geburtenentwicklung zu tun haben, die ungleich radikaler nach unten weist als in den zwanziger Jahren: In der Bundesrepublik sinken die Geburtenraten seit 1964 relativ und seit 1965 auch absolut. So werden 1964 noch 1 065 437 Kinder geboren, während es 1978 nur mehr 576 468 sind. Die Geburtenrate fällt in der gleichen Zeit von 18,3% auf 9,4%. Dabei ist zu berücksichtigen, daß die Zahl der Geborenen deutscher Staatsangehörigkeit ungleich stärker zurückgegangen ist.[61]

Weder die relative Konsolidierung der Geburtenraten nach dem Zweiten Weltkrieg noch ihr dramatisches Absinken nach 1964 haben in der Bundesrepublik erwähnenswerte wissenschaftliche Aktivitäten provoziert. Anfang der fünfziger Jahre erscheinen zwei bevölkerungswissenschaftliche Arbeiten: *Grundriß der Bevölkerungswissenschaft (Demographie)* von v. Ungern-Sternberg und Schubnell (1950) sowie *Bevölkerungslehre – Theorie, Soziologie und Statistik der Bevölkerung* von Mackenroth (1953). 1952 initiiert der ehemalige Rassenhygieniker Harmsen, der sich jetzt Sozialhygieniker nennt, die Deutsche Gesellschaft für Bevölkerungswissenschaft, die jedoch bis 1971 völlig unbekannt bleibt. Im April dieses Jahres dann organisiert sie eine Tagung über »Ausmaß – Ursachen – Bedeutung des Geburtenrückganges in der Bundesrepublik Deutschland«, deren Ergebnisse jedoch wiederum nicht an die Öffentlichkeit dringen und erst 1974 im Selbstverlag veröffentlicht werden (hrsg. von H. Harmsen und H. Schubnell). 1972 wird das Bundesinstitut für Bevölkerungsforschung gegründet, das ab 1975 in der *Zeitschrift für Bevölkerungswissenschaft (Demographie)* über die Ergebnisse seiner Forschungstätigkeit berichtet. Im Jahre 1976 werden auf der Jahrestagung des »Vereins für Socialpolitik«, dem Forum der deutschsprachigen Ökonomen, erstmals seit fünfzig Jahren das Problem des Geburtenrückgangs und demographische Sachverhalte überhaupt thematisiert.

Im Einleitungsartikel des ersten Heftes der *Zeitschrift* dokumentiert der Direktor des Instituts, Hans W. Jürgens, daß die

61 1975 waren 96 000 der insgesamt 601 000 Geborenen Ausländer, d. h. knapp ein Sechstel, obwohl der Ausländeranteil an der Gesamtbevölkerung nur etwa ein Fünfzehntel betrug. Seit 1975 ist jedoch auch die Geburtenzahl der Ausländer rückläufig.

Bevölkerungswissenschaft über den Stand der fünfziger Jahre nicht hinausgelangt sei: »Die Tatsache, daß der Bevölkerungsvorgang unanschaulich ist und sich der ungeschulten Beobachtung entzieht, hat dazu geführt, daß Bevölkerungsprobleme als Gegenstand der Wissenschaft erst relativ spät entdeckt wurden.«[62] Diese Behauptung entspricht in ihrem Erklärungsgehalt etwa Mackenroths kryptischer Vorstellung, daß die »Bevölkerungsweise [. . .] das letztlich kausal unableitbare Strukturgesetz des jeweiligen generativen Verhaltens [ist].«[63]

Die offensichtliche Gelassenheit der frühen Standardwerke in der Bundesrepublik läßt sich noch mit der Konsolidierung der Geburtenraten nach dem Zweiten Weltkrieg erklären. Auf eine fundierte historische Analyse richtet sich das Interesse nicht. Das hindert indes nicht daran, die Geburtenentwicklung für »unanschaulich«, ständigen Schwankungen unterworfen, im Auf und Ab gesellschaftlicher Mode-Trends sich bewegend aufzufassen und ständig mögliche »Umprägungen«[63a] zu erwarten und in diesen spontane kulturelle Impulse (etwa Nostalgie) am Werke zu sehen. So schreiben z. B. V. Ungern-Sternberg und Schubnell: »Zur Zeit [1950] muß noch dahingestellt bleiben, ob der Geburtenanstieg der letzten Jahre vor dem Kriege von 1939/45 und ob der relativ hohe Geburtenstand während der Jahre 1946-1948 eine Dauererscheinung darstellen oder beides nur eine vorübergehende Erscheinung ist.«[64] Ganz ähnlich wird ein Vierteljahrhundert später der Geburtenrückgang als »Ungewißheit der weiteren Entwicklung« interpretiert:

»Andererseits sprechen einige Beobachtungen dafür, daß die nachfolgende Kohorte weniger krisenanfällig ist. Sie könnte einen neuen Leittyp des generativen Verhaltens herausbilden, der sich dann ebenso verbreitet und wieder einen Anstieg der Geburtenzahlen bewirkt.«[65]

Soweit überhaupt Bevölkerungsprozesse beachtet werden, geschieht dies unter ausdrücklicher Distanzierung vom Faschismus, nicht aber als Kritik der dort verwendeten Analyse. So nennt

62 H. W. Jürgens, *Zur Lage* . . ., S. 7.

63 G. Mackenroth, S. 415.

63a Ebda.

64 R. v. Ungern-Sternberg / H. Schubnell, *Grundriß der Bevölkerungswissenschaft*, Stuttgart 1950, S. 291.

65 R. Mackensen, *Das generative Verhalten im Bevölkerungsrückgang*, in: F. X. Kaufmann (Hg.), *Bevölkerungsbewegung zwischen Quantität und Qualität*, Stuttgart 1975, S. 82/99, 102.

etwa der Ministerialrat im Bundesfamilienministerium, Max Wingen, sein 1964 erschienenes Werk *Familienpolitik*, obwohl es die traditionellen Probleme der Bevölkerungspolitik behandelt. Noch im Text setzt er sich mit wenig stichhaltiger Begründung von der Vorstellung einer Bevölkerungspolitik ab:

»Eine höchst bedenkliche Verengung des Blickwinkels wäre es, wollte man bei dem hier gemeinten Sinnziel in erster Linie an die *biologische* Funktion der Bestandserhaltung der Bevölkerung denken. Die Zielvorstellung der funktionstüchtigen Familie ist vielmehr entscheidend unter dem Aspekt der Weitergabe der Kultur zu sehen ... Damit wird zugleich bereits deutlich, wie sehr sich die auf Sicherung optimaler Funktionstüchtigkeit der Familie ausgerichtete Familienpolitik von einer Bevölkerungspolitik unterscheidet.«[66]

Bei der Würdigung der um die Jahrhundertwende geführten Debatte haben wir eine jeweils erhebliche Identifikation mit Volk, Vaterland, Arbeiterklasse etc. in die intensive Beschäftigung mit dem Geburtenrückgang einfließen gesehen. Wir sind allerdings der Meinung, daß sich in Gesellschaften mit einem hohen Grad von ›Verlohnarbeiterung‹ derartige Identifikationen tendenziell auflösen, diese Auflösung durch den Faschismus also nur beschleunigt und nicht begründet wird.

Die gegenwärtige bundesdeutsche Debatte operiert wesentlich mit dem multikausalen Faktorenbündel. Schubnell schreibt:

»Festzuhalten ist, daß es keine causa causans, keine Hauptursache gibt, die die Geburtenentwicklung als historischen Prozeß in jedem Zeitabschnitt und bei jeder Bevölkerung erklären könnte. Es gibt nur ein Geflecht von vielfältigen Ursache-Wirkungsbeziehungen, die in ihrem Gewicht und ihrer zeitlichen Intensität sehr unterschiedlich sind. Man könnte den Tatbestand des Geburtenrückgangs, der im wesentlichen ein Rückgang der Zahl der Kinder in den Ehen ist, auch auf folgende lapidare Formel bringen: Die Ursache, daß in einem bestimmten Zeitabschnitt weniger Kinder geboren werden, liegt darin, daß Männer keine Kinder – oder nur eine bestimmte Zahl – zeugen wollen oder können, – und Frauen keine Kinder – oder nur eine bestimmte Zahl – zur Welt bringen wollen oder können.«[67]

Er erörtert dann eine Reihe von Faktoren wie (i) demographische Einflüsse, (ii) regionale Unterschiede, (iii) Konfession, (iv)

66 M. Wingen, *Familienpolitik – Ziele, Wege, Wirkungen*, Paderborn 1965², S. 66. Erst 1975 kann sich M. Wingen dazu entschließen, ein Bändchen mit dem Titel *Grundfragen der Bevölkerungspolitik* erscheinen zu lassen (Stuttgart 1975).
67 H. Schubnell, *Der Geburtenrückgang*, S. 23.

Einkommen und Kinderzahl, (v) Erwerbstätigkeit der Frau, (vi) Einfluß antikonzeptioneller Mittel, um dann zu folgern:

»Zur Klärung des ›echten‹ Geburtenrückgangs wurden Einflüsse verschiedener Faktoren auf die Geburtenzahl erörtert. Die Vielzahl und Verschiedenartigkeit der Faktoren und ihr quantitativ kaum bestimmbares Gewicht haben die anfangs aufgestellte These, daß es nicht *eine* ›Ursache‹ des Geburtenrückgangs gäbe, erhärtet. Es kann hier nur wiederholt werden, daß wir es mit einem sehr vielschichtigen und komplizierten Geflecht von Ursache- und Wirkungszusammenhängen zu tun haben, wobei die Wirkungsfaktoren regional, im zeitlichen Ablauf und in den verschiedenen Bevölkerungsgruppen offenbar ein sehr unterschiedliches – und sich ständig änderndes – Gewicht besitzen. Damit wird die Unhaltbarkeit einer monokausalen Erklärung wie auch jede Simplifizierung bei der Beurteilung der Ursachen des Geburtenrückgangs deutlich.«[68]

Die Bundesregierung vertraut sich solchen Ergebnissen der Forschung ganz an:

»Erste vorläufige Forschungsergebnisse zeigen, daß der Geburtenrückgang nicht aus einem oder mehreren unabhängig voneinander bestehenden Gründen zu erklären ist. Es sind vielmehr bestimmte Komplexe wirksam, die sich über Langzeit-Motivationsstudien erfassen lassen. Besondere Bedeutung kommt dem Komplex Kinderwunsch im Verhältnis zu Ausbildung, Berufstätigkeit und Emanzipationsgrad der Frau zu. Bei Frauen mit mangelnder schulischer Ausbildung, die nicht oder nur mit mangelnder beruflicher Ausbildung am Berufsleben teilnehmen, ist der stärkste Rückgang des ursprünglich höher liegenden Kindeswunsches nach der Geburt des ersten Kindes zu verzeichnen. Kinderwünsche, die bei der noch kinderlosen Frau bzw. dem Ehepaar im Durchschnitt bei 2,5 Kindern liegen, reduzieren sich nach den Erfahrungen mit dem ersten Kind auf 1,8 Kinder (einschließlich dieses ersten Kindes); diese reduzierten Kinderwünsche werden, wie die tatsächliche Geburtenentwicklung zeigt, auch weitgehend realisiert. Frauen mit besserer schulischer Ausbildung, die auch häufiger und besser beruflich vorgebildet am Berufsleben teilnehmen, zeigen dagegen einen deutlich geringeren Rückgang des Kinderwunsches nach Geburt des ersten Kindes. Die einzige Sozialschicht, die sich hinsichtlich der Kinderwünsche und der Realisierung der gewünschten Kinderzahl von den vorgenannten Werten deutlich nach oben abhebt, sind die bildungs- und einkommensmäßig in der Spitzen-

---

68 Vgl. ebendort, S. 47. Ähnlich äußern sich H. W. Jürgens / K. Pohl, *Kinderzahl – Wunsch und Wirklichkeit*, Stuttgart 1975, S. 11, wo die Verstädterung besonders gewürdigt wird, u. M. Wingen, *Grundfragen . . .*, S. 307, der den ›geistig-kulturellen‹ Aspekt hervorhebt.

gruppe rangierenden, zahlenmäßig allerdings nicht sehr starken Teile der Bevölkerung.[69]

Hinsichtlich des Einflusses antikonzeptioneller Methoden und Mittel kann nach den bisherigen Erkenntnissen davon ausgegangen werden, daß ihr vermehrter Gebrauch nicht gleichbedeutend mit einer Verdrängung des Wunsches nach Kindern ist, sondern daß mit Hilfe dieser Methoden Zahl und Zeitpunkt der Geburt der Kinder besser mit wirtschaftlichen, beruflichen und anderen Überlegungen zur Lebensgestaltung in Einklang gebracht werden können.

Ein weiterer Einflußfaktor, der bereits jetzt aufgrund einer faktoren-analytischen Untersuchung und von Motivationsstudien deutlicher hervortritt, ist in der Wohnungssituation gegeben. Der bereits früher mehr-

69 Für die BRD hat erstmals K. Schwarz auf der Grundlage des Mikro-Zensus 1962 die These aufgestellt, die den bisherigen Erklärungen des Geburtenrückgangs zu widersprechen scheint: »Nicht die Familien mit den niedrigsten, sondern die Familien mit den höchsten Einkommen sind am größten. Das gilt sowohl für die Selbständigen, als auch für die Beamten, Angestellten und Arbeiter. Die meisten Kinder unter der nicht-landwirtschaftlichen Bevölkerung haben die Beamten« (K. Schwarz, *Die Kinderzahlen in den Ehen nach Bevölkerungsgruppen*, WiSta 1964, S. 71/77). Aus dieser These ist eine Theorie des Zusammenhanges zwischen Lohnab-hängigen-Einkommen und schichtenspezifischer Kinderzahl in der Weise entwickelt worden, daß seit dem Beginn des Geburtenrückganges in den 70er Jahren des 19. Jahrhunderts sich eine Entwicklung – graphisch ausgedrückt – von einem L über ein U zu einem J vollzogen habe. In der ersten, der L-Phase, haben die Arbeiter die meisten Kinder, die Angestellten und niedrigen Beamten die wenigsten, die höheren Beamten liegen dazwischen. In der Übergangsphase soll sich die Zahl von Arbeiter- und höheren Beamten-Kindern angleichen, während in der jüngsten Phase eine positive Korrelation zwischen Einkommen- und Schichtenzugehörigkeit bestehen soll.

Untersuchen wir das der These zugrunde liegende Material genauer, so stellen wir zunächst fest, daß schon Schwarz seine Ergebnisse nicht vollständig korrekt interpretiert. So haben etwa bei den Arbeitern die Angehörigen der höchsten von insgesamt vier Einkommensgruppen weniger Kinder als die der beiden mittleren Einkommensgruppen. Darüber hinaus ist zu berücksichtigen, daß es sich um eine Analyse handelt, welche die Relation zwischen Einkommen und Kinderzahl zu einem Zeitpunkt feststellt, nicht aber im Zeitablauf, z. B. nicht die Einkommensent-wicklung in den ersten 10 Ehejahren, während der etwa 80% der Kinder geboren werden (vgl. auch Schubnell, S. 35). Als Hauptargument aber gegen die These gilt, daß die Unterschiede statistisch nicht signifikant sind (Jürgens/Pohl, S. 17). Nur bei stark verzerrter graphischer Darstellung läßt sich ein Kurvenlauf überhaupt ausma-chen: Die Abweichungen vom Durchschnitt sind außerordentlich gering; sie bewe-gen sich etwa bei den 1969 Geborenen zwischen 95,5 und 106,5% oder zwischen 1,66 und 2,0 Kindern. Entsprechend werden denn auch von verschiedenen Autoren die unterschiedlichsten Interpretationen und Tendenzannahmen angeboten (vgl. etwa Jürgens/Pohl, S. 15 ff.). Die u. E. einzige Annahme, die sich statistisch erhärten läßt, ist die einer starken langfristigen Nivellierung der Geburtenraten durch alle Schichten und Bevölkerungsgruppen nach unten.

fach diskutierte Zusammenhang zwischen Wohnungsgröße und Kinderzahl erfaßt das Problem nicht in vollem Umfang. Die vom Bundesinstitut für Bevölkerungsforschung durchgeführten Untersuchungen zeigen, daß es sich hierbei weniger um eine Frage der Quadratmeter, sondern vielmehr um das Wohnen in Ein- oder Zweifamilienhäusern handelt. Die Wohnverhältnisse in Ein- oder Zweifamilienhäusern bieten offenbar im Gegensatz zu den Wohnverhältnissen in Mehrgeschoßhäusern günstigere kindgemäße Entfaltungsmöglichkeiten.

Endgültige Aussagen über weitere Ursachen des Geburtenrückgangs und ihr quantitatives Ausmaß können erst nach Vorliegen weiterer Forschungsergebnisse des Bundesinstituts für Bevölkerungsforschung gemacht werden.

Nach den bisherigen Erkenntnissen kann davon ausgegangen werden, daß das Maß an öffentlichen Leistungen für die Familie, wie z. B. die Höhe des Kindergeldes, für den Geburtenrückgang nicht ursächlich ist. [. . .]

Sie [d. Bundesreg.] hält es im übrigen nicht für gerechtfertigt, generell von einer kinderfeindlichen Gesellschaft zu sprechen.«[70]

Wir sehen, daß bei allem Wortreichtum die Erkenntnis von der Bedeutung der Einkommensquelle für die Fortpflanzung verdrängt bleibt. In der heftigen Abwehr einer einzigen »causa causans« (Schubnell) dürfen wir sie jedoch, wie zu zeigen sein wird, getrost vermuten. Fast panikartig wird über alles mögliche geforscht und geschrieben, um auf diese Quelle des Geburtenrückganges nicht aufmerksam machen zu müssen. Ihr Eingeständnis bedeutete eine ungleich härtere Kritik am System der Lohnarbeit als die gängige Wiederholung, daß man nichts wissen könne und vorerst auch nichts zu tun brauche.[71] Exemplarisch für diese Position ist die Bemerkung des Ökonomen G. Feichtinger:

»Alle vereinfachenden Erklärungsmechanismen des Geburtenrückganges sind abzulehnen. So ist jeder ausschließlich ökonomische Variable benutzende Erklärungsversuch *von vornherein* zum Scheitern verurteilt. [. . .] Gegenwärtig sind kaum mehr Aussagen möglich als derartige: Der in allen industrialisierten Ländern in den letzten Jahren beobachtete Geburtenrückgang hängt offenbar mit einer generellen Einstellungsände-

70 *Antwort der Bundesregierung auf die große Anfrage . . . Rollmann etc. und der Fraktion der CDU/CSU (Drucksache 7/2414) betr. Situation der Kinder in Deutschland vom 10. 3 1975* – BT-DS 7/3340, S. 1 f.

71 »Die Bundesregierung ist nicht der Auffassung, daß aufgrund der vorliegenden Erkenntnisse bereits jetzt der Zeitpunkt zum Einsatz direkter bevölkerungspolitischer Maßnahmen gekommen wäre.« Vgl. BT-DS 7/3340, S. 2. Dieser Standpunkt wird 1977 u. 1978 unverändert wiederholt.

rung der Ehepartner zusammen. Das Rollenbewußtsein der Frau und die Einstellung des Ehemannes haben sich grundlegend geändert. Die Verbreitung von Ovulationshemmern schafft die Voraussetzung dafür, daß die tatsächliche Kinderzahl an die gewünschte angeglichen wird.«[72]

Wir finden als Resultat der Abwehrschlacht gegen die ökonomische Analyse also die zirkuläre These, daß sich die Einstellung durch die Einstellungsänderung grundlegend geändert habe, und daß diese Einstellungsänderung, welche darin besteht, weniger Kinder zu zeugen – die Alternative ›keine Kinder‹ wird dabei noch einmal unterschlagen – dazu führt, daß weniger Kinder gezeugt und dazu Verhütungsmittel benutzt werden. Zu einem ähnlichen Fund gelangt H. W. Jürgens in seiner neuesten Erörterung des Geburtenrückgangs:

»Die umfangreichen, bisher dazu vorliegenden Diskussionsbeiträge lassen es zumindest deutlich werden, daß es *die* Ursache oder einen übersichtlichen Komplex von Ursachen für den Geburtenrückgang *ganz sicher* nicht gibt. Es handelt sich vielmehr um ein ganzes System voneinander abhängiger Ursachen, die, wenn auch mit gewissen Schwerpunktverschiebungen, im Prinzip jedoch in allen betroffenen Ländern in gleicher Weise wirksam sind.«[73]

Bestechender, aber auch verräterischer läßt sich um die gesellschaftliche Ursache nicht herumreden; sie ist die große und facettenreiche Unbekannte, die auf wunderbare, jedoch überall bekannte Weise gleiche Wirkung zeigt. Diese Auffassung des ehemaligen Direktors des Bundesinstituts für Bevölkerungsforschung wird auch zur Überzeugung der Bundesregierung selbst, welche fragenden Parlamentsabgeordneten zu bedenken gibt, »daß die Ursachen [des Geburtenrückgangs – d. V.] vielfältig und im einzelnen schwer zu bestimmen sind. Dies ist bei Prüfung der Frage zu berücksichtigen, ob das generative Verhalten durch staatliche Maßnahmen beeinflußbar ist«.[74] Im Jahre 1978 werden von diesen vielzähligen Ursachen immerhin einige durch die Bundesregierung aufgezählt: Anschauungsänderungen, Zunahme

72 G. Feichtinger, *Ursachen und Konsequenzen des Geburtenrückgangs*, in: B. Külp/H.-D. Haas (Hg.), Bd. 1, S. 432 f. (Hervorhebung von uns).

73 H. W. Jürgens, *Sozialpsychologische Aspekte eines Bevölkerungsrückganges*, in: *Zeitschrift für Bevölkerungswissenschaft*, 1977, Heft 1, S. 5 (zweite Hervorhebung von uns).

74 Vgl. *Antwort der Bundesregierung v. 24. 6. 1977 auf eine Anfrage der CDU/CSU*, in: *Zeitschrift für Bevölkerungswissenschaft*, 1977, Heft 1, S. 75-86/76.

von Kinderlosigkeit, Abnahme von Kinderreichtum, abnehmende Freude an Kindern, materielle Belastungen durch Kinder, berufliche Belastungen durch Kinder, Unvorbereitetsein auf Kinder, Wohnungsprobleme von Eltern und Kinderfeindlichkeit in der Wirtschaft.[75]

Sicherlich ist diese Unbestimmtheit nicht zufällig, denn sie erlaubt, die Formulierung zu umgehen, welche dieser Gesellschaftsform angemessen ist, aber aufgrund chauvinistischer und nationalistischer Relikte, die der Marktwirtschaft selbst gänzlich äußerlich sind, nicht ohne weiteres gewagt wird: Für die Aufrechterhaltung der ökonomischen Reproduktion ist es gänzlich gleichgültig, ob die in ihr verwendeten Arbeitskräfte ›deutschblütig‹ oder nicht ›deutschblütig‹ sind. Auch sieht man dem Geld, das als Rente im sogenannten Generationenvertrag ausgezahlt wird, nicht an, ob der von ihm repräsentierte Wert durch ›deutschblütige‹ oder nicht ›deutschblütige‹ Arbeitskräfte geschaffen worden ist. Bei der Sicherung der ökonomischen Reproduktion befindet sich hingegen diejenige Nation im Konkurrenzvorteil, die am wenigsten tote Kosten aufzubringen hat. Zu diesen gehören in erheblichem Ausmaß diejenigen für die nachwachsende Generation. So liegt es also nur im wirtschaftlichen Interesse aller Anhänger der Marktwirtschaft, kostspielige Bevölkerungsvermehrungs- und Erziehungsprogramme zu vermeiden und statt dessen durch Überflüssigmachen lebendiger Arbeit die Produktivität zu steigern.

Die weltweit gefüllten Arbeitsmärkte und die ungebrochene Tendenz des Kapitalismus, Arbeitskraft technisch überflüssig zu machen, bezeichnen die wesentlichen Unterschiede des gegenwärtigen Familienzerfalls zu demjenigen im Imperium Romanum, dessen Kaiser Arbeitskräfte – Sklaven – jagen ließen und, nachdem diese ›Jagdbeute‹ zusammengeschmolzen war, nur noch das Ende des Kaufsklavenkapitalismus und dessen Auflösung im Feudalismus abwarten konnten. Der moderne Kapitalismus mit freier Lohnarbeit steht vor einer solchen Perspektive – Arbeitskräftemangel also – in den kommenden Jahrzehnten aller Wahrscheinlichkeit nach nicht. Seine staatlichen Repräsentanten wür-

75 Vgl. *Antwort der Bundesregierung v. 10. 7. 1978 auf eine Anfrage der CDU/CSU*, in: *Zeitschrift für Bevölkerungswissenschaft*, 1978, Heft 2, S. 231-239/232.

den also unökonomischen nationalistischen Ressentiments folgen, suchten sie dennoch mit allen Mitteln die heimische Menschenproduktion wiederzubeleben. – Ohne diese Einschätzung bleibt die bevölkerungspolitische Gelassenheit der SPD/FDP-Regierung unverständlich. Sie hat nichts anderes zu fürchten als das in der Bevölkerung verbreitete chauvinistische Ressentiment. Denjenigen wiederum, die aus diesem Ressentiment politische Vorteile ziehen wollen, kann die Regierung mit ihrem bewußten Verzicht auf eine wissenschaftliche Erklärung des Geburtenrückganges aber gerade die durchsichtige Absicht vereiteln. Die CDU/CSU kann schwerlich mit der wissenschaftlichen Formel, der Geburtenrückgang resultiere aus dem Kapitalismus, für dessen Entstehung die Sozialdemokratie die Verantwortung trage, gegen den innenpolitischen Gegner beim Kampf um die Staatsmacht operieren. Dagegen kann die SPD ihre Bereitschaft, ausländische Arbeitskräfte ins Land zu lassen, durchaus mit dem Gütezeichen des innenpolitischen Gegners, mit der christlichen Nächstenliebe also, werbewirksam schmücken.

3d) Wie in den USA die Nationalökonomie erstmals seit der Klassik wieder zu einer Bevölkerungstheorie findet (Chicago-Schule, Harvey Leibenstein und Richard A.Easterlin)

Die Einsicht, daß etwa Angehörige steinzeitlicher Kulturen präzise Nachwuchsplanung betreiben[76] und über die Vorgänge der biologischen Gattungsreproduktion sehr viel besser Bescheid wußten als die Mitglieder der christlichen Gesellschaften der Neuzeit, die sich selbst als den Höhepunkt der Zivilisationsentwicklung begreifen, machen sich die Demographen des zwanzigsten Jahrhunderts erst in den späten sechziger Jahren zunehmend zu eigen. Bis dahin hatten sie das Tabu über alles Geschlechtliche, das nach dem Massenmord der Hebammen-Hexenverfolgung in positiver Formulierung als natürlicher Drang der Menschen nach Verheiratung und Fortpflanzung auftaucht, immer wieder auf die gesamte Menschheit projiziert. Dieses Tabu bedurfte zu seiner Festigung nicht der wissenschaftlichen, sondern gerade der ideologisierten Wirklichkeitsdeutung. Sie wiederum erleichterte die Durchsetzung der neuzeitlichen christlichen Fortpflanzungsmo-

---

76 Vgl. J. E. Pfeiffer, Kap. 15.

ral in den nichtchristlichen Territorien der Erde, wo beobachtbare Praktiken der Verhütung und Nachwuchsbeseitigung konsequent nicht als ein Stück eigener Zivilisation angesehen, sondern als Frevel, als »Blasphemie gegen die Natur« (Friedrich Engels) aufgefaßt wurden. Geschichte wird also nicht analysiert, sondern von den staatlichen Geboten einer niederen Zwecken scheinbar entzogenen Vermehrung her mystifiziert.

Die Ideologisierung der Menschenproduktion wird von den historischen Demographen durchweg mitvollzogen. Es ist ihnen nicht möglich, ihre eigenen Funde ernst zu nehmen. So führt E. A. Wrigley[77] einem erstaunten und zweifelnden Publikum[78] statistisch vor, daß in einem Tal des vorindustriellen England Familien*planung* praktiziert worden ist. Derselbe Autor läßt diese Erkenntnis jedoch für sogenannte primitive Gesellschaften nicht gelten. Er weiß sogar, daß sie stabile Bevölkerungsniveaus über lange Zeiträume zu halten vermögen, glaubt aber, daß diese – wie bei bestimmten Tierarten (»animal societies«) – durch Gruppenselektion erfolge, bewußtes Handeln also ausgeschlossen sei.[79] Die Demographen können so an der Vorstellung einer progressiven Menschheitsentwicklung aus Wissenschaftsfortschritten festhalten, d. h. eine aufsteigende Linie zur Familienplanung behaupten. Auf diese Weise bleibt die tatsächliche Zerstörung wissenschaftlichen Handelns in der Fortpflanzung nur der Denk*möglichkeit* entzogen.

In den Vereinigten Staaten von Amerika, denen Murdock – wie gezeigt – 1949 die strengste Sexualmoral aller bekannten Kulturen der Menschheitsgeschichte bescheinigt, beginnt man diese Mystifikation zu durchbrechen, als der eigenen Weltmacht-Rolle Probleme aus der »Bevölkerungsbombe« (P. Ehrlich, 1968) der Entwicklungsländer zu entstehen drohen. Noch Präsident Eisenhower hatte sich 1959 entschieden gegen Maßnahmen der Bevölkerungskontrolle im In- oder Ausland gewandt: »Diese Regierung wird nicht, solange ich an der Macht bin, irgendeine positive politische Doktrin in ihr Programm setzen, die etwas mit dem Problem der Geburtenkontrolle zu tun hat. Das ist nicht unsere

---

77 E. A. Wrigley, *Family Limitation in Pre-Industrial England*, 1966, in: M. Drake (Hg.), S. 157 ff.

78 Zu diesen Zweifeln vgl. M. Drake (Hg.), *Editor's Introduction*, S. 2.

79 Vgl. E. A. Wrigley, *Population in History*, S. 44.

Sache!«[80] Der nächste Präsident, J. F. Kennedy, verwirft diese christliche Haltung keineswegs, verteidigt jedoch, daß über Geburtenkontrolle im nationalen Interesse zumindest gesprochen werden darf.[81] 1969 endlich erkennt Präsident R. M. Nixon die Geburtenkontrolle als legitimes Mittel staatlicher Politik an und setzt die »Kommission für Bevölkerungswachstum und die Zukunft Amerikas« ein, die 1972 einen siebenbändigen Bericht vorlegt, allerdings vermeidet, eine Theorie der Bevölkerungsentwicklung zu formulieren.[82]

Im Januar 1960 legt Gary S. Becker eine ökonomische Analyse der Fortpflanzung[83] vor. Noch ganz unter dem Eindruck des sog. Babybooms der fünfziger Jahre stehend, fragt er sich, warum er in der Wissenschaft nicht vorausgesagt wurde. Diese Schwäche der Demographie versucht er durch eine *ökonomische* Bestimmung der Nachwuchsproduktion zu überwinden. Eine solche war seit der Klassik nicht mehr ernsthaft versucht worden. In der *herrschenden*[84] Nationalökonomie hatte bis dahin vielmehr der Satz des englischen Neoklassikers William S. Jevons (1835-1882) gegolten, daß die »Bevölkerung [...] kein Gegenstand oder direktes Problem der ökonomischen Wissenschaft bildet«.[85] Die Bevölkerung wurde seitdem also immer wieder als der Ökonomie exogener und deshalb aus ihr auch nicht zu erklärender Faktor wie eine ewige Naturkonstante hingenommen.

Um in der gesellschaftlichen Prognostik zu kalkulierbaren Grö-

80 Bemerkung auf die Empfehlung der sog. Draper-Kommission, Geburtenkontrolle in den Entwicklungsländern zu unterstützen. Vgl. Ph. T. Piotrow, *World Population Crisis – The United States Response*, New York u. a., 1973, S. 45.

81 Vgl. ebendort, S. 51.

82 Vgl. dazu den Kommentar des Ökonomen R. Dorfman zu dem Beitrag von E. S. Phelps, *Some Macroeconomics of Population Levelling* in: *The Commission on Population Growth*, Vol. 2 – *Economic Aspects of Population Change*, S. 85.

83 Vgl. G. S. Becker, *An Economic Analysis of Fertility* (1960), in: Ders., *The Economic Approach to Human Behaviour*, Chicago 1976, S. 171 ff. Ein ähnlicher Ansatz war bereits kurz vorher von H. Leibenstein für Entwicklungsländer in *Economic Backwardness and Economic Growth*, New York 1957, bes. S. 161 ff., formuliert worden.

84 Wir erinnern hier daran, daß die theoretische Debatte zwischen den US-Familienökonomen der Gegenwart – außerhalb der herrschenden Nationalökonomie – durch P. Mombert und Lujo Brentano im ersten Jahrzehnt dieses Jahrhunderts bereits vorweggenommen worden ist.

85 Vgl. W. St. Jevons, *The Theory of Political Economy* (1871, 1879²), (Penguin) 1970, S. 254.

ßen zu gelangen, betrachtet nun G. Becker das Kind als *Konsum*gut:

>>Kinder werden als dauerhafte Güter betrachtet, in erster Linie als Konsumgüter, die ihren Eltern einen Nutzen in Form psychischen Einkommens (psychic income) abwerfen. Die Fruchtbarkeit wird bestimmt durch das Einkommen, den Kostenaufwand für die Kinder, Bildung, Unsicherheit und Geschmackspräferenzen. *Einkommensanstieg und Preisrückgang würden die Nachfrage nach Kindern anwachsen lassen,* obwohl es notwendig ist, zwischen Quantität und Qualität der nachgefragten Kinder zu unterscheiden. Die Qualität der Kinder steht im direkten Verhältnis zum für sie aufgewendeten Betrag.<<[86]

Beckers Überlegungen bleiben zunächst ohne Resonanz. Erst 1973 führt der Geburtenrückgang in den USA, die ein Jahr zuvor erstmals unter eine Bruttoreproduktionsrate von 2 fallen, zu umfangreicheren theoretischen Bemühungen. Th. W. Schultz – ein Kollege Beckers an der Universität von Chicago – lenkt jetzt das allgemeine bevölkerungs*ökonomische* Interesse, wie es bei Becker noch vorherrschend ist, direkt auf den Geburtenrückgang:

>>Welches ist die Erklärung für den *demographischen Übergang,* d. h., wie können wir die ökonomischen und sozialen Prozesse sowie das Verhalten der *Familien* erklären, die für den einschneidenden *Geburtenrückgang* von sehr hohen zu den heutigen sehr geringen Geburten- und Sterberaten verantwortlich sind? Es ist offensichtlich, daß eine Theorie, die das Bevölkerungswachstum als eine exogene Variable behandelt, für die Beantwortung dieser Frage nicht hilfreich ist.<<[87]

Der Ausgangspunkt dieser Überlegungen wird – wie bei Becker – die Wiedereinbeziehung eines ökonomischen Kalküls in das Fortpflanzungsverhalten.

>>Das analytische Kernstück dieser Studien geht von dem ökonomischen Postulat aus, daß das elterliche Fortpflanzungsverhalten hauptsächlich von den Präferenzen bestimmt wird, welche Eltern für Kinder haben. Unter der Voraussetzung, daß folgende Faktoren gegeben sind: Niveau der Verhütungstechniken einschließlich der mit Verhütung gekoppelten verschiedenen Unsicherheitsfaktoren, Niveau der Kindersterblichkeit, der Gesundheit und Fruchtbarkeit der Eltern, die Einkommens- und

86 Vgl. G. S. Becker, *An Economic . . .,* S. 193.
87 Vgl. Th. W. Schultz, *The Value of Children: An Economic Perspective,* in: *Journal of Political Economy,* Vol. 81, Nr. 2, Teil II, März/April 1973, S. S 4 – letztere Hervorhebung von uns.

Lohnhöhen, welche die Eltern in ihrem Lebenszeitraum zu realisieren erwarten. Unter dieser Voraussetzung sind die Bedürfnisse der Eltern und Kinder begrenzt durch ihre Ressourcen und die damit verkoppelten alternativen Verwendungsmöglichkeiten derselben. Diese Ressourcen wiederum implizieren Aufwendungen (Opfer), die in ›opportunity cost‹ (entgangener Nutzen)-Einheiten gemessen werden, welche die Eltern voraussichtlich erbringen müssen, um jene zukünftigen Befriedigungen und/oder produktiven Leistungen zu bekommen, deren Realisierung sie von den Kindern erwarten.«[88]

Diese neue ökonomische Bevölkerungstheorie wird schnell als Doktrin der sog. Chicago-Schule bekannt. Ihre allgemeine Fragestellung lautet: »Warum haben reichere Familien weniger Kinder als solche mit geringem Einkommen?«[89] Die Chicago-Schule antwortet, daß der ›Preis‹ für Kinder nicht konstant ist und daß bei höherem Einkommen die Kosten für Kinder erheblich steigen, so daß weniger Kinder nachgefragt werden. In der Hicksschen Version der mikroökonomischen Haushalts-Theorie, die diesen Auffassungen zugrunde liegt, bedeutet dies, daß der Preis-Effekt bei wachsendem Einkommen einer Familie für das nachgefragte Gut ›Kinder‹ höher ist als der Einkommenseffekt. Die Graphiken auf Seite 222 illustrieren diese Darstellung.

In der *oberen* Graphik wird dargestellt, wie ein Haushalt seinen Nutzen innerhalb eines bestimmten Einkommens maximiert, wobei er zwischen Kindern (x) und anderen Konsumgütern (g) wählen kann. Der Haushalt hat sein Optimum dort erreicht, wo sein Einkommen – dargestellt durch die sog. Budgetlinie b_0 – die Indifferenzkurve (Kurve gleichen Nutzens) w_0 tangiert, d. h. im Punkt c_0. In diesem Optimum werden eine Kinderzahl x_0 und eine Gütermenge g_0 nachgefragt. In dieser Graphik ist der Preiseffekt noch nicht wirksam. Ein Anstieg des Einkommens wird dann durch parallele Verschiebung der Budgetlinie b_0 auf b_1 dargestellt, wobei die einen höheren Nutzen darstellende Indifferenzkurve w_1 im Punkt c_1 erreicht wird, dem neuen Optimum des Haushalts. Das Optimum zeigt, daß die Nachfrage nach Kindern $(x_1\text{-}x_0)$ im gleichen Verhältnis wächst wie die Nachfrage nach anderen Konsumgütern $(g_1\text{-}g_0)$.

88 Th. W. Schultz, *The Value* . . . , S. S 3.

89 H. Leibenstein, *An Interpretation of the Economic Theory of Fertility: Promising Path or Blind Alley?*, in: *The Journal of Economic Literature*, 1974 (Juni), Vol. XII, Nr. 2, S. 462.

Graphik G 2: *Die ökonomische Bevölkerungstheorie der Chicago-Schule ohne (oben) und mit Preiseffekt (unten)*[90]

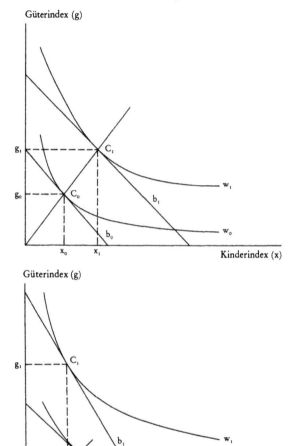

90 Vgl. dazu H. Leibenstein, ebendort, Graphiken 2 u. 3, S. 464.

Bei Wirksamkeit des Preiseffekts dergestalt, daß bei wachsenden Einkommen der Unterhalt von Kindern teurer wird – wie dies in der *unteren* Graphik dargestellt ist –, verschiebt sich die Budgetlinie von b_o auf b_1 in der Weise, daß vergleichsweise mehr andere Konsumgüter (g_1-g_o) als in der oberen Graphik nachgefragt werden. Dies ist aber nur dann möglich, wenn die Nachfrage nach Kindern fällt, d. h. (x_1-x_o) wird negativ. Die Begründung für den Preiseffekt, der zu geringerer Kinderzahl führt, lautet, daß höhere Einkommensgruppen Kinder »höherer Qualität« wünschen und diese höhere Qualität Kosten verursacht. Die Kosten werden gemessen durch die für Erziehung aufzuwendende Zeit, in der die Mütter ansonsten die hohen Einkommen ihrer Schicht realisieren würden.[91]

Diese Annahme wurde 1969 ausführlich zuerst von R. A. Easterlin kritisiert, der die Vorstellung konstanter Präferenzen für Kinder und Konsumgüter bei wachsendem Einkommen zurückweist. Er hält statt dessen fest, daß steigendes Einkommen auch den Status ändert und die Präferenzen nun durch die Anforderung dieses Status zugunsten ihm entsprechender Güter, d. h. zuungunsten von Kindern, bestimmt werden. Ein Effekt, wie er in der Graphik rechts durch Preisänderung erzielt wird, wird bei Easterlin dadurch erreicht, daß die Indifferenzkurve nicht parallel nach rechts verschoben wird, sondern zusätzlich nach rechts rotiert, so daß jetzt jedem nachgefragten Kind eine relativ höhere Nachfrage nach Konsumgütern entspricht.[92]

H. Leibenstein nimmt 1974 Easterlins Gedanken über die Veränderung der Vorlieben durch Statusänderung bei wachsendem Einkommen auf und versucht, die Annahmen der Chicago-Schule über den Geburtenrückgang mit drei Argumenten zu widerlegen:

1. Die meisten Erziehungskosten werden über den Staat verausgabt, so daß auf diese Weise die unterschiedlichen Geburtenzahlen nicht erklärt werden können: »Es ist unwahrscheinlich, daß

91 S. dazu G. Becker, *A Theory of the Allocation of Time*, in: *Economic Journal*, Sept. 1965, Vol. 75, S. 493 ff.
92 Vgl. R. A. Easterlin, *Towards a Socioeconomic Theory of Fertility: A Survey of Recent Research on Economic Factors in American Fertility*, in S. J. Behrman, L. Corsa Jr. u. R. Freedman (Hg.), *Fertility and Family Planning: A World View*, Ann Arbor 1969.

diejenigen Kosten für ein paar zusätzliche Jahre Ausbildung pro Kind, deren direkte Kosten hauptsächlich über den Staat verausgabt werden, aus dem ursprünglich angenommenen hohen Einkommensvorsprung der Kinderarmen nicht bezahlt werden können.«[93]

2. Der Wert der mütterlichen Erziehungszeit in den höheren Schichten kann nicht aus ihrer möglichen Einkommenshöhe errechnet werden, sondern nur aus den Kosten – für Baby-sitting usw. –, die während ihrer Abwesenheit entstehen würden. Diese Kosten sind ermittelbar und nahezu unabhängig von der Zahl der zu versorgenden Kinder: »Eine Untersuchung in Syracuse, New York [. . .] erbrachte beispielsweise 8,4 Stunden Hausarbeit in Zweikinder-Familien gegenüber 8,7 Stunden in Familien mit vier bis sechs Kindern.«[94] »Selbst wenn die Kosten für ein zusätzliches Kind bei höheren Einkommensgruppen höher liegen, scheinen sie doch nicht hoch genug zu sein, um einen signifikanten Einfluß auf den Einkommensunterschied zwischen hohen und niedrigen Einkommensgruppen ausüben zu können.«[95]

3. Methodologisch betrachtet ist das Modell der Chicago-Schule lediglich eine einfache »Als-Ob-Theorie«: »Die Theorie macht die Annahme, daß die Leute sich so verhalten, als ob sie dauerhafte Konsumgüter auf einem gut organisierten Markt zu jedem Zeitpunkt kalkülgemäß kaufen.«[96]

Dieses Modell – so Leibenstein – baut auf einem ›impliziten Tausch‹ zwischen Kindern und anderen Gütern auf, der sehr verschieden von dem expliziten Gütertausch der verwandten Hicksschen Haushalts-Theorie ist. Der Unterschied besteht darin, daß beim ›expliziten Tausch‹ eine große Anzahl der wichtigen Variablen beobachtbar sind. Diese Beobachtbarkeit

»steht im scharfen Gegensatz zu dem angenommenen ›Markt‹ für Kinder. Leute ›kaufen‹ Kinder nicht. Es ist nicht einmal klar, welche Gegenstände sie eigentlich tauschen. Die Schwierigkeit entsteht [. . .], weil [. . .] man nicht sehen kann, was aufgegeben wird, um ein Kind zu bekommen. Weder der Tauschhandel noch der getätigte Tausch sind beobachtbar. Niemand weiß, wie hoch der Preis wirklich ist. Wir können

93 H. Leibenstein, S. 467.
94 H. Leibenstein, S. 467, FN 18.
95 H. Leibenstein, S. 468.
96 H. Leibenstein, S. 469.

ihn nicht mit anderen Preisen vergleichen. Darüber hinaus können wir nichts über die eigentliche Natur und Organisation des Marktes sagen.«[97]

Leibensteins Kritik provozierte im *Journal of Economic Literature* eine bisher nicht abgeschlossene Debatte[98], in deren Verlauf die Chicago-Schule die Haltlosigkeit ihrer Doktrin einräumt. Im Jahre 1975 schreibt M. C. Keeley, daß unser

»neuer Ansatz offensichtlich unfähig ist, einige der wichtigsten Veränderungen im Fortpflanzungsverhalten zu erklären, die in den USA in den letzten 35 Jahren stattgefunden haben. Insbesondere gilt dies für das starke Ansteigen der Geburtenrate Ende der vierziger Jahre bis hin zu ihrem Maximum 1957 und den folgenden beträchtlichen Rückgang seit 1960 bis zum gegenwärtigen, historisch niedrigsten Stand. Das Realeinkommen wuchs während des ganzen Zeitraumes [. . .], und man kann nicht zeigen, daß irgendwelche Variablen, die allgemein als Annäherungswerte für den Preis von Kindern betrachtet werden, in den 40er und 50er Jahren fielen, oder in den 60er und 70er stiegen.«[99]

Als Zwischenergebnis der Anstrengungen der US-Theoretiker halten wir fest, daß der Geburtenrückgang mit gestiegenem Einkommen nicht begründet werden kann. Hier setzt nun Leibenstein mit einer besonderen These an. Ihre wesentlichen Bestimmungen sind 1. daß ökonomische Veränderungen den sozialen Status von Familien modifizieren (nach Easterlin) und daß – hiermit verbunden – 2. ein zunehmender Grenznutzen in einigen Bereichen für Güter und Ausgaben, die nicht Kinder umfassen, existiert und von der »sozialen Einflußgruppe« bestimmt wird. Die Zugehörigkeit zu einer bestimmten sozialen Einflußgruppe (SIG ›social influence group‹) erfordert bestimmte Insignien. Sie nicht zu besitzen, läßt die »Nichtbefriedigung« hochschnellen. Kinder solchen Insignien – wie etwa Schwimmbad, Weltreisen – vorzuziehen, bedeutet also gerade Nichtbefriedigung und erklärt die geringere Kinderzahl in den oberen sozialen Einflußgruppen, die nicht identisch sind mit den oberen Einkommensschichten. Gehört nun jemand zu einer Einflußgruppe mit weniger kostspieligen Insignien, ohne daß sein Einkommen deutlich unter demjenigen liegt, das in der höheren Gruppe für die Insignien erforderlich ist, so kann er seine Befriedigung in Kindern

97 H. Leibenstein, S. 469.
98 Vgl. dazu R. Andorka, Teil VI u. VII.
99 Vgl. M. C. Keeley, *A Comment on »An Interpretation of the Economic Theory of Fertility«*, in: *Journal of Economic Literature*, Juni 1975, Vol. XIII, Nr. 2, S. 466.

suchen, womit – nach Leibenstein – die höhere Kinderzahl in niederen Einkommensgruppen (der Arbeiterschaft) erklärt wäre. Folgende Darstellung soll diesen Zusammenhang illustrieren.

Graphik G 3: *Leibensteins ökonomische Statustheorie des Geburtenrückgangs* [100]

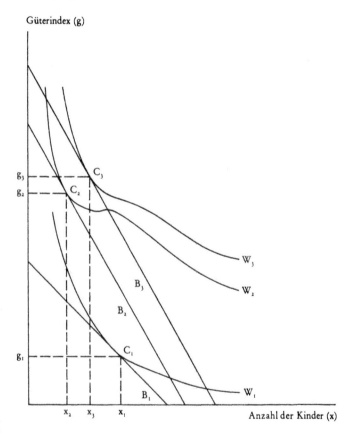

Güterindex (g)

C_3

C_2

g_3
g_2

W_3

W_2

B_3

B_2

g_1

C_1

W_1

B_1

x_2 x_3 x_1

Anzahl der Kinder (x)

100 H. Leibenstein, S. 475, Graphik 5.

Leibenstein geht in seiner Graphik wie die Chicago-Schule von der Hicksschen Version der mikroökonomischen Haushaltstheorie aus, von der er sich aber in zwei Punkten unterscheidet. (i) Die von links oben nach rechts unten fallenden Indifferenzkurven weisen in einem bestimmten Bereich einen ›Buckel‹ auf, der den *zunehmenden Grenznutzen* der Insignien der SIG-Gruppen ausdrückt[101]. (ii) Die Gestalt der Indifferenzkurven verläuft nicht immer gleichförmig, sondern wird von der ihr zugehörigen SIG-Gruppe bestimmt.

Die niedrigste Budgetlinie (B_1) mit der Indifferenzkurve W_1 repräsentiert eine niedrige Statusgruppe mit relativ geringem Einkommen, die x_1-Kinder und g_1-Güter nachfragt. Die Budgetlinien B_2 und B_3 gehören zu einer gemeinsamen Statusgruppe, was sich darin ausdrückt, daß die zugehörigen Indifferenzkurven (W_2, W_3) gleich gestaltet sind, d. h. gleiche Vorlieben ausdrücken. Lediglich die Einkommen sind verschieden hoch. Ähnlich wie in der Graphik G 2 (oben) führt ein höheres Einkommen (B_3) in gleichem Verhältnis zu einer höheren Nachfrage nach Kindern (x_3-x_2) *und* Gütern (g_3-g_2). Im Vergleich zur niedrigen Statusgruppe ist, unabhängig von der Einkommenshöhe, die Nachfrage nach Kindern geringer (x_3 und $x_2 < x_1$) und nach Konsumgütern größer (g_3 und $g_2 > g_1$). Darin drückt sich ein wachsender Grenznutzen für Konsumgüter bei höherem Status aus. Dieser Grenznutzen wächst jedoch nicht bei höherem Einkommen innerhalb derselben Statusgruppe, d. h. das höhere Einkommen dort führt zu mehr Gütern und mehr Kindern. Der Geburtenrückgang einer hochentwickelten Gesellschaft kann dann folgendermaßen erklärt werden:

»Zu den dauerhaften Erscheinungen ökonomischen Wachstums gehören Steigerungen des Ausbildungsniveaus, Verstädterungen und strukturelle Veränderungen in der Nachfrage nach Arbeit, die zu einer systematischen Umsetzung der Arbeitskraft dergestalt führt, daß ein höherer Teil in höhere Statusgruppen aufsteigt. Damit steigen die Haushalte in Statusgruppen auf, deren Fortpflanzung niedriger liegt.«[102]

101 Der hyperbelartige Verlauf einer Indifferenzkurve von links oben nach rechts unten bedeutet, daß eine Bewegung auf dieser Kurve gleichen Nutzens einen *abnehmenden Grenznutzen* für das Gut impliziert, das gegen das konkurrierende Gut eingetauscht, d. h. gegen es substituiert wird. In der Hicksschen Haushaltstheorie wird dieser Vorgang als die abnehmende ›Grenzrate der Substitution‹ zweier Güter dargestellt.

102 H. Leibenstein, S. 475.

Dem Konzept der Chicago-Schule und der Argumentation von H. Leibenstein ist gemeinsam, daß sie Familienhaftigkeit als selbstverständliche Existenzform jedes Menschen unterstellen. Die von der wechselnden Einkommensquelle hervorgerufene Veränderung des Nutzens von Kindern wird bei Leibenstein lediglich als ein Resultat der allgemeinen ökonomischen Entwicklung in einer Fußnote registriert: »Selbstverständlich gehen auch die ökonomischen Vorteile von Kindern als einer Quelle von Mitarbeit, Einkommenszuwachs und Alterssicherung usw. zurück als eine Folge der juristischen und sozioökonomischen Veränderungen, welche die Entwicklung begleiten.«[103] Die Formulierung »gehen zurück« (decline) zeigt noch einmal, daß der Strukturwandel, der nicht einfach eine Reduzierung, sondern etwas Neues ist, unbegriffen bleibt. Die Befangenheit in abstrakten Begriffen wie ›arm‹ und ›reich‹ und den Verzicht auf die Analyse der Einkommensquelle belegt Leibenstein an einem Beispiel in seiner Antwort auf Keeley. Er berichtet von Studenten aus agrarischen Entwicklungsländern, die selber nicht mehr Bauern sein werden, und auf seine Frage, wie viele Kinder sie haben wollen, höchsten 50 Prozent der Zahl nennen, die im bäuerlichen Sektor ihrer Gesellschaft üblich ist. Auf seine Vorhaltung, daß sie doch

»zehn bis zwanzigmal mehr verdienen als diejenigen im bäuerlichen Sektor, die fähig zu sein scheinen, sich mehr Kinder leisten zu können, hoben sie hervor, daß das irrelevant sei. Entscheidend sei, daß sie einen Lebens*stil* praktizieren müßten, der von ihnen in ihrer Gruppe erwartet würde und der bedeutend höhere Kosten für Wohnen, andere Konsumgüter und einen höheren Erziehungsstandard ihrer Kinder machen würde.«[104]

Leibenstein sieht nicht, daß der wesentliche Unterschied zwischen seinen Befragten und den Bauern nicht in der Einkommenshöhe, sondern in der Einkommens*quelle* besteht. Die Bauern verfügen über ein Produktiveigentum, während die Befragten als zukünftige Angestellte oder Beamte lediglich ihre Arbeitskraft verkaufen können. Für den ökonomischen Wert der Kinder und die Rückschlüsse auf das Fortpflanzungsverhalten ist aber gerade

103 Vgl. H. Leibenstein, S. 475, Fn 28, und ähnlich Th. W. Schultz, S. 55.
104 H. Leibenstein, *On the Economic Theory of Fertility: A Reply to Keeley*, in: *Journal of Economic Literature*, Vol 13, Juni 1975, Nr. 2, S. 470 f. (Hervorhebung von uns).

dieser Unterschied entscheidend. Es ist daher für die Erklärung des Geburtenrückganges wenig aufschlußreich, den ökonomischen Wert von Kindern verschiedenen Einkommenshöhen gegenüberzustellen, wie dies Leibenstein in einer weiteren Arbeit unternommen hat.[105]

Die neuere ökonomische Betrachtung von Fruchtbarkeit und Familie steht also vor dem Problem der Erklärung abnehmender Geburten bei wachsendem Einkommen. Trotz unterschiedlicher Erklärungsansätze stimmen diese US-Analytiker darin überein, daß bei höherem Einkommen weniger Kinder gezeugt werden, weil das Kosten-Nutzen-Verhältnis von Kindern sich mit wachsendem Einkommen verschlechtere. Kinder werden letztlich als ›inferiore‹ Güter charakterisiert. Das verschlechterte Kosten-Nutzen-Verhältnis von Kindern in einer expandierenden Wirtschaft wird jedoch nicht näher analysiert, sondern von Begriffen verdeckt, die aus ihrem Entstehungszusammenhang gerissen worden sind – wie »Einkommenshöhe«, »Berufsveränderungen«, »ökonomische Entwicklung«, »Urbanisierung«, »Frauenemanzipation« etc. Alle diese Begriffe werden jedoch erst dann aussagekräftig, wenn sie erklärt und nicht selbst als Erklärung gebraucht werden. So sind das *gestiegene Pro-Kopf-Einkommen* und die *Berufsveränderung* (Übergang zu Industriearbeit und Dienstleistungen) gerade Ausdruck industriekapitalistischer Entwicklung, also der Zerstörung einer Ökonomie von Kleineigentümern, die nicht nur weniger Einkommen als heutige Einkommensbezieher realisieren, sondern auch über eine andere Einkommensquelle verfügen. Das heutige relativ hohe Einkommen ist an die Lohnarbeit gebunden. Diese wiederum bleibt in der bloßen Einkommensquantifizierung versteckt und für die Erklärung des Fortpflanzungsverhaltens ungenutzt.

Für den Begriff ›ökonomische Entwicklung‹ gilt im wesentlichen dasselbe. Sie entspringt kapitalistischer Konkurrenz mit dem nämlichen Resultat der Zerstörung kleineigentümlicher Existenzen.

›Urbanisierung‹ als die städtische Massierung von Lohnarbeitern, die den dörflich-kleinstädtischen Lebenszusammenhang der familial organisierten bäuerlichen und bürgerlichen Kleineigentü-

105 H. Leibenstein, *The Economic Theory of Fertility Decline*, in: *The Quarterly Journal of Economics*, Febr. 1975, Vol. 89, Nr. 1, S. 1-31, insbes. S. 26 ff.

mer hinter sich läßt, bleibt in der Analyse ebenfalls oberflächlich und unfruchtbar. Selbst dort, wo ein Schritt weitergegangen wird, indem nicht nur die Einkommenshöhe, sondern etwa das Interesse an ›Altersversorgung‹ untersucht wird, gelingt es nicht, von der neuen Ausformung dieses Interesses her auf die gleichzeitige Auflösung von Familienhaftigkeit selbst überzugehen. So zitiert Leibenstein ohne Folgen für sein Theoretisieren eine Untersuchung R. Freedmans über die Veränderungen dieses Interesses in Japan:

»Neuere japanische Daten geben eine aufschlußreiche Illustration des engen Zusammenhangs zwischen Vorstellungen der Eltern über die Abhängigkeit von erwachsenen Kindern und dem Ablauf der ehelichen Fruchtbarkeit. Zwischen 1950 und 1961 fielen die japanischen Geburtenraten spektakulär von 28‰ auf 17‰. In derselben Zeit lautete die Frage einer alle zwei Jahre wiederholten Repräsentativumfrage von ›Mainichi press‹ an die Bevölkerung: ›Erwarten Sie, daß Sie von Ihren Kindern im Alter abhängig sein werden?‹ 1956 antwortete die Mehrheit, über 55%, ›Ja – ganz sicher‹. Der Anteil dieser Antwort nahm in den fünf folgenden Befragungen kontinuierlich ab und erreichte 1961 27%. Es kommt selten vor, daß die öffentliche Meinung sich über ein vitales Interesse so schnell und kontinuierlich verändert, und es kommt genauso selten vor, daß wir darüber statistische Daten besitzen.«[106]

Über die Bekundung der Seltenheit einer Veränderung »vitaler« Interessen gelangt die Analyse nicht hinaus. Die Faszination an diesem Vorgang wird als seine zureichende Erörterung hingestellt. Die Veränderung der Einkommensquelle bleibt außerhalb der Betrachtung. Statt dessen wird durchweg mit der Voraussetzung gearbeitet, daß Kinder selbstverständlich vorhanden sind und mindestens in der für die volle Reproduktion erforderlichen Zahl auch ausgetragen werden. Lediglich Einkommens- und Statusänderungen, die mit Geschmackswandel einhergehen, läßt man als Ursachen für ein mehr oder weniger starkes Anwachsen der Kinderzahl *über* die volle Reproduktion hinaus gelten. Das sei noch einmal an der Argumentation Leibensteins vorgeführt, der seine Status-Theorie wie in Graphik G 4 verallgemeinert.

Bei steigenden Einkommen, wenn der Status zunächst keine Rolle spielt, sinken die Nutzenkosten (U^c) zusätzlicher Kinder stärker als ihr Nutzen (U), d. h. es werden mehr Kinder aufgezogen. In der Graphik wird das so dargestellt, daß die zunächst

---

106 H. Leibenstein, ebenda, S. 9 f.

Graphik – G 4: *Leibensteins Erklärung des Geburtenrückgangs bei hoher Kinderzahl (volle Reproduktion vorausgesetzt)* [107]

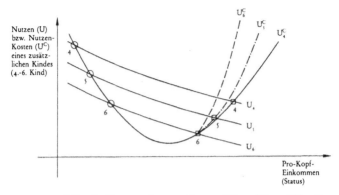

zusammenfallende Nutzen-Kosten-Kurve ($U_4^c = U_5^c = U_6^c$) stärker fällt als die jeweiligen Nutzen-Kurven (U_4, U_5, U_6). Sobald jedoch Statusausgaben eine Rolle spielen, dreht sich die Beziehung um. Jetzt steigen die Nutzenkosten für jedes zusätzliche Kind deutlich an: die Kinderzahlen fallen bei wachsendem Einkommen.

Vorausgesetzt sind allemal drei Kinder, also die volle Reproduktion. Gefragt wird also nach Determinanten für das vierte, fünfte, sechste usw. Kind. Daß ein Nutzen gar nicht vorhanden sein kann, und zwar weder für die ersten drei Kinder noch für zusätzliche, bleibt auch für Leibenstein unvorstellbar.

4. Wie die alternative ökonomische Erklärung des Geburtenrückgangs darzustellen ist

Die Verlegenheit der US-Analytiker, die daraus erwächst, daß sie an die naturgegebene Verheiratungs- und Fortpflanzungssehnsucht des Menschen glauben, gleichwohl aber mit Unverheirateten und Kinderlosen konfrontiert sind, läßt R. A. Easterlin zu einer weiteren Variante für eine ökonomische Erklärung des Geburtenrückgangs voranschreiten.

107 H. Leibenstein, ebenda, S. 29 – Graphik 7.

Ihm fällt auf, daß sich seit dem Abschluß der großen Einwanderungswellen nach dem Ersten Weltkrieg Geburtenrückgang und Geburtenanstieg nahezu ›zyklisch‹ ablösen. Sein Material umfaßt bisher allerdings nur eineinhalb solcher Zyklen: den Geburtenrückgang in den zwanziger und dreißiger Jahren mit Anstieg in den vierziger und fünfziger Jahren (»Babyboom« – vgl. Abschnitt G 3a) sowie den neuerlichen Rückgang seit den sechziger Jahren, der 1. Hälfte seines 2. Zyklus, über dessen Vollendung er sich so gewiß ist, daß er für die achtziger Jahre einen neuerlichen Babyboom voraussagt, den er folgendermaßen darstellt:

Graphik – G 5: *Easterlins Erklärung der Geburtenentwicklung aus dem quantitativen Verhältnis der männlichen Altersjahrgänge (30-64 zu 15-29)* [108]

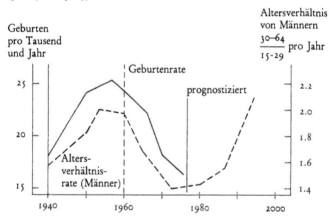

Easterlin konzentriert sich auf die jungen Männer, die ihre wirtschaftlichen Ziele an dem Lebensmilieu ihrer Väter ausrichten. Haben diese gut verdient, dann wollen auch die Söhne gut verdienen. Da jedoch die gut verdienenden Väter ihre Einkom-

---

108 Erstmals formuliert Easterlin diese Zyklentheorie 1968 in: *Population, Labor Force and Long Swings in Economic Growth – The American Experience*, New York 1968, Teil II (Fertility Analyses). Für seine aktuellste Voraussage vgl. R. A. Easterlin, *What Will 1984 Be Like? Socioeconomic Implications of Recent Twists in Age Structure*, in: *Demography*, Vol 15, Nr. 4, November 1978, S. 397 ff./406 – Graphik 4.

men umgehend dazu verwendet haben, um ihre Familien zu vergrößern, also viele Kinder zu zeugen, befinden sich die Söhne in verschärfter Konkurrenz um die gut dotierten Arbeitsplätze. Sie verdienen weniger als die Väter und reduzieren für die Aufrechterhaltung eines vergleichbaren Lebensstandards für sich selbst die Zahl ihrer Kinder. Diese nun wenig zahlreichen Söhne wiederum finden sich in viel günstigerer Einkommenskonkurrenz, verdienen mehr als die letzten Väter und nutzen ihren – über die Herkunftsmilieus hinausgehenden – Mehrverdienst sogleich für die Aufzucht vieler Kinder. Der Zyklus beginnt von neuem. In Easterlins eigenen Worten:

»Das Kernstück (meiner Bevölkerungstheorie des relativen Einkommens) besagt: Wenn junge Männer – die potentiellen Familienernährer – leicht genug Geld verdienen, um einen Hausstand zu gründen, der ihrem gewünschten Lebensstil und demjenigen ihrer bereits gefundenen oder noch gesuchten Bräute entspricht, dann werden Heirat und Kinderkriegen ermutigt. Ist es andererseits schwer, für den gewünschten Lebensstil genügend zu verdienen, dann führt der daraus resultierende ökonomische Streß zum Aufschub der Heirat und bei den bereits Verheirateten zum Gebrauch von Verhütungsmitteln zur Vermeidung von Geburten und vielleicht sogar zum Übergang von Ehefrauen in die Lohnarbeit.«[109]

Ganz unabhängig von Easterlins höchst problematischen Vorstellungen über die wirtschaftliche Entwicklung sehen wir, daß er vom Dogma des natürlichen Vermehrungswunsches nicht abgeht, sondern seine zyklischen Auf- und Abschwünge auch in die unbekannte Zukunft hinein nur plausibel machen kann, wenn er davon ausgeht, daß die Kinderlosen oder Kinderarmen unglücklich sind: In den Nationen wird nur auf die günstige Stunde gewartet, um solchem Unglück durch neuerliche zahlreiche Vermehrung zu entkommen. Selbst Jahrzehnte des Zuwartens können der Natur letztlich nichts anhaben. Sie besorgt in jedem Falle den Aufschwung, wenn nur die Einkommen stimmen.

Damit fällt auch Easterlin trotz seiner Betonung des ökonomischen Kalküls hinter die Analytiker der zerfallenden Lohnarbeiter-Familie – aus der Zeit nach dem Ersten Weltkrieg – zurück. Diese sehen, daß Kinder Unglück bringen können, während jener betont, daß gerade die – durch geringes Einkommen – herbeige-

109 Vgl. R. A. Easterlin, *Relative Economic Status and the American Fertility Swing*, in: E. B. Sheldon (Hg.), *Family Economic Behavior*, Philadelphia–Toronto 1973, S. 167 ff.

führten geringen Kinderzahlen als Unglück empfunden werden.

Die bevölkerungsökonomische Analyse der US-Theoretiker – begonnen, um Licht in der Dunkelheit der Bevölkerungsfragen zu bringen – endet einmal mehr in theoretischer – keineswegs mittelalterlicher – Finsternis.

Unser Resumé der US-amerikanischen Bevölkerungsökonomie bedeutet nun nicht eine Kritik am dort wieder eingebrachten ökonomischen Kalkül. Ihre mit großer Ernsthaftigkeit und Akribie vorgeführten Berechnungen und Graphiken haben ihre Ursache im unbefragten Axiom der natürlichen Familienhaftigkeit des Menschen, d. h. im Resultat der polizey-staatlichen Menschenproduktion durch Massentötungen zur Ausrottung der Nachwuchsvermeidungsintentionen seit dem Beginn der Neuzeit.

Wir machen also in unserer Analyse die Voraussetzung von in jedem Falle vorhandenen Kindern nicht. Wir gehen davon aus, daß Kinder keinen ökonomischen Nutzen haben können, d. h. daß bereits ein erstes Kind nutzlos und statt dessen Kinderlosigkeit das ökonomisch Gebotene ist.

In unserer Darstellung werden Kinder nicht wie ein beliebiges Konsumgut betrachtet, das einen – wie immer definierten – Nutzen abwirft. Fortpflanzung betrachten wir statt dessen vom ökonomischen *Interesse* potentieller Eltern her. Wir behaupten, daß es eine Indifferenzkurve, in welche Kinder eingehen, nicht gibt. Kinder können sehr wohl ökonomische Güter sein, fungieren dann aber nicht als Konsum, sondern als Investition. Wir haben also direkt die Rentabilität der Kinderproduktion darzustellen.[110]

Zu bestimmen ist also der Kapitalwert von Kindern für eine bestimmte ökonomische Einheit (Familie als Produktionseinheit, Lohnarbeiter, Haushalt, Kollektivproduzenten). Der Kapitalwert (V) entspricht der Differenz zwischen der Summe der abdiskontierten Erträge $\left[\dfrac{E}{(1+i)^n}\right]$, welche die Kinder in späterer Zeit für ihre Erzeuger erbringen, z. B. Kinderlohn, Altersversicherung, Mitarbeit etc., und der Summe der abdiskontierten Kosten $\left[\dfrac{C}{(1+r)^n}\right]$ für die Kinderproduktion (K). Wir können für diese

110 Für wertvolle Hinweise zur formalisierten Darstellung danken wir Winfried Vogt, Universität Regensburg.

Zusammenhänge folgende Gleichungen aufstellen:

(1) $V = \dfrac{E}{(1 + i)^n} - \dfrac{C}{(1 + r)^n}$

(2) $\dfrac{E}{(1 + i)^n} = f(K)$

(3) $\dfrac{C}{(1 + r)^n} = f(K)$,

wobei i = Kalkulationszinssatz, r = interner Zinssatz, (der Zinssatz, der realisiert wird, wenn $E = C$) und n = Anzahl der ökonomisch interessanten Lebensjahre der Kinder.
Es ist also solange rentabel, Kinder zu zeugen, wie
$E > C$ ist, bzw. $r > i$, d. h. solange V einen positiven Wert hat.

Diese Zusammenhänge lassen sich folgendermaßen darstellen:

Graphik – G6: *Erklärung der Fortpflanzung aus Investitionskalkül*

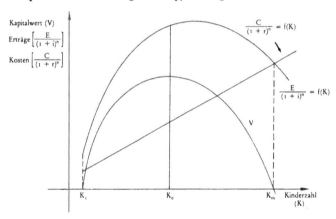

Mit wachsender Kinderzahl steigen sowohl die Kosten als auch die Erträge. Die Kinderproduktion ist so lange rentabel, wie die Erträge über den Kosten liegen, d. h. $K < K_m$. Die optimale Kinderzahl ist dort erreicht, wo der Abstand zwischen Erträgen und Kosten am größten ist, d. h. bei K_o. Daß die Erträge ab einer bestimmten Kinderzahl sinken, hängt mit der Annahme zusammen, daß Kinder nur dann einen ökonomischen Ertrag bringen, wenn sie mit anderen Investitionsgütern kombiniert werden, die selbst nicht unbegrenzt vermehrbar sind, wie z. B. Grund und Boden des bäuerlichen Produzenten. Wir sehen also auch in dieser formalen Betrachtung, daß es notwendig ist, die besonderen ökonomischen Bedingungen darzustellen. Wir können fünf idealtypische Fälle unterscheiden.

1. Für den *selbständigen Produzenten*, wozu traditionell die Bauern, in der Moderne aber auch egalitäre Genossenschaften wie der Kibbutz gehören, werden ökonomische Notwendigkeit und Expansionsgrenzen zum bestimmenden Faktor für die Kinderzahl, wo dies in Graphik G7 am Beispiel der jeweiligen Kapitalwert-, Ertrags- und Kostenfunktionen eines Kleinbauern (KB) und eines Großbauern (GB) gezeigt wird.

Für einen Bauern, der expandieren kann, ist sowohl die Anzahl der rentablen Kinder als auch die optimale Kinderzahl größer als für den fest begrenzten Bauern. Damit ist sogleich gesagt, daß die Bauernstelle so klein sein kann, daß sie direkte Mitarbeiter gar nicht benötigt, sondern einzig den späteren Unterhalt gewährleistenden Erben, so daß hier die Kinderzahl durchaus unter die volle Reproduktion fallen kann, d. h. nach Geburt eines männlichen Kindes die Fortpflanzung eingestellt wird. Die überwiegend kleinbäuerlichen Existenzen in Frankreich, wo Bodenteilung nicht einmal mehr die Reproduktion der Eigentümer garantiert hätte, können als historisches Beispiel für Geburtenrückgang in einer agrarischen Gesellschaft herangezogen werden.

In dem Augenblick, da die Bauern nur noch eine Minderheit der Gesamtbevölkerung bilden, die sich in die Altersversicherungssysteme der Produzentenmehrheit der Lohnabhängigen einkaufen kann, wird selbst der männliche Erbe überflüssig. Dies erklärt die willentlich kinderlosen Bauern in den hochentwickelten Ländern der Gegenwart.

2. Für *Lohnarbeiter*, die es als freier Bürger massenhaft erst in der Neuzeit gibt, gilt – systematisch gesprochen ebenso wie für Sklaven oder Gesinde –, daß Ertrag aus Kindern nicht gewonnen werden kann. Lediglich in der *Epoche der Kinderarbeit*, die etwa ab dem letzten Drittel des 19. Jahrhunderts wegen der Verwahrlosung des Nachwuchses in Europa unterbunden wird, bietet sich die Möglichkeit, durch Kinderlohn Aufzuchtskosten zu kompensieren, ohne daß Kinderhaben allerdings rentabel wird, da der Beitrag der Kinder zur Alterssicherung höchst unsicher ist. Zum

Graphik – G7: *Fortpflanzung von selbständigen Produzenten mit unterschiedlichen Expansionsmöglichkeiten*

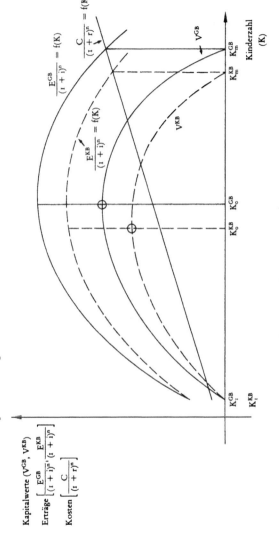

Kapitalwerte (V^{GB}, V^{KB})

Erträge $\left[\dfrac{E^{GB}}{(1+i)^n}, \dfrac{E^{KB}}{(1+i)^n}\right]$

Kosten $\left[\dfrac{C}{(1+r)^n}\right]$

$\dfrac{E^{GB}}{(1+i)^n} = f(K)$

$\dfrac{C}{(1+r)^n} = f(K)$

$\dfrac{E^{KB}}{(1+i)^n} = f(K)$

V^{GB}

V^{KB}

K_i^{GB} K_i^{KB} K_o^{GB} K_o^{KB} K_m^{GB} K_m^{KB}

Kinderzahl (K)

elterlichen Kalkül der Kostensenkung wird der Kinderlohn jedoch erst dadurch, daß mit Hilfe der – ausführlich geschilderten – Gewaltmaßnahmen die Lohnarbeiterfamilie in der Neuzeit staatlich geschaffen wurde. Dieses Kalkül läßt sich folgendermaßen graphisch darstellen:

Graphik – G8 *Fortpflanzung von Lohnarbeiterfamilien bis zum Ende der Kinderarbeit:*

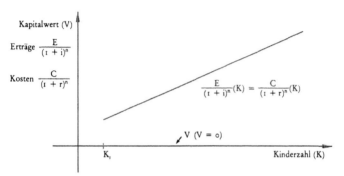

Die Kinderzahl liegt also stets an der Rentabilitätsgrenze; es läßt sich keine optimale Kinderzahl bestimmen. Es wird aber auch deutlich, daß durch die bekannten Gesetze nach Abschluß der Hexenverfolgungen die hohen Kinderzahlen der Arbeiterschaft leichter abgepreßt werden konnten, solange die Kinder nach dem fünften oder sechsten Jahr erwerbstätig wurden, d. h. ihre Kosten bis dahin wieder einbrachten.

3. Nach dem *Verbot der Kinderarbeit* und der Beschränkung von Frauenarbeit ist die Fortpflanzung des Arbeiters nur noch mit Unkosten verbunden – die Alterssicherung muß kollektiv erspart werden, da sie von den eigenen Kindern nicht garantiert werden kann. Schon das erste Kind verursacht nun lediglich Unkosten. Wir haben hier den entscheidenden Grund für die verstärkte Ehelosigkeit und Kinderlosigkeit seit etwa 100 Jahren vor uns. In der Bundesrepublik Deutschland gilt sie für wenigstens 20 Prozent aller Erwachsenen der Jahrgänge seit ca. 1940, in anderen Gebieten liegt die Grenze bereits bei 30 Prozent.[111]

111 Vgl. C. E. Westhoff, S. 39. Bereits in den 1962-1966 geschlossenen Ehen in

Graphisch läßt sich zeigen, daß der Kapitalwert von Kindern immer negativ ist.

Graphik – G9 *Fortpflanzung von Lohnarbeiterfamilien nach Verbot der Kinderarbeit:*

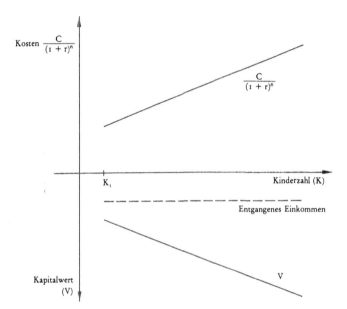

Zu den Kosten für die Kinder sind jetzt noch Kosten für entgangenes Einkommen hinzuzufügen, was zu einer Verschiebung der Kostenkurve nach oben (und einer zusätzlichen Verschiebung der Kapitalwertkurve nach unten) führen muß.

4. In den entwickelten Gesellschaften mit fortgeschrittener *Verallgemeinerung der Lohnarbeit* existieren Angebote an die Frauen, welche die Mutterschaft selbst zur Einkommensquelle für sie machen sollen. Je höher dieses Unterhaltsangebot für

der BRD lag die Kinderlosigkeit bei 14% (Hamburg: 21%, Berlin(W): 26% – Rheinland-Pfalz: 11%). Die Quote der kinderlosen Ledigen lag bei ca. 5%. Für die späteren Jahrgänge haben diese Werte sehr stark zugenommen. Vgl. *Wirtschaft und Statistik*, 8/1978, S. 489 ff.

Mutterschaft an dem für die einzelne Frau real zu erwartenden Einkommen in der Lohnarbeit liegt, desto interessanter wird es für sie, die Mutterschaft zur Einkommensquelle zu machen. Die Angebote kommen noch überwiegend von männlichen Privatpersonen, doch auch der Staat erprobt Mutterschaftsentlohnung und bietet ungefähr eine Summe um 1000 DM pro Monat für eine Frau mit einem Kind.[112] Für die in diesem Nettoverdienstbereich rangierenden Frauen ergibt sich der Vorteil, nicht in die sexuelle Loyalität an einen einzigen Mann gebunden zu sein. Allerdings ist das Schicksal der Lohnarbeit so nur zeitlich begrenzt durchbrechbar. Für beide Unterhaltsangebote – also aus sexuell-emotionalen oder direkt bevölkerungspolitischen Motiven – gilt aber, daß die Wahrscheinlichkeit eines Kindes – Verhütungsfähigkeit unterstellt – um so größer wird, je näher das Angebot an die Summe aus Kinderkosten plus entgangenem Einkommen heranrückt. Gesamtgesellschaftlich betrachtet würden demzufolge die Geburtenzahlen in dem Maße steigen, wie das staatliche Unterhaltsangebot an die höchsten Frauenlöhne plus Kinderkosten heranreicht. Sollte wiederum tendenziell jede Frau sich voll reproduzieren, also mindestens zwei Kinder haben, so ließen sich dafür bei einem durchschnittlichen Geburtsabstand von drei bis vier Jahren etwa 10 Jahre entgangener Arbeitslohn bis zur Schulpflicht beider Kinder plus Kindeskosten von ca. 18 bis 27 Jahren kalkulieren – bis zu deren Mündigkeit bzw. Ausbildungsende –, so daß sich pro Kind etwa 140 000 DM staatlicher Kostenerstattung ohne staatliche Erziehungskosten errechnete, für zwei Kinder also 280 000 DM plus 10 Jahre entgangenes Einkommen von ca. 120 000 DM, was staatliche Kosten von insgesamt 400 000 DM pro Frau ergäben.

Um die zuletzt ca. 600 000 Neugeborenen wieder zu »ersetzen«, müßten für 300 000 Frauen jährlich diese Beträge veranschlagt werden. Das bedeutete bei Versorgung voller 23 Jahrgänge jährliche Kosten von 120 Milliarden DM. Die Summe ist freilich noch höher anzusetzen, da das auszugleichende Fraueneinkommen hundertprozentig nur dann bevölkerungspolitisch wirksam würde, wenn nicht das weibliche Durchschnittseinkom-

---

112 Vgl. dazu für die Bundesrepublik etwa den Modellversuch ›Mutter und Kind‹ in Baden-Württemberg, in: *Zeitschrift für Bevölkerungswissenschaft*, 1977, Heft 3, S. 104.

men, sondern die oberen Einkommensgrenzen für Frauen die Bemessungsgrundlage bildeten. So gewaltig diese Summen auch anmuten mögen, bilden sie doch mehr als nur eine Gedankenspielerei. Da auch in Zukunft ein ausreichendes Angebot an Arbeitsplätzen für Frauen und Männer, das obendrein attraktiver als Kindererziehung ist, nicht erwartet werden kann, vielmehr die Rationalisierung die Arbeitslosen – etwa für die BRD – zu einem beträchtlichen Millionenheer anschwellen lassen wird und dieses dann zu unterhalten ist, könnte dem Staat durchaus einfallen, die Arbeitslosen in bezahlte Eltern zu verwandeln und so Geburtenrückgang und ihm nicht genehme soziale Unruhen mit derselben Waffe zu bekämpfen. Er könnte dies sogar in liberaler Manier besorgen, indem ein lebenslanger Versorgungsanspruch für Frauen angeboten wird, welchen diese gleichwohl abtreten können, um selbst statt eines Mannes in die Konkurrenz der Lohnarbeit zu treten. Es würde sich also nicht um gewöhnliche polizeystaatliche Maßnahmen zur Menschenproduktion handeln, sondern um das Kalkulieren auf das Interesse von Frauen, die nicht in die Lohnarbeit und nicht an einen männlichen Versorger gebunden sein wollen.

Eine große Schwierigkeit besteht aber in dem vom Geldangebot ganz unabhängigen Problem der Zuwendung für die geborenen Kinder. Ihre existentielle Frage nach den Gründen, warum sie denn in der Welt sind, wie sie also der ihnen gegenüber jetzt schon vorherrschenden Gleichgültigkeit entkommen können, ist trotz aller staatlicher Bemühungen bisher ohne zureichende Antwort geblieben.

5. Die einzige uns bekannte hochentwickelte und nicht religiöse Gesellschaft, die ebenfalls keine traditionelle Familienstruktur mehr aufweist[113], aber ihre Industrie und Landwirtschaft statt durch Lohnarbeit durch gleichberechtigte Genossen mit identischen Einkünften betreibt, ist der israelische *Kibbutz*. Sein generatives Verhalten erinnert an das traditionelle bäuerliche ohne die Privilegierung eines Erbsohnes. Das Genossenkollektiv soll ersetzt und im Alter unterhalten werden vom Kollektiv ihrer im

---

113 Wir vernachlässigen hier religiös gebundene Lebens- und Produktionsgenossenschaften, welche das Erziehungsproblem und die Fortpflanzung ebenfalls gelöst haben. An erster Stelle sind dabei die Hutterer in Nordamerika mit ca. 165 Siedlungen und über 20 000 Einwohnern zu nennen. Vgl. etwa J. A. Hostetler, *Hutterite Society* (1974), Baltimore u. London, 1977.

Kibbutz verbleibenden Kinder. Auf deren Geburt werden keine Prämien gesetzt, auf die Frage der Kinder nach ihrem Existenzgrund gibt es eine eindeutige Antwort mit dem Willen, die Zukunft des Kibbutz zu sichern und ihn dafür an die Kinder weiterzugeben. Der Kibbutz ist z. Z. die einzige hochindustrialisierte Gesellschaft ohne Geburtenrückgang.[114]

Der Kapitalwert von Kindern im Kibbutz gleicht also demjenigen für die traditionellen Bauern (vgl. Graphik G7), wobei des Kibbutz, in dem Maße, wie er sich vom landwirtschaftlichen Einkommen unabhängig macht, durch den Umfang seiner Ländereien prinzipiell nicht beschränkt ist. Allerdings erscheint jetzt nicht das Individuum »Kibbutznik«, sondern der Kibbutz – als freiwilliger Zusammenschluß dieser Individuen – in der Rolle der Bauern.

Wir haben gesehen, daß die Neuzeit drei Typen generativen Verhaltens aufweist:

1. Die traditionelle patriarchalische Bauernfamilie oder eine sonstige selbständige Produzentenfamilie verwirklicht durch Realisierung des individuellen Interesses am existenzsichernden Erben zugleich die gesellschaftliche Reproduktion. Sie setzt einen voll wirksamen Sozialisationsstrang allerdings lediglich zum Erbsohn, diskriminiert damit die anderen Söhne und erzeugt so eine tendenziell immer aggressive Expansionsdynamik, in welcher diese ihre eigene freie Produzentenexistenz zu gewinnen versuchen. Sie bleibt aber auch mit dieser Dynamik prinzipiell auf die Ungleichheit der Geschlechter angewiesen.

2. Das individuelle Interesse des Lohnarbeiters geht ökonomisch auf Kinderlosigkeit. Kann es sich frei verwirklichen, kommt gesellschaftliche Reproduktion nicht zustande. In der Neuzeit wird deshalb staatliche Gewalt zur Schaffung der Lohnarbeiterfamilie eingesetzt. So gelingt zwar die Produktion von Menschen – sogar weit über das notwendige Maß hinaus. Ein sozialisationswirksames Band zwischen den Generationen besteht jedoch nur beschränkt. Die Versuche einer sinnvollen Sozialisation dieser Kinder durch gesellschaftliche und staatliche Erzie-

114 Vgl. G. Heinsohn, *Liebe ist . . .*, passim. Vgl. L. Tiger/J. Shepter, *Women in the Kibbutz*, New York 1975.

hung belegen die grundsätzliche Schwierigkeit bei der Herstellung eines existentiellen Bandes zwischen den Generationen. Das Resultat ist eine tendenziell stets gefährdete gesellschaftliche Reproduktion. Klassische utopische Vorstellungen[115] einer Lösung der biologischen Reproduktion durch staatliche Anstalten, die technisch keine unüberwindlichen Probleme aufzugeben scheinen, bleiben vor der Schwierigkeit der Erziehung nach der Geburt ebenfalls hilflos. B. F. Skinners postnatale »Erziehungsbox« zeigt, daß Intellektuelle an diesem Problem des modernen Staates arbeiten, aber offensichtlich kennen sie keine Antwort auf die Frage der Kinder nach dem Sinn ihrer Existenz, vermögen also die Sinnlosigkeitsängste und zerstörerischen frühkindlichen Situationen nicht zu beheben.

3. Für den Kibbutz gilt, daß die gesellschaftliche Reproduktion durch den bestimmten Willen der Individuen erfolgt, sie ihnen daher nicht abgepreßt werden muß. Persönliches und allgemeines Interesse fallen hier tatsächlich zusammen.

Eine Diskriminierung bestimmter Kinder muß nicht stattfinden, alle haben das Privileg der voll berechtigten Nachfolge, formale Sexualunterschiede zwischen den Geschlechtern verlieren ihr Gewicht. Auffällig ist jedoch, daß der Kibbutz weit über der vollen Reproduktion liegt, also deutlich mehr Kinder hat, als problemlos aufgezogen werden können. Ein relativ großer Teil des gesellschaftlichen Reichtums wird für Erziehung ausgegeben. Es stellt sich hier jedoch die Frage, wieweit diese Gesellschaft ihre innere Balance erhalten kann, wenn sehr viel weniger Kinder als bisher die Freizeit der Erwachsenen ausfüllen. Einerseits vermag die ungewöhnliche technische Innovationsfähigkeit des Kibbutz Arbeitskräfte überflüssig zu machen. Andererseits wird der Siedlungsraum für neue Kibbutzim, die aufgebaut werden, wenn die alten zu umfangreich werden und damit die Möglichkeiten der individuellen Kommunikation seiner Genossen überschreiten, knapp. Die Notwendigkeit einer Kinderzahl unterhalb der vollen Reproduktion kann für den Kibbutz also durchaus aktuell werden. Das müßte die Bedeutung der Mutterschaft relativieren und

---

115 Als exemplarische Utopie für eine so gestaltete Fortpflanzung vgl. A. Huxley, *Schöne Neue Welt* (1932), mit dem Vorwort von 1946, wo die künstliche Menschenproduktion des Staates als ihm inhärente unausweichliche Konsequenz formuliert wird. Vgl. A. Huxley, *Brave New World* (1932, 1950²), Penguin Books 1955.

könnte die Beziehung der Geschlechter durchaus komplizierter machen, als das jetzt schon der Fall ist.[116] Insofern kann auch der Kibbutz nicht als allgemeine Problemlösung für die Menschenproduktion in einer technisch hochentwickelten Gesellschaft gelten. Diese Einschränkung indes ändert nichts daran, daß in seinem Rahmen die Beziehungen zwischen den Generationen heute wohl die am wenigsten prekären sind.

116 Zum Verhältnis von Geschlechterspannung und Fortpflanzung im Kibbutz vgl. etwa G. Heinsohn, *Frauen und Mütter im Kibbutz – Familien- und Bevölkerungstheorie einer hochentwickelten Kommunegesellschaft*, Haifa-Universität, v.v. Ms., 1977, S. 50.

Bibliographie

S. Åkerman, *Statistik och data blir historia (Statistik und Daten werden Geschichte)*, in: *Forskning och Framsteg*, Sondernummer Familie, Stockholm 1977.

P. Anderson, *Passages from Antiquity to Feudalism*, London 1974.

R. Andorka, *Determinants of Fertility in Advanced Societies*, London 1978.

Anti-Marcus, Notes on the Population Question, London 1841.

Antwort der Bundesregierung auf die große Anfrage . . . Rollmann etc. und der Fraktion der CDU/CSU (Drucksache 7/2414) betr. Situation der Kinder in Deutschland vom 10. 3. 1975 – BT-DS 7/3340.

Antwort der Bundesregierung v. 24. 6. 1977 auf eine Anfrage der CDU/CSU, in: *Zeitschrift für Bevölkerungswissenschaft*, 1977, Heft 1, S. 75-86.

Antwort der Bundesregierung vom 1. 7. 1978 auf eine Anfrage der CDU/CSU, in: *Zeitschrift für Bevölkerungswissenschaft*, 1978, Heft 2, S. 231-239.

Ph. Ariès, *Geschichte der Kindheit* (1960), München-Wien, 1975.

A. Armengaud, *Population in Europe 1700-1914* (1970), in: C. M. Cipolla (Hg.), *The Industrial Revolution. The Fontana Economic History of Europe*, Bd. 3, Glasgow 1973.

W. A. Armstrong, *La population de l'Angleterre et du Pays de Galles, 1789-1815*, in: *Annales de démographie historique*, 1965.

T. S. Ashton, *The Industrial Revolution 1760-1830* (1968), London u. a. 1975.

Astolfi, *La Lex Ichlia et Papia*, Padova 1970.

W. v. Baeyer-Katte, *Die historischen Hexenprozesse*, in: W. Bitter (Hg.), *Massenwahn in Geschichte und Gegenwart*, Stuttgart 1965, S. 221 ff.

J. Baumann (Hg.), *Das Abtreibungsverbot des § 218*, Neuwied-Berlin, 1971.

G. S. Becker, *An Economic Analysis of Fertility* (1960), in: Ders., *The Economic Approach to Human Behaviour*, Chicago 1976, S. 171 ff.

G. S. Becker, *A Theory of the Allocation of Time*, in: *Economic Journal*, Sept. 1965, Vol. 75, S. 493 ff.

G. Becker u. a., *Aus der Zeit der Verzweiflung*, Frankfurt/M, 1977.

G. Becker u. a., *Zum kulturellen Bild und zur realen Situation der Frau im Mittelalter und der frühen Neuzeit*, in: G. Becker u. a., *Aus der Zeit der Verzweiflung*, Frankfurt/M. 1977.

B. Bekker *De betoverde Wereld (Die verzauberte Welt)*, vollständig erschienen in vier Bänden, Amsterdam 1691 (1. Bd. 1690).

Befolkningsutvecklingen, Denkschrift, schwedische Reichstagsperiode 1977/78, Nr. 32.

B. Bekker, *Onania*, 1710.

J. Beloch. *Die Bevölkerung der Griechisch-Römischen Welt*, Leipzig 1886/Nachdruck Rom 1968.

H. Bengtson, *Einführung in die alte Geschichte* (1949), München 1962⁴.

B. Berelson (Hg.), *Population Policies in Developed Countries*, 1976.

J. Berent, *Causes of Fertility Decline in Eastern Europe and the Soviet Union* I. u. II., in: *Population Studies*, Vol. XXIV, No. 1, März 1970, S. 35 ff. und No. 2, Juli 1970, S. 247 ff.

W. Bitter (Hg.), *Massenwahn in Geschichte und Gegenwart*, Stuttgart 1965.

M. Blaug, *Economic Theory in Retrospect*, London 1968².

H. Blei, *Abtreibung und Schwangerschaftsunterbrechung in den osteuropäischen Ländern*, Herrenalb/Schwarzwald 1962.

A. E. R. Boak, *Manpower Shortage and the Fall of the Roman Empire in the West*, Westport 1955.

Bode, *Die Kindestötung und ihre Bestrafung im Nürnberg des Mittelalters*, in: *Archiv für Strafrecht und Strafprozeß*, Bd. 61 (1914), S. 430 ff.

J. Bodin, *Colloqium of the Seven about Secrets of the Sublime* (1588, 1857), hrsg. u. eingel. v. M. Leathers Daniels Kuntz, Princeton 1975.

J. Bodin, *De la démonomanie des sorciers* (1580), deutsche Fassung von J. H. Fischart, *Vom ausgelassenen wütigen Teuffelsheer*, Straßburg 1591, Nachdruck, Graz 1973.

J. Bodin, *Methodus ad facilem historiarum cognitionem* (1566), englische Fassung durch B. Reynolds, *Method for the Easy Comprehension of History* (1945), New York 1969.

J. Bodin, *Les six livres de la république* (1576), beste verfügbare Fassung, die das lateinische und das französische Original zusammenzieht: J. Bodin, *The Six Bookes of a Commonweale*, hrsg. v. K. D. Mc Rae, Cambridge/Mass., 1962.

H. Brackert, *Daten und Materialien zur Hexenverfolgung*, in G. Becker u. a., *Aus der Zeit der Verzweiflung*, Frankfurt/M. 1977, S. 315 ff.

R. Brenner, *Dobb on the Transition from Feudalism to Capitalism*, in: *Cambridge Journal of Economics*, Vol. 2, 1978, No. 2, S. 121 ff.

L. Brentano, *Die Malthus'sche Lehre und die Bevölkerungsbewegung der letzten Dezennien*, in: *Abhandlungen der III. Klasse der Königlichen* [Bayerischen – d. V.] *Akademie der Wissenschaften*, XXIV. Band, III. Abt., 1909, S. 565 ff.

L. Brentano, *The Doctrine of Malthus and the Increase of Population during the Last Decades*, in: *The Economic Journal*, 1910, S. 371-391.

A. Brockhaus, Artikel *Sowjetunion*, in: H. Blei (Hg.), *Abtreibung und Schwangerschaftsunterbrechung in den osteuropäischen Ländern*, Herrenalb/Schwarzwald 1962.

W. E. Brownlee / U. M. Brownlee, *Women in the American Economy*, New Haven u. London, 1976.

P. A. Brunt, *Italian Manpower 225 B. C. – AD 14*, 1971.

F. Brupbacher, *60 Jahre Ketzer – Selbstbiographie* (1935), Zürich 1973.

E. W. Buchholz, *Raum und Bevölkerung in der Weltgeschichte – Vom Mittelalter zur Neuzeit* (Bevölkerungs-Ploetz³ Bd. 3), Würzburg 1966.

Buff, *Verbrechen und Verbrecher in Augsburg in der zweiten Hälfte des vierzehnten Jahrhunderts*, in: *Zeitschrift des Historischen Vereins für Schwaben und Neuburg*, 4. Jg., Augsburg 1878, S. 160 ff.

Bundesverfassungsgericht, *Entscheidung über die Verfassungsklage der CDU/CSU zur Reform des § 218 StGB*, BVerfG 1975.

J. Burckhardt, *Die Zeit Konstantins des Großen* (1852), Leipzig, 1924⁵.

F. Burgdörfer, *Der Geburtenrückgang und seine Bekämpfung*, Berlin 1929.

S. L. Case / D. G. Hall, *A Social and Economic History of Britain: 1700 to the Present Day*, London 1971.

Campbell/Converse/Rodgers, *The Quality of American Life-Perceptions, Evaluations, and Satisfactions*, New York, 1976.

A. M. Carr-Saunders, *World Population: Past Growth and Present Trends*, Oxford 1936.

CDU-Bundesgeschäftsstelle, *Der Geburtenrückgang – ein deutsches Problem?*, *Bulletin* vom 13. 12. 1978.

J. D. Chambers, *Population, Economy and Society in Pre-Industrial England*, London etc. 1972.

J. D. Chambers, *The Vale of Trent 1670-1800*, (1957), in D. V. Glass / D. E. C. Eversley (Hg.), *Population in History*, London 1965.

S. G. u. E. O. A. Checkland (Hg.), *The Poor Law Report of 1834*, London 1974.

J. Chin, *Manipulating Soviet Population Ressources*, London 1977.

K. Clossmann, *Die Kindestötung. Historisch-dogmatisch dargestellt*, Diss. Erlangen 1889.

S. B. Clough, R. T. Rapp, *European Economic History*, New York etc., 1975.

E. Coleman, *Infanticide in the Early Middle Ages*, in: S. M. Stuard (Hg.), *Women in Medieval Society*, Philadelphia Pa. 1976.

F. Collier, *The Family Economy of the Working Classes in the Cotton Industrie*, Manchester 1964.

Commission on Population Growth and the American Future, Vol. 1, *Demographic and Social Aspects of Population Growth*, Washington D. C. 1972 und Vol. 2 – *Economic Aspects of Population Change*.

Conseil Économique Et Social, *La situation démographique de la France et ses implications économiques et sociales: Bilan et perspectives* (RAPPORT SULLEROT), in: *Journal Officiel de la République Française, 10. 8. 1978*.

P. Csillag, *The Augustean Laws on Family Relations*, Budapest 1976.

Cug, Stichwort *Infanticidium* (Rome) in: *Dictionnaire des Antiquités Grècques et Romaines*, III. 1, Paris 1900, S. 490 ff.

G. Dähn, *Zur Geschichte des Abtreibungsverbotes*, in: J. Baumann (Hg.), *Das Abtreibungsverbot des § 218*, Neuwied-Berlin, 1971.

Ph. Deane, *The First Industrial Revolution*, Cambridge 1965.

Ph. Deane/W. A. Cole, *British Economic Growth 1688-1959*, Cambridge 1962.

Demosthenes, *Gegen Neera*, zit. n. L. Gernet, *Démosthène – Plaidoyers civils*, Band IV, Paris 1960, S. 70 ff.

H. Denzer (Hg.), *Jean Bodin*, München 1973.

M. Dibelius, *Der Hirt des Hermas*, Tübingen 1923.

M. Dobb, *Die Entwicklung des Kapitalismus* (1946), Köln-Berlin 1970.

F. J. Doelger, *Antike und Christentum*, 4 Bände, 1929-1934.

M. Drake (Hg.), *Population in Industrialization*, London 1969.

G. Duby, *Krieger und Bauern – die Entwicklung von Wirtschaft und Gesellschaft im frühen Mittelalter* (VII.-XII. Jh.) (1973), Frankfurt/M. 1977.

H. Dufour, *Geschichte der Prostitution*, Berlin, ca. 1905³, Bd. 1-3.

R. A. Easterlin, *Towards a Socioeconomic Theory of Fertility: A Survey of Recent Research on Economic Factors in American Fertility*, in: Behrmann/Corsa/Freedman (Hg.), *Fertility and Family Planning: A World View*, An Arbor 1969.

R. A. Easterlin, *Population, Labor Force, and Long Swings in Economic Growth: The American Experience*, New York 1968.

R. A. Easterlin, *Relative Economic Status and the American Fertility Swing*, in: E. B. Sheldon (Hg.), *Family Economic Behaviour*, Philadelphia-Toronto 1973, S. 170 ff.

R. A. Easterlin, *What Will 1984 Be Like? Socioeconomic Implications of Recent Twists in Age Structure*, in: *Demography*, Vol. 15, Nr. 4, Nov. 1978.

P. R. Ehrlich, *The Population Bomb*, New York 1968.

N. Elias, *Über den Prozeß der Zivilisation* (1939), 2 Bände 1976.

L. Elster, *Bevölkerungslehre und Bevölkerungspolitik*, in: *HdWB der Staatswissenschaften*, Bd. 2, Jena 1924⁴.

F. Engels, *Brief an Kautsky vom Februar 1881*, in: Marx-Engels, *Werke* 35, S. 151.

F. Engels, *Brief an Karl Kautsky vom 10. 2. 1883*, in Marx-Engels, *Werke*, 35, S. 431 f.

F. Engels, *Die Lage der arbeitenden Klasse in England* (1845), in: Marx-Engels, *Werke*, 2.

F. Engels, *Der Ursprung der Familie, des Privateigentums und des Staats* (1884), in: Marx-Engels, *Werke*, 21.

F. Engels, *Umrisse zu einer Kritik der Nationalökonomie* (1844), Marx-Engels, *Werke*, 1.

Family Planning and Population Programs, Chicago/London, 1966.

M. Faßbinder, *Das Bevölkerungsproblem – Das Problem der Gegenwart und der Zukunft*, in: M. Faßbinder (Hg.), *Des Deutschen Volkes Wille zum Leben*, Freiburg/Breisgau 1917.

M. Faßbinder (Hg.), *Des Deutschen Volkes Wille zum Leben*, Freiburg/Breisgau 1917.

G. Feichtinger, *Ursachen und Konsequenzen des Geburtenrückgangs*, in: B. Külp / H.-D. Haas (Hg.), *Soziale Probleme der modernen Industriegesellschaft*, Schriften des Vereins für Socialpolitik, N. F., Bd. 92, 1. Halbbd.

J.-L. Flandrin, *Familien. Soziologie, Ökonomie, Sexualität* (1976), Frankfurt/M. 1978.

J.-L. Flandrin, *L'église et le contrôle des naissances*, Paris 1970.

J.-L. Flandrin, *Les amours paysannes*, Gallimard/Juillard 1975.

Flavius Josephus, *Die Schrift gegen den Appion*, in: J. G. Müller, *Des Flavius Josephus Schrift gegen Appion*, 1877.

S. Freud, *Über Triebumsetzungen, insbesondere der Analerotik*, GWX, S. 401 ff.

S. Freud, *Analyse der Phobie eines fünfjährigen Knaben*, Ges. Werke VII, insbesondere S. 322-334.

N. Friday, *My Mother – My Self*, New York, 1978.

L. Friedländer, *Darstellungen aus der Sittengeschichte Roms*, Bd. I, Leipzig 1922.

J. Frykman, *Horan i bondesamhället (Die Hure in der Bauerngesellschaft)*, Lund 1977.

M. Foucault, *Überwachen und Strafen. Die Geburt des Gefängnisses* (1975), Frankfurt/M. 1976.

M. Foucault, *Sexualität und Wahrheit* (1976), Frankfurt/M. 1977.

E. Fuchs, *Illustrierte Sittengeschichte – Erster Band – Renaissance*, München 1909.

F. Galton, *Hereditary Genius*, London 1869.

T. Gårdlund, *Industrialismens samhälle (Die Industriegesellschaft)*, Stockholm 1942.

J. Gaudemet, Stichwort *Familie I (Familienrecht)*, in: *Reallexikon für Antike und Christentum*, Stuttgart 1969.

J. Gaume, *Geschichte der häuslichen Gesellschaft*, Regensburg 1845.

D. Gaunt, *Barnbegränsning förekom redan for 200 år sedan (Geburtenkontrolle fand schon vor 200 Jahren statt)* in: *Forskning och Framsteg*, Sondernummer über die Familie, Stockholm 1977, S. 86 ff.

L. Genz, *Vad förorsakade de stora häxprocesserna (Was verursachte die großen Hexenprozesse)?*, in: *ARV-Tidskrift för Nordisk Folkminnesforskning (Journal of Scandinavian Folklore)*, Bd. 10, 1954, S. 1 ff.

V. Ghetau, *L'évolution de la fécondité en Roumanie*, in: *Population* 1978, Nr. 2, S. 426 ff.

Giese, *Quellen zur deutschen Schulgeschichte seit 1800*, Göttingen 1961.

Ch. Glass, *Bevölkerungswachstum als Katastrophe*, Frankfurt a. M. u. a. 1978.

D. V. Glass, *Population Policies and Movements in Europe* (1940), New York 1967².

D. V. Glass/D. E. C. Eversley (Hg.), *Population in History*, London 1965.

Glotz, Stichwort *Infanticidium (Grèce)* in: *Dictionnaire des Antiquités Grècques et Romaines*, III. 1, Paris 1900, S. 488 ff.

R. Goldscheid, *Höherentwicklung und Menschenökonomie – Grundlegung der Sozialbiologie*, Leipzig 1911.

J. Gothofredus, *Codes Theodosianus cum perpetuis commentariis*, Leipzig, 1736-43.

A. Grandke, *Festigung der Gleichberechtigung und Förderung bewußter Elternschaft – Zum Gesetz über die Unterbrechung der Schwangerschaft*, in: *Neue Justiz* 1972, S. 314 f.

M. v. Gruber, *Ursachen und Bekämpfung des Geburtenrückganges im Deutschen Reich*, München 1924.

J. N. Gusewaty, *Sozialphilosophische Fragen der Demographie*, 1. Teil, in: *Sowjetwissenschaft/Gesellschaftswissenschaftliche Beiträge* 6, 1975.

G. Guteland/I. Holmberg/T. Hägerstrand/A. Karlqvist/B. Rundblad, *The Biography of a People*, Stockholm 1974.

Ch. Hansen, *Witchcraft at Salem*, New York 1969.

H. J. Habakukk, *Population Growth and Economic Development since 1750*, Leicester 1971.

J. Hajnal, *European Marriage Patterns in Perspective*, in: D. V. Glass/D. E. C. Eversley (Hg.), *Population in History*, London 1965. S. 101 ff.

H. Harmsen/F. Lohse (Hg.), *Bevölkerungsfragen*, München 1936.

M. Harris, *Kannibalen und Könige* (1977), Frankfurt/M. 1978.

Harrison, *The Law of Athens – The Family and Property*, Oxford, 1968.

J. Hatcher, *Plague, Population and the English Economy 1348-1530*, London 1977.

R. Heberle, *Soziologische Theorie der Geburtenbeschränkung*, in: H. Harmsen, F. Lohse (Hg.), *Bevölkerungsfragen*, München 1936, S. 276 ff.

E. F. Heckscher, *Svenskt arbete och liv (Schwedische Arbeit und schwedisches Leben)* (1941), Stockholm 1957.

G. Heinsohn, *Die Zerstörung des Kindswunsches und die Emanzipation der Frau*, in: *päd. extra*, Heft 17, 1974, S. 9 ff.

G. Heinsohn, *Theorie des Tötungsverbotes und des Monotheismus bei den Israeliten sowie der Genese, der Durchsetzung und der welthistorischen Rolle der christlichen Familien- und Fortpflanzungsmoral* (1977), in: *L'invitation au voyage zu Alfred Sohn-Rethel, Festschrift zum 80. Geburtstag*, Bremen 1979.

G. Heinsohn, *Frauen und Mütter im Kibbutz – Familien- und Bevölkerungstheorie einer hochentwickelten Kommunegesellschaft*, Haifa-Universität, vv. Ms., 1977.

G. Heinsohn, *Liebe ist in gewissem Sinne überflüssig. Die Aufhebung der Eigentümer- und Lohnarbeitererziehung im Kibbutz oder: Die relative Irrelevanz der sozialpädagogischen Kompetenz gegenüber der Gesellschaftsstruktur*, in: *Sozialmagazin*, 4. Jg., Nr. 8/1979, S. 50 f.

G. Heinsohn/B. M. C. Knieper, *Theorie des Kindergartens und der Spielpädagogik*, 1. Auflage Frankfurt/M., 1975.

G. Heinsohn/B. M. C. Knieper, *Das Desinteresse lohnabhängiger Pädagogen als zentrales Problem der Erziehung*, in: Bruder u. a., *Kritik der pädagogischen Psychologie*, Reinbek 1976.

G. Heinsohn/B. M. C. Knieper, *Kann Wissenschaft Erziehung anleiten?*, in: *Sozialmagazin*, 2. Jg., Nr. 4/1977, S. 52 ff.

G. Heinsohn/R. Knieper, *Erziehungsrechtsreform in der Bundesrepublik*, in: *Kritische Justiz*, Heft 1, 1974, S. 1 ff.

G. Heinsohn/R. Knieper, *Theorie des Familienrechts: Geschlechtsrollenaufhebung, Kindesvernachlässigung, Geburtenrückgang*, Frankfurt/M., 1. Aufl. 1974.

G. Heinsohn/O. Steiger, *The Significance of ›The Wealth of Nations‹ for an Economic Theory of the Production of Population*, in: *European Demographic Information Bulletin*, Vol. VIII, 1977, No. 4, S. 138 ff.

G. Heinsohn/O. Steiger, *Jean Bodin, das ›Universalgenie der Neuzeit‹ oder: Der wahre Meisterdenker. Neun bevölkerungstheoretische Thesen*, in: *European Demographic Information Bulletin*, Vol. X, 1979, Nr. 3, S.97 ff.

G. Heinsohn/O. Steiger, *The Bancruptcy of the Economics of Population: Why Economists Have Failed to Develop an Economic Theory of the Production of Human Beings, Diskussionsbeiträge zur Politischen Ökonomie* Nr. 21, Universität Bremen 1979.

G. Heinsohn/O. Steiger, *The Economic Theory of Fertility. An Alternative Approach for an Economic Determination of Procreation, Diskussionsbeiträge zur Politischen Ökonomie* Nr. 22, Universität Bremen 1979.

A. Heitlinger, *Pro-natalist Population Policies in Czechoslowakia*, in: *Population Studies*, Vol. XXX, No. 1, März 1976, S. 123 ff.

F.-W. Henning, *Die Industrialisierung in Deutschland 1800-1914*, Paderborn 1976[3].

F. W. Henning, *Das vorindustrielle Deutschland 1200-1800*, Paderborn, 1977.

E. Henriot, *Moeurs juridiques et judicaires de l'ancienne Rome*, Paris 1865, Bd. 2.

D. Hentrup, *Die letzte »kleine Eiszeit« endete vor 100 Jahren*, in: *Frankfurter Rundschau* Nr. 264 v. 25. 11. 1978, S. 13.

D. Herlihy, *Population, Plague and Social Change in Rural Pistoia, 1201-1430*, in: *Economic History Review*, Ser. 2, Vol. 18, 1965, S. 225 ff.

D. Herlihy, *Land, Family and Women in Continental Europe, 701-1200*, in: S. M. Stuard (Hg.). *Women in Medieval Society*, Philadelphia 1976 S. 13 ff.

Ch. Hill, *Reformation to Industrial Revolution*, Penguin Books, 1969.

R. H. Hilton, *The Decline of Serfdom in Medieval England*, London 1969.

R. H. Hilton (Hg.), *Der Übergang vom Feudalismus zum Kapitalismus* (1976), Frankfurt/M. 1978.

N. E. Himes, *Medical History of Contraception* (1936), New York 1970.

F. Hitze, *Geburtenrückgang und Sozialreform* (1917), Mönchengladbach 1922.

E. Hobsbawm, *Industrie und Empire I. Britische Wirtschaftsgeschichte seit 1750* (1968), Frankfurt/M. 1969.

C. Honegger (Hg.), *Die Hexen der Neuzeit*, Frankfurt/M. 1979.

J. A. Hostetler, *Hutterite Society* (1974), Baltimore u. London, 1977.

A. Huxley, *Brave New World* (1932, 1950²), Penguin Books 1955.

H. Hyrenius und E. Hofsten, Diskussionsbeiträge auf dem Hearing des Sozialausschusses des schwedischen Reichstages vom 17. 1. 1978, *Befolkningsfrägan (Die Bevölkerungsfrage)*, Anhang zur Denkschrift dieses Sozialausschusses: *Befolkningsutvecklingen (Die Bevölkerungsentwicklung)*, Reichstagsperiode 1977/78, Nr. 32.

K.-H. Janßen, *Sittenwächter unterwegs*, in: *ZEIT-Magazin* Nr. 41 vom 6. 10. 1978.

W. St. Jevons, *The Theory of Political Economy* (1871, 1879²), (Penguin Books) 1970.

A. H. M. Jones, *The Later Roman Empire*, Band 2, Oxford 1964.

P. Jörs, *Die Ehegesetze des Augustus*, Marburg, 1896.

J. Joos, *Industrielle Arbeiterfrage und Bevölkerungsfrage*, in: M. Faßbinder (Hg.), *Des Deutschen Volkes Wille zum Leben*, Freiburg/Breisgau 1917.

J. H. Jung, *Lehrbuch der Staats-Polizey Wissenschaft*, Leipzig 1788.

H. W. Jürgens/K. Pohl, *Kinderzahl – Wunsch und Wirklichkeit*, Stuttgart 1975.

H. W. Jürgens, *Zur Lage der Bevölkerungswissenschaft in der Bundesrepublik Deutschland*, in: *Zeitschrift für Bevölkerungswissenschaft*, Bd. 1, Heft 1, 1975.

H. W. Jürgens, *Sozialpsychologische Aspekte eines Bevölkerungsrückganges*, in: *Zeitschrift für Bevölkerungswissenschaft*, 1977, Heft 1.

H. Kahn u. a., *The Next 200 Years*, New York, 1976.

N. Kaldor, *Alternative Theories of Distribution*, in: *Review of Economic Studies*, Bd. 23, 1956, Nr. 2, S. 83 ff.

H. Kaser, *Das Römische Privatrecht*, Erster Abschnitt, München 1955.

F. X. Kaufmann (Hg.), *Bevölkerungsbewegung zwischen Quantität und Qualität*, Stuttgart 1975.

K. Kautsky, *Der Einfluß der Volksvermehrung auf den Fortschritt der Gesellschaft*, Wien 1880.

K. Kautsky, *Vermehrung und Entwicklung in Natur und Gesellschaft*, Stuttgart 1910.

K. Kautsky, *Vorläufer des modernen Sozialismus*, 1913³.

M. C. Keeley, *A Comment on »An Interpretation of the Economic Theory of Fertility«*, in: *Journal of Economic Literature*, Juni 1975, Vol. XIII, Nr. 2, S. 461 ff.

R. K. Kelsall, *Population*, London 1975³.

P. Khalatbari, *Marxistisch-Leninistische Bevölkerungstheorie*, Berlin 1977.

E. Kleßmann, *Kreis des Teufels*, in: *Die Zeit*, Nr. 49 vom 25. 11. 1977, S. 13 f.

H. Knapp, *Das alte Nürnberger Kriminalrecht*, Berlin 1896.

R. Knieper, *Eigentum und Vertrag*, in: *Kritische Justiz*, 1977/147 ff.

R. Knieper, *Kritik der Annahme eines natürlichen Familienbedürfnisses anhand der empirischen Zufriedenheitsforschung*, Universität Bremen, vv. Ms., Februar 1977.

R. Knieper/O. Steiger, *Wandel der Familie unterschätzt*, in: *Frankfurter Rundschau* vom 2. 2. 1977 (Nr. 27), S. 13.

W. Köllmann, *Bevölkerung und Raum in Neuerer und Neuester Zeit*, Bevölkerungs-Plötz Bd. 4, Würzburg 1965³.

J. Kohler, *Bodinus und die Hexenverfolgung*, in: *Archiv für Strafrecht und Strafprozeß*, Bd. 66 (1919).

I. Kolb, *Baby-Boom nach Plan*, in: *stern-magazin* Nr. 31 vom 27. 7. 1978, S. 13 ff.

Kommission der Europäischen Gemeinschaften (Hg.), *Frauen und Männer in Europa – Vergleich ihrer Einstellung zu einigen Problemen der Gesellschaft*, 1975.

B. Külp/H.-D. Haas (Hg.), *Soziale Probleme der modernen Industriegesellschaft*, Schriften des Vereins für Socialpolitik, N. F., Bd. 92, 1. Halbband, Berlin-München 1977.

S. Kuznets, *Modern Economic Growth* (1966), London 1973.

H. Laughlin, *Studies on the Historical and Legal Development of Eugenical Sterilization in the United States*, in: H. Harmsen/F. Lohse (Hg.), *Bevölkerungsfragen*, München 1936, S. 666 ff.

R. Ledbetter, *A History of the Malthusian League 1877-1927* (1932), Columbus/Ohio, 1976.

H. Leibenstein, *An Interpretation of the Economic Theory of Fertility: Promising Path or Blind Alley?*, in: *The Journal of Economic Literature*, 1974 (Juni), Vol. XII, Nr. 2, S. 457 ff.

H. Leibenstein, *The Economic Theory of Fertility Decline*, in: *The Quarterly Journal of Economics*, Febr. 1975, Vol. 89, Nr. 1, S. 1 ff.

H. Leibenstein, *On the Economic Theory of Fertility: A Reply to Keeley*, in: *Journal of Economic Literature*, Vol 13, Juni 1975, Nr 2, 469 ff.

W. I. Lenin, *Arbeiterklasse und Neomalthusianismus (Prawda vom 16. 6. 1913)*, in: Lenin, *Werke*, Bd. 19, S. 225 f.

D. Leuschner, *Die Bedeutung des französischen Familienlastenausgleichssystems für die Geburtenentwicklung in Frankreich nach dem zweiten Weltkrieg*, Diss. Bochum 1968.

Levasseur, *La population française*, Paris 1889.

D. Levine, *Family Formation in an Age of Nascent Capitalism*, New York u. a., 1977.

D. Levy, *Ricardo and the Iron Law: a Correction of the Record*, in: *History of Political Economy*, Vol. 8, No. 2, 1976, S. 235 ff.

D. Levy, *Some Normative Aspects of the Malthusian Controversy*, in: *History of Political Economy*, Vol. 10, 1978, Nr. 2, S. 271 ff.

W. Liebknecht, *Zur Grund- und Bodenfrage*, Leipzig 1876².

R. Liljeström, *A Study of Abortion in Sweden*, Stockholm 1974.

M. Luther, *Vom ehelichen Stande* (Weimarer Ausgabe 10,2, S. 267 ff.), in: *Luther Deutsch*, Bd. 7, 1967.

M. A. Macciochi, *Jungfrauen, Mütter und ein Führer*, Berlin 1976.

G. Mackenroth, *Bevölkerungslehre – Theorie, Soziologie und Statistik der Bevölkerung*, Berlin u. a. 1953.

R. Mackensen, *Das generative Verhalten im Bevölkerungsrückgang*, in: F. X. Kaufmann (Hg.), *Bevölkerungsbewegung zwischen Quantität und Qualität*, Stuttgart 1975.

M. Macura, *Population Policies in Socialist Countries of Europe*, in: *Population Studies*, Vol. XXVIII, No. 3, November 1974, S. 369 ff.

A. De Maddalena, *Rural Europe 1500-1700* (1970), in: C. M. Cipolla (Hg.) *The Fontana Economic History of Europe*, Bd. 2, *The 16ᵗʰ and 17ᵗʰ Centuries*, Glasgow 1974.

H. Maier, *Die ältere deutsche Staats- und Verwaltungslehre (Polizeywissenschaft)*, Neuwied-Berlin, 1966.

Th. R. Malthus, *Eine Abhandlung über das Bevölkerungsgesetz* (1826⁶), Jena 1924.

Th. R. Malthus, *Das Bevölkerungsgesetz* (1798), München 1977.

Th. R. Malthus, *A Summary View of the Principle of Population* (1830), Supplement zur *An Essay on the Principle of Population*, Penguin Books 1970.

Th. R. Malthus, *Principles or Political Economy* (1820), London 1836².

B. de Mandeville, *The Fable of the Bees or Private Vice, Public Benefits* (1714, 1723), Penguin Books 1970.

P. Mantoux, *The Industrial Revolution in the Eighteenth Century* (1906, 1928²), London 1961.

K. Marx, *Inauguraladresse der Internationalen Arbeiter-Assoziation vom 28. 9. 1864*, in: Marx-Engels, *Werke*, Bd. 16.

K. Marx, *Das Kapital* (1867) I, Marx-Engels- *Werke*, Bd. 23.

T. Mason, *Zur Lage der Frauen in Deutschland 1930-1940: Wohlfahrt, Arbeit und*

Familie, in: *Gesellschaft 6*, Frankfurt/M. 1976, S. 118 ff.

C. Mather, *Memorable Providences Relating to Witchcraft and Possessions*, 1689.

J. Matras, *Social Categories of Family Formation*, in: *Population Studies*, XII, 2, 1965.

C. McEvedy/R. Jones, *Atlas of World Population History*, London 1978.

A. Menger, *Volkspolitik*, Jena 1906.

R. Meek (Hg.), *Marx und Engels über Malthus* (1953), Berlin 1956.

Th. Meyer, *Der Zwiespalt in der Marx'schen Emanzipationstheorie*, Kronberg/Ts. 1973.

J. S. Mill, *Grundsätze der Politischen Ökonomie* (1848, 1871[7]), Jena 1924 (Bd. 1) u. 1921 (Bd. 2).

J. S. Mill, *Über die Freiheit* (1859, 1864[3]), Frankfurt/M., 1969.

B. R. Mitchell, *Statistical Appendix*, in: C. M. Cipolla (Hg.), *The Fontana Economic History of Europe* Vol. 4: *The Emergence of Industrial Societies* (2. Halbband).

P. Mombert, *Studien zur Bevölkerungsbewegung in Deutschland in den letzten Dezennien*, Karlsruhe 1907.

P. Mombert, *Bevölkerungslehre*, Jena 1929.

Th. Mommsen, *Römisches Strafrecht* (1898), Darmstadt 1955.

Th. Mommsen, *Römische Geschichte*, Band 1, Erstes Buch (1902[9]), München 1976.

E. W. Monter, *Inflation and Witchcraft: The Case of Jean Bodin*, in: Th. K. Rabb u. J. E. Seigel, *Action and Conviction in Early Modern Europe. Essays in Memory of E. H. Harbison*, Princeton 1969.

H. Mottek, *Wirtschaftsgeschichte Deutschlands – ein Grundriß*, Bd. 1 (1957), Berlin 1968.

H. Mottek, *Wirtschaftsgeschichte Deutschlands*, Band II, Berlin 1971.

J. Müller, *Der Geburtenrückgang*, Jena 1924.

J. Müller, Artikel *Geburtenrückgang*, in: *Hdwb. der Staatswissenschaften*, 1927[4], 4. Band, S. 641 ff.

G. P. Murdock, *Social Structure*, New York 1949.

P. Musgrave, *Society and Education in England Since 1800* (1968), London 1976.

A. Myrdal, *Nation and Family*, London 1945.

A. Myrdal/G. Myrdal, *Kris i befolkningsfrågan (Die Krise in der Bevölkerungsfrage)*, Stockholm (1934), 1935[3].

G. Myrdal, *Population Problem and Policies*, in: *The Annals of the American Academy of Political and Social Science*, Mai 1938.

Moheau, *Recherches et considérations sur la population de la France*, Paris 1778.

J. T. Noonan, *Empfängnisverhütung – Geschichte ihrer Beurteilung in der katholischen Theologie und im kanonischen Recht* (1965, 1967), Mainz 1969[3].

D. P. O'Brien, *The Classical Economists*, Oxford 1975.

H. Paull, *Die Lebenskrise des Deutschen Volkes*, Berlin-Bonn 1930.

J. E. Pfeiffer, *The Emergence of Man*, New York et. al. 1978.

Philo v. Alexandria, *Über die Einzelgesetze*, in: *Die Werke in deutscher Übersetzung*, hrsg. v. L. Cohn, J. Heinemann u. a., Breslau 1909-1923, Nachdruck Berlin 1962[2].

Ph. T. Piotrow, *World Population Crisis – The United States Response*, New York u. a. 1973.

F. Place, *Illustrations and Proofs of the Principle of Population* (1822), London 1930.

Plautus, *Der Bramarbas*, übersetzt v. W. Binder in *Langenscheidtsche Bibliothek sämtlicher griechischen und römischen Klassiker,* 70. Band, Berlin-Stuttgart, 1855-1907.

M. M. Postan, *The Medieval Economy and Society,* (Penguin Books) 1975.

H. Pross, *Die Wirklichkeit der Hausfrau,* Köln 1974.

G. Radbruch (Hg.), *Die Peinliche Gerichtsordnung Kaiser Karls V.,* Stuttgart 1960.

E. Renan, *Paulus – sein Leben und seine Mission,* deutsch 1935.

D. Ricardo, *Über die Grundsätze der politischen Ökonomie und der Besteuerung* (1817, 1821³), Berlin 1959.

G. Roellenbeck, *Der Schluß des »Heptaplomeres« und die Begründung der Toleranz bei Bodin,* in: H. Denzer (Hg), *Jean Bodin,* München 1973.

Ch. E. Rosenberg (Hg.), *The Family in History,* Philadelphia/Penns., 1975.

W. W. Rostow, *The World Economy. History and Prospect,* London 1978.

M. Rostowzew, Stichwort *Kolonat* in: *Handwörterbuch der Staatswissenschaften,* 5. Band, 1910³.

J. B. Russell, *Hexerei und Geist des Mittelalters* (1972), in: C. Honegger (Hg.), *Die Hexen der Neuzeit,* Frankfurt/M. 1978, S. 159 ff.

J. C. Russell, *Population in Europe 500-1500* (1969), in: C. M. Cipolla (Hrg.), *The Fontana Economic History of Europe,* Bd. 1, *The Middle Ages,* Glasgow 1972.

K. Rutschky (Hg.), *Schwarze Pädagogik,* Frankfurt/M. 1977.

R. Sauer, *Infanticide and Abortion in the 19th-Century Britain,* in: *Population Studies,* Vol. XXXII, No. 1, März 1978, S. 81 ff.

H. Schubnell, *Der Geburtenrückgang in der Bundesrepublik Deutschland,* Bonn-Bad Godesberg 1973.

H. Schubnell, *Gesetzgebung und Fruchtbarkeit,* Wiesbaden 1975.

Th. W. Schultz, *The Value of Children: An Economic Perspective,* in: *Journal of Political Economy,* Vol. 81, Nr. 2, Teil II, März/April 1973, S. S 3 ff.

M. Schwarz, *Die Kindestötung in ihrem Wandel vom qualifizierten zum privilegierten Delikt,* Berlin 1935.

E. Schweißguth, Artikel *Ungarn,* in: H. Blei (Hg.), *Abtreibung und Schwangerschaftsunterbrechung in den osteuropäischen Ländern,* Herrenalb/Schwarzwald 1962.

E. Seidl, Stichwort *Lex Papia Poppea,* in: *Paulys Realencyclopädie,* Supplementband VI, Stuttgart 1935, Sp. 227 ff.

N. W. Senior/E. Chadwick, *Reports from Commissioners – Poor Laws* (1834), in: S. G. u. E. O. A. Checkland (Hg.), *The Poor Law Report of 1834,* Penguin Books 1974.

E. B. Sheldon (Hg.), *Family Economic Behaviour,* Philadelphia-Toronto 1973.

M. J. Sherfey, *Die Potenz der Frau* (1966), Köln 1974.

A. Smith, *Eine Untersuchung über Wesen und Ursachen des Volkswohlstandes* (1776, 1786⁴), Jena 1923.

B. Schmittmann, Artikel *Sozialversicherung,* in: *Handwörterbuch der Staatswissenschaften,* Jena 1926⁴, Band 7.

H. Soetbeer, *Die Stellung der Sozialisten zur Malthus'schen Bevölkerungslehre,* Berlin 1886.

J. Sprenger und H. Institoris, *Malleus Malleficarum (1487),* übers. u. eingel. v. J. W. R. Schmidt, *Der Hexenhammer,* Berlin 1906, 3 Teile, Nachdruck Darmstadt 1974.

J. Stalin, *Rechenschaftsbericht an den XVIII. Parteitag über die Arbeit der KPdSU(B)* v. 10. 3. 1939, in: ders., *Fragen des Leninismus,* Moskau 1947.

C. E. Stangeland, *Pre-Malthusian Doctrines of Population* (1904), New York 1966.

O. Steiger, *Wann wird wirlich Leben getötet?*, in: *Deutsches Panorama* Nr. 10, 11.-24. 5. 1967, S. 28 ff., wiederabgedruckt in: *Frankfurter Rundschau*, Nr. 197 v. 25. 8. 1979, Dokumentation, S. 14.

O. Steiger, *Zur Frage nach Auswirkungen der Freigabe des Schwangerschaftsabbruchs in Ostblockländern* I. u. II., in: *Vorgänge* Nr. 7/8 1972, S. 246 ff. und Nr. 9, 1972, S. 295 ff.

O. Steiger, *Till kritiken av den reformistiska modellen för samhällelig småbarnsappfostran – En ekonomisk-strukturell analys (Zur Kritik des reformistischen Modells der gesellschaftlichen Kleinkinderziehung – Eine ökonomisch-strukturelle Analyse)*, in: *ord & bild*, 85. Jg., 1976, No. 1, S. 24 ff.

O Steiger/U. Damm, *Der Stand der gegenwärtigen Abtreibungsdebatte in Schweden* I., II., in: *Vorgänge* 11. 1966, S. 447 f. u. 12, 1966, S. 491 ff.

O. Steiger/E. Sommer, *Schweden: Entwurf eines neuen Abtreibungsgesetzes*, in: *Vorgänge* 6, 1972, S. 177 ff.

L. Stone, *The Rise of the Nuclear Family in Early Modern England: The Patriarchal Stage*, in: Ch. E. Rosenberg (Hg.), *The Family in History*, Philadelphia/Penns., 1975, S. 13-57.

E. H. Stoll, *Aufgaben der Bevölkerungspolitik*, Jena 1927.

J. P. Süßmilch, *Die göttliche Ordnung in den Veränderungen des menschlichen Geschlechts aus der Geburt, Tod, und Fortpflanzung desselben erwiesen*, Berlin 1741.

G. Sundbärg, *Bevölkerungsstatistik Schwedens 1750-1900*, (1907), Nachdruck Stockholm 1970.

Tacitus (55-117 n. u. Z.), *Historien*, lateinisch-deutsch, Hrsg. Joseph Borst, München 1959.

A. J. Taylor (Hg.), *The Standard of Living in Britain in the Industrial Revolution*, London 1975.

M. S. Teitelbaum, *International Experience with Fertility at/or near Replacement Level*, in: *Commission on Population Growth and the American Future*, Vol. 1, Washington D. C. 1972.

M. S. Teitelbaum, *Fertility Effects of the Abolition of Legal Abortion in Romania*, in: *Population Studies*, Vol. XXVI, 1972, No. 3, S. 405 ff.

Tenor Bullae Apostolicae adversus haeresim malificarum (1484), abgedruckt in: J. Sprenger/H. Institoris, *Der Hexenhammer*, Darmstadt 1974, S. XXXVI ff.

K. Thomas, *Die Hexen und ihre soziale Umwelt* (1971), in: C. Honegger (Hg.), *Die Hexen der Neuzeit*, Frankfurt/M. 1978, S. 256 ff.

N. Tranter, *Population since the Industrial Revolution – the Case of England and Wales*, London 1973.

G. Treffer, *Jean Bodin*, München 1977.

H. R. Trevor-Roper, *Der europäische Hexenwahn des 16. und 17. Jahrhunderts* (1970), in: C. Honegger (Hg.), *Die Hexen der Neuzeit*, Frankfurt/M. 1978, S. 188 ff.

J. Trost/B. Lewin, *Att sambo och gifta sig (Unverheiratetes Zusammenleben und Verheiratetsein)*, S. O. U. 1978:55, Stockholm 1978.

R. S. Tucker, *Real Wages of Artisans in London 1729-1935* (1936), in: A. J. Taylor (Hg.), *The Standard of Living in Britain in the Industrial Revolution*, London 1975, S. 21 ff.

R. v. Ungern-Sternberg/H. Schubnell, *Grundriss der Bevölkerungswissenschaft*, Stuttgart 1950.

G. Utterström, *Jordbrukets arbetare (Die Landbevölkerung)* I. Teil, Stockholm 1957.

M. Voigt, *Römische Rechtsgeschichte*, Band 2 (1899), Aalen 1963.

F. W. Walbank, *The Awful Revolution*, Liverpool 1969.

B. u. S. Webb, *English Poor Law History* (Bände VII, VIII und IX ihres *English Local Government* [London 1929]).

M. Weber, *Die sozialen Gründe des Untergangs der antiken Kultur*, in: *Die Wahrheit*, 6. Band, 1896, S. 57 ff.

M. Weser, *Agrarverhältnisse im Altertum*, in: *Hdwb. der Staatswissenschaften*, Bd. 1, Jena 1909³.

I. Weigl, *Zum Spracherwerb bei Krippenkindern*, Berlin (DDR), 1977.

O. Weinreich, *Stiftung und Kultsatzungen eines Privatheiligtums in Philadelpheia*, in: *Sitzungsberichte der Heidelberger Akademie der Wissenschaften, Philosophisch-Historische Klasse*, Jahrgang 1919, 16. Abhandlung.

L. Welsmann, *Die Ursachen des Zeugungsrückganges bei den Völkern des Abendlandes*, in: H. Harmsen/F. Lohse (Hg.), *Bevölkerungsfragen*, München 1936, S. 371 ff.

E. G. West, *Education in the Industrial Revolution*, London u. Sidney, 1975.

C. F. Westoff, *Marriage and Fertility in the Developed Countries*, in: *Scientific American*, Vol. 239, No. 6, Dezember 1978, S. 35 ff.

L. White Jr., *The Expansion of Technology 500-1500* (1969) in: C. M. Cipolla (Hrg.), *The Fontana Economic History of Europe*, Bd. 1, *The Middle Ages*, Glasgow 1972.

Will, *Nürnbergische Criminalparallele*, Altdorf 1782.

C. Winberg, *Folkökning och proletarisering (Bevölkerungswachstum und Proletarisierung)*, Göteborg 1975.

M. Wingen, *Familienpolitik – Ziele, Wege, Wirkungen*, Paderborn 1965².

M. Wingen, *Grundfragen der Bevölkerungspolitik*, Stuttgart 1975.

M. Wingen, *Bevölkerungspolitische Leitvorstellungen in der gegenwärtigen wissenschaftlichen und politischen Diskussion*, in: B. Külp/H.-D. Haas (Hg.), *Soziale Probleme der modernen Industriegesellschaft*, Schriften des Vereins für Socialpolitik, N. F., Bd. 92, 1. Halbband, Berlin-München 1977, S. 440 ff.

J. Wolf, Artikel *Bevölkerungsfrage*, in: A. Vierkandt (Hg.), *Handwörterbuch der Soziologie*, Stuttgart 1931.

E. A. Wrigley, *Population and History*, London 1969.

E. A. Wrigley, *Family Limitation in Pre-Industrial England* (1966), in: *M. Drake (Hg.), Population in Industrialization*, 1969, S. 157 ff.

M. Wurm, *Apokeryxis, Abdicatio und Exheredatio*, München 1972.

M. Wynn, *Family Policy* (1970), Penguin Books 1972.

Y. Yadin, *The Temple Scroll*, London 1978.

F. Zeller (Übersetzer), *Die Apostolischen Väter*, Kempten-München 1918.

Weltbevölkerungsaktionsplan, UN-Document E/5585 vom 2. 10. 1974, deutsch in: *Zeitschrift für Bevölkerungswissenschaft*, 1. Jg., 1975, Nr. 2, S. 80 ff.

Zur Bevölkerungs- und Familienpolitik der Deutschen Demokratischen Republik, in: *Zeitschrift für Bevölkerungswissenschaft*, 3. Jg., 1977, No. 1, S. 91 ff.

Verzeichnis der Graphiken

Verzeichnis der Tabellen